[美]布雷恩·J.麦克维（Brian J.McVeigh）著

徐国兴 译

日本高等教育的奇迹与反思

Japanese Higher Education as Myth

华东师范大学出版社

Japanese Higher Education as Myth

by Brian J. McVeigh

ISBN：9780765609243

Copyright © 2002 Taylor & Francis

All rights Reserved.

Authorized translation from the English language edition published by Routledge, a member of the Taylor & Francis Group.

本书原版由 Taylor & Francis 出版集团旗下 Routledge 出版公司出版，并经其授权翻译出版。版权所有，侵权必究。

East China Normal University Press Ltd. is authorized to publish and distribute exclusively the Chinese (Simplified Characters) language edition. This edition is authorized for sale throughout Mainland of China. No part of the publication may be reproduced or distributed by any means, or stored in a database or retrieval system, without the prior written permission of the publisher.

本书中文简体翻译版授权由华东师范大学出版社独家出版并仅限在中国大陆地区销售。未经出版者书面许可，不得以任何方式复制或发行本书的任何部分。

Copies of this book sold without a Taylor & Francis sticker on the cover are unauthorized and illegal.

本书封面贴有 Taylor & Francis 公司防伪标签，无标签者不得销售。

上海市版权局著作权合同登记　图字：09 - 2018 - 1192 号

谨以此书敬献于所有我教过和遇到过的那些日本大学生。正是他们让我体会到了大学教学工作之愉悦,并让我学到了很多新知识。

译者序

对于著作，一向喜欢写后记，而不喜欢作序，①并暗地里奉之为自己的一条学术——独处时，总觉得"学术"一词过于神圣高雅，使用"读书"一词恐怕更为贴切——原则。丝丝缕缕的原因很多，但主要如下：第一，后记可以自由地多谈谈个人的片面思绪，序则万万不可以。第二，与后记相较，序另有重任。不管是他序还是自序，都有直接或间接地引导读者阅读的客观功能，约略相当于某个高深学问的入门简介或指南之类。而且，序中自然会漂浮着若干点滴的作序者个性化的倾向性观点。但若这倾向有失公允，这序就大大不利于读者通过阅读该书的自我提高。如此，序之存在反而有损于著者明理弘道的初衷，则大为不美，更非我所愿。第三，序以他序居多。他序常由德高望重之人执笔，间或也对专著或著者褒扬几句，部分起到学术质量认证的客观效果，部分起到学术公宣的主观功用。自序的此等能力就打折不少。但虑及本书乃译作，译者序自非纯粹自序，才斗胆开戒。尽管如此，还是暗下决心，绝对下不为例，并一再自我叮嘱，尽可能按捺住平素不易控制的个人思绪，不让它在这小序里头有任何一丝作祟的机会。

简而言之，这是一本美国文化学者撰写的关于日本高校的本科教学质量——更确切地说，是一本关于日本高校的本科教学质量为什么如此之低，但日本人却又不思悔改——的反思型专著。在现代国际社会里，以美国学者为代表，对日本高等教育制度长期举世褒扬。在此主流氛围之下，这样的书籍确属异类之至。而且，这是一部主要基于著者个人在日本高校的教与学的长期经历，借鉴人类学的研究范式来收集和分析资料，并带有极强后现代主义理论色彩的定性研究的学术专著。所以，当我仅看题目就接受翻译工作之后，在实际的翻译过程中，自然尝到了不少别的翻译者也许不会遭受的诸种折磨。毕竟，长期以来，我的日常读书生活多与数字和图表打交道，熟悉或者说敬仰的学术理论多是在述说现代大学与社会经济之间的卿卿我我般的甜蜜互动；个人写作也偏爱字素文简，故对此看似翻来覆去的琐碎叙述、夹叙夹议的文风、对日常实践的怒目而视很不习惯。好在经过阅读与翻译的数遍轮回之后，我渐渐熟悉了著者的用词习惯、理论框架和论述展开的基本逻辑，并慢慢积累了一些心得体会。以下择要而言之。

---

① 此语我已经明确说过一次。参见拙著《日本国家助学贷款制度的嬗变 1943—2010》(上海三联书店，2016)一书的后记。

著者认为，在日本，除去极少数精英大学之外，在大部分高校的校园里，尤其是在高校的本科课堂上，对于专业知识技能，大部分本科生几乎没有任何形式的学习的动机与欲望，更不要说展现出相应的学习行为了。自然，其专业知识技能水平之低令人咋舌。与此相应，大部分本科任课教师也没有教学上的动机与欲望，所以，几乎所有高校的本科课堂教学行为都是象征性地走过场。更为奇怪的是，大多数高校的管理方也对专业知识技能学习上无任何动机的本科生一味迁就，除去强化形式严格的学习和教学的管理程序之外，在实质性地促进教师教学质量和学生学习质量上长期无动于衷。至于中央政府①，除去颁布涂满时髦话语的关于本科教学改革和质量保障的一个又一个政策文件之外，似乎也未曾有过采取任何有效的、针对性的实际改革措施的成功经历。于是，一种怪象就在日本社会出现了，并长期徘徊于高校校园里，尤其是本科教学实践之中：尽管整个社会都在声讨本科教学质量的低下，但社会各方同时又似乎都默许这种质量低下的长期存在。作者名之为仿真教育。

在这种社会怪象能够长期延续的背后，必然存在着某种充分的客观理由。原来是社会经济发展的客观需要②强势绑架了本科课程教学，甚至从幼儿园阶段开始的整个学校教育制度。仿真本科教育无意间成为合格劳动力的大批量生产的最有效的机器。社会经济发展需要大批遵守纪律和工作勤勉的劳动者，但客观上并不要求这些劳动者掌握多少高深的学术型的专业知识技能。由于专业知识技能不被社会经济所真正需要，自然真正的学习和教学就不被要求如实进行。由于真正的学习和教学客观上不被社会制度所强制执行，二者自然在高校环境中就不可能实际，或者说按照目标设计发生。但是，对于高校的存在来说，不发生真正的本科学习和教学自然就很奇怪。因为教师向学生传授学术型的专业知识技能是高校教学的基本理念，也是高校作为独立社会组织的立身之本，是所有本科生培养活动开展的基础。当高校实际进行的本科教学实践与高校宣称的本科教学目标即信仰之间存在巨大偏差时，仿真本科教育自然就应运而生。但是，仿真本科教育并不是虚假教育和无用教育，而是实实在在地正常发挥社会效用的一种教育形态。这是因为，仿真教育有其存在的客观必要性——社会需要它这样做。缺少了来自外部社会的客观需要，不管是本真教育还是仿真教育都不会存在。③

---

① 日本高等教育的管理权限主要集中在中央政府手里。
② 也有可能是官方意识形态或主流社会或权力精英有意识界定而创造出的客观需要的仿真形态。日本著名高等教育学者金子元久就持此观点（参见《大学教育力》，华东师范大学出版社，2009）
③ 面对高校的本科教学内容与社会对知识技能的客观需要之间的距离（注意！我这里没有使用具有褒贬意义的"脱节"一词或类似词汇），高校可以采取，也是最先能够想到的一个简单易行的方法是，改变教学内容，即不传授学术型的专业技术知识和技能，而主要传授职业型的专业技术知识和技能。这种思维不仅在我国社会和教育决策者群体内很有市场，就是在很多"双一流"高校的管理者群体之间也很有影响力，而且很多高校的本科教学实际上也在有意无意地向着这个方向慢慢地转型。历史地分析，这种思路确实有一定的现实道理。但作为理论研究者，却不能对它全盘肯定，更确切地说，是给予过多的肯定。从抽象的原则上分析，分散化的"一校一策"才是未来的唯一可行之道。

这种对当前①日本高校的本科教学现状背后所隐含的社会机理的理论解释，汲取了各种后现代主义理论的思想营养，很显然应该归属于新马克思主义的社会理论体系的范畴之中。尽管著者并没有引用卡尔·马克思（Karl Marx）或皮埃尔·布尔迪厄（Pierre Bourdieu）等人的任何著作②，但从本书的字里行间，还是处处都能感受到与皮埃尔·布尔迪厄的名著《再生产》一书相类似的话语与腔调。

著者对日本本科教育现状的叙述、特征的概括和社会机制的深刻解析，使我读后受益匪浅。但著作中较为明显的现实批判倾向，却也使我有些困惑。欲就此求教于读者中的高手。困惑主要有二。

第一，如何从高等教育发展的阶段特征来客观分析本科教育教学。③从适龄人口就学规模而言，日本是世界上最先从高等教育大众化进入普及化的国家。④对此地球历史上从未出现过的高等教育形态，只有美国高等教育社会学者马丁·特罗（Martin Trow）曾模糊地想象过它的具体模样。根据马丁·特罗的预测，在高等教育大众化的末期或普及化初期，大部分适龄人口都能进入本科高校。这时候，"就学"或"学习"等词语大约已经不能恰如其分地概括"大学入学"这一社会行为的现代实质了。在这个阶段，学习动机低下只是客观的社会事实，但可能已经不成为或不应该被视为社会问题了。这是因为，专业知识技能"学习"本就不是大部分本科生进入高校的核心的行为目的⑤。在大部分本科高校里，随着普及化时代来临，"学校即生活"和"学习即生长"思维的畅行时代也许已经悄然而至。著者为普林斯顿大学毕业生，大约是因为个体学习经历的无意识影响或者客观上应该叫做局限吧⑥，他还恪守着高校本科教育教学的核心理念，即它的基本目标应该是优质教育教学这一思想与精神。著者说"历史和理想地看，高等教育的价值还在于它的非职业性、建设性批评和包容精神"。抽象地看，这句话不仅没有任何思想观点上的不合时宜，而且其恒久的哲学光辉还会令无端彷徨在学术圣殿旁的年轻朝圣者心潮澎湃不已。但年老而也许思想略微保守的我却有些不以为然地认为，也许著者的"历史"没有包含丝毫"未来"的成分，而只是纯粹的"过去"——而且是被精英意识浸透的"过去"——的代名词；"理想"也只是纯粹的

---

① 本书为再版。所以准确地说,应该是20年前的情形。另外,再版这一事实本身也表明了两个事实：既表明了专著中的理论创新的恒久价值,也表明了专著所论述的具体内容的时代价值。众所周知,高校本科教育教学质量下降的问题目前受到了世界各国的高度关注。
② 皮埃尔·布尔迪厄仅在一处出现过。书中多处引用了迈克尔·阿普尔(Michael W. Apple)的观点。另外,米歇尔·福柯(Michel Foucault)的社会凝视理论也是著者构建分析框架的主要理论基础之一。
③ 著者认为日本的本科和专科之间没有实质性差异。
④ 尽管美国和日本的高等教育毛入学率不相上下,但在美国高校学生中,成人学生的比例很高。所以,仅从应届(毕业后没有工作过)高中毕业生的大学入学率来看,日本应该高于美国。而且,在这一点上,日本和中国高度相似。
⑤ 在高等教育发展历史上,即使在纯粹的精英时代,知识学习是否真的成为大部分大学生就学的真正目的？迄今为止的西方大学史的研究表明,对此且不可轻下断言。今后更需小心求证。
⑥ 在书中,著者并不讳言个人经历对专著中的观点形成的巨大影响。

"理念上设计"之意，而没有多少来自站在"当前现实出发点"上的缜密思考的成果。当然，不管时代潮流和具体国情如何，有一部分人愿意如此坚持他们的崇高信仰，也没有什么可非议之处，并且客观上也非常需要部分人士的信仰坚守，或者说是精神献祭，只是至少需要坚持者心口如一、言行一致。其实，著者也多次坦承，日本大部分高校的本科教育除去教学质量较低这一点之外，在其他三个方面：社会化、选拔和人才储蓄上都做得非常好，完成了本应该完成的诸种任务。

第二，如何从世界政治经济体系一体化的严峻现实审视某一国，尤其是后发追赶型国家的高等教育制度中的本科教育教学实践。在世界政治经济竞争日益加剧的大环境下，对于后发追赶型国家而言，除了把引进①的高等教育制度有意识地、合理地组织进现代国家的政治经济体系之内这一做法，即高等教育制度工具化之外，究竟还有没有其他可行之法，以求得社会整体的发展与进步？从数百年的世界历史进程来看，除此之外，成功之途实在寥寥。当然，作者曾提醒包括我在内的读者，不应以历史进化论和理性经济主义为日本高校本科教育的理念丧失和实践失败作辩护。但是，作为近半个世纪中国社会经济和高教发展历程的种种苦难与曲折的见证者之一，在来自发达国家和毕业于西方精英大学的著者的裹着学术盛装的这些崇高话语里，我多少还是能够品出一丝中国的俗语——"站着说话不感腰痛"的潜意识，或无意识的"文化殖民主义"色彩。这种感觉与我在留学阶段时感受到的来自外界的心灵重压并没有本质区别。

而且，如果说上述宏大观点有些替肉食者代言的嫌疑，不妨换个角度，从普通小人物的角度来思考普及化时代的高校本科教育教学实践。每当此时，最先盘旋在我脑海里的总是鲁迅先生的那些旧话，代表之句为"然而穷人决无开交易所折本的懊恼，煤油大王哪会知道北京捡煤渣老婆子身受的酸辛，饥区的灾民，大约总不去种兰花，像阔人的老太爷一样，贾府上的焦大，也不爱林妹妹的"。这时候，我的思绪往往会长时间停留于那些经济困窘且文化基础知识贫乏的乡村少年身上——我曾经访问过其中的很多位。既然没有专业知识学习的内在动机和外在需要，可为什么必须要到大学学习呢？为什么必须专注于读书呢？让大量急于谋求生计的人们去学习美妙雅乐并许之以未来可期的无限价值，是否显得理念上有些苍白空洞、行为上无效无力和道德上蕴含某种内在不义呢？这话题看似纯属高等教育领域，但主流的高等教育研究一般却无视或忽视这个话题，自然也从未有人给出比较满意的答案。②

---

① 把后发追赶型国家的所有现代制度建设都视作从西方引进或被动学习的产物是不恰当的、简单的，甚至是有些思想危险的理论思考方式。此处姑且用之。
② 近来，在高水平大学里，农村本科生的学习和发展成为我国高等教育研究的热点之一。对此，有一种"逆袭"或"底层文化资本"的理论特别引人注目。该类研究的结果时常在各种高端的中文杂志上出现。这一种理论试图建立在现实数据和缜密实证方法论基础上，体现出了爆炸力十足的学术理论创新。其理论的客观吻合度与理论说服力尚须时间检验，但其背后的价值观却值得深思。

就我国而言，近半个多世纪，这些乡村少年及其父辈和祖辈，甚至上溯其祖祖辈辈，构成了吾国吾民的大多数。如果除去直辖市、各省省会和具有地缘优势的个别城市（如山东的青岛等），在未实行居民户口改革的地区，根据户籍登记来统计，现在的乡村人口应该仍然占当地总人口的90%至95%左右。现代化发展的初期和中期前半的日本也是如此。未患老年痴呆的老人（正在"奔六"的译者即使勉强之上再勉强，尚不能躺入此"老人"之列）都应该有印象，如果再往前追溯得久远一点，那么，所谓的士农工商中的"农"之阶层实际上并不包括他们中的大部分。因为他们中的大部分几乎无产，尤其是无地产和自有的农业生产的核心工具。就此点而言，在20世纪50年代之前的中国传统社会里，他们中的大部分并不能构成真正意义上的任何社会阶层。赖新时代所赐，他们中的大部分终于获得了法律和政治意义上的平等地位，至少有了与其他社会阶层一模一样的正式登记的独立户口。而且，来自新的中央政府的政策优惠并不仅止于此，各种宏观政策的持续性倾斜肉眼可见。不过，政策文本与最终实效宜分别具体讨论。当然，这样的讨论不在小序的范围之内。长期以来，在具体的社会生活中，这部分人仍确确实实一直是沉默着的大多数。当然，这种沉默与愚昧或心智低下应该无丝毫相干。这常常使我禁不住左右彷徨，并偶尔会疑惑近百年来的主流思潮是否有点文不对题。该思潮的核心主张之一是通过办教育而开民智。其实，时至今日，对民智怀疑之余绪在某些上层知识分子群体中好像仍十分流行。同时，这大多数沉默的形成也并非主要是由于不知、不会或不愿开口，如时下某些名流学者所认为的那样。这沉默实是因为缺少相应的社会话语权，为结构性缺失。此沉默表现为被动、全面和身心一致的沉默。被动是因已经完全内化而表征为主动沉默的状态。全面是不分时空、不计主题和不择对手而一味地沉默，似沉默为与生俱来的性情。身心一致是因惯习化而将沉默体现于举手投足之间，是量身定做的举止得体，以鲁迅笔下的中年闰土的行为举止为其典型。与此沉默相对的是主动、有选择和表里自由分离的沉默。主动沉默是因自知不敌社会结构之力而自觉选择处于被动位置，故表征反为被动状态，尤惹人怜。有选择的沉默指能够应时、应景、视主题和对手而定，特利于取得最大的生存机会和资源。表里自由分离的沉默的主要表现形式为腹诽，尽管在上位者眼里这不过是阳奉阴违罢了。后一种沉默属于崇尚明哲保身的传统沉默，尤为识字断文者所称道。近偶阅某网络文学，某师提倡沉默是金的演讲获得匿名读者极高的点赞和转发。这让我大为唏嘘和腹诽不已。读书人式的充满智慧的沉默可能与以上的大多数完全无缘。在既定的宏观社会结构的制约之下，他们的沉默等于本应与生俱来的群体话语权的长期缺失。这客观的缺失反而被外人视为天生的主观残缺。他们传统上注定只有两条对极的人生之路可走或可往：要么听天由命，要么舍命逆天。时髦之语"自我选择"自然不在他们的人生词汇表之中。进入新之又新的时代后，现代高等教育制度不断发展，尤其是明显背离大学的历史传统，而朝向大众化、世俗化和实用化方向持续发展。这为他们打开了崭新的第三条人生之路：只要沿着学校教育的阶梯拾级而上，就能够步入高等学校的殿堂；只要能够从高校毕业，就大概率能够实现个人甚至整个家族的人生和生活的"小康"，顺带地获得部分社会话语权。如此高等教育发展方向对大学尤其是历史悠久的精英大学的影响极为复杂。有时候，甚至不乏严重的负面冲撞。对大学而言，称之为史上未有的毁灭性灾难似乎也不为过。小序对此姑且搁置不论。当高等教育机会的有无与类型差异变得能够决定大多数个体的命运和人生质量时，高校入学考试制度作为社会装置的重要性就变得前所未有。其作为机会的分配（标准）和获得（绩能）相匹配的重要程序和基本方式，也可以说是唯一的合理、公平且有效的方式，保障其高度公平（至少在形式上）就成为中央政府有效地对高等教育制度进行治理的重要原则。所以，在日本仅有的几所高水平国立大学里，与我国古代科举相比，高校入学考试对形式公平的严谨追求有过之而无不及。不知情的读者如何想象其严格程度可能都不会过分。在"后发"国家的社会转型期，这一定程度上也是社会治理绝对至上的原则。至于高校运营的其他方面，如高校自治、学术自由、知识与技术创新、创新人才选拔或全人教育等崇高理念都必然被无限地挤压而沦于相对次要的客观地位。当然，这一点不适用于概括整个日本高等教育制度的特征，因为其大部分的部件为私立。正因为此，著者一方面恶评日本高校入学考试制度带给本科教育质量的巨大负面影响，另一方面又站在人类社会历史发展的高度，从其对社会经济整体结构稳定运行的积极功能的角度出发，客观地给予这几乎被所有日本人仇恨的考试制度以相对正面的评价。当然，这里的"发展"一词为译者用语。著者讳言历史进步主义，理应会反对使用该词。如同马克思评价资本一样，有不少国际研究者在评价日本考试制度时，称其自带原罪。总之，高考及其衍生的系列考试对日本式民族国家资本主义发展模式特别重要。二者堪称一荣俱荣，一损俱损。从此而论，在日本这样的国家政治经济制度之下，高考制度的任何微小变化如不适合该社会属性及其发展阶段的特殊要求，都将牵一发而动全身，并可能遗患无穷。

对日本高校的本科教育教学实践，因有日本留学经历，我自然也有着与本书著者类似的深刻感受。但作为中国高校教师队伍中的一员，又在高等教育研究领域内长期从事研究活动，我还是禁不住想借用著者的"历史"与"理想"两个词语来多说几句。不管是"历史"地看，还是"理想"地看，世界高等教育制度的结构类型和社会功能总是复杂而多样、不断变化和运动，看似一言可述而实难穷尽。具有使命感的那些研究者的基本责任就是从尽可能多的侧面，去仔细观察现实和谨慎总结规律。日本高等教育自有其内在特征和世界贡献，中国高等教育也是如此。不但过去如此，现在也是如此，将来必定还是如此。一味地讴歌现实固然令他人生厌，但以学术理性之名行现实肢解之实，同样为历史所不屑。理想若不以现实为基，必堕空想之域。

另外，与创新观点的接纳相比，作为普通读者，我更愿意欣赏著作中的理论体系建构和方法论上的创新。比如，本书根据个体生命经历对现代学校教育制度体系的分期。著者把大学前阶段的学校教育作为关键的"训练时期"，把高等教育阶段视作"反训练时期"，而把学生统合进劳动者队伍的阶段称为"再训练时期"。① 又如，评价高等教育制度有效性的方法，著者采取把日本的高等教育制度实践与高校主张的教育教学目标相比较的方式，②而不是通常所用的与其他社会（比如美国）的高等教育制度和实践相比较的方式来进行评判。③ 再如，对日本现代学校教育内容标准化的客观批判与如实褒扬的平衡。书中的类似创新之点甚多，为节省篇幅，不再一一列举。切盼读者诸君在阅读中细细自我品味，学术上的收获想必更多。

在尽可能客观地对本书内容作一概括性介绍之后，作为译者，还是禁不住想谈一点阅读之后的纯粹的主观感受。既然是主观感受，谬误或片面之处必多，本不宜在如此场合公开。我姑妄言之，也请读者一笑观之。最强烈的感受是，本书前言是译者看到过的最好的学术专著前言之一，可谓字字珠玑，值得读者反复品味。尤其是著者说"下面，就请读者自己去判断吧：这是一本充斥个人观点的日本高等教育的控诉书，还是关于大学生心理学的阐述，抑或是一本带有跨文化寓意的关于制度性虚假和虚伪的理论专著？"这其实间接地提供了著者观察日本本科教育教学质量的三个不同而又有所重叠的理论视角和价值观（研究目的）。当然，这也必然成为读者阅读和准确把握专著的核心思想的切入点。就我个人而言，则更多地是从"跨文化寓意的理论专著"这一视角来定位和阅读本书。跨文化研究是人类学风格的现代社会研究的重要方法论，故在理论传统上二者几乎等身等义。当然，跨文化研究绝不是仅仅为了满足研究者的学术猎奇的心理，而是对自身文化的反身思维的一种重要方式或方法。从此进一步深入思考，可以想见，著者未必不是在尝试换个角度对美国本科教育现实进行深度的剖析。比如，在正文中，著者在对日本本科教育教学的诸种怪象描述和批判的之前、同时或之后，经常会不经意地顺带一笔写到：不仅是日本，世界上很多国家的高等教育大都如此，只不过程度不同而已（各处的具体词句不同，但大意如此）。再如，在第十章中，著者说："我希望通过描述日本高等教育的失败和制度性虚假，使读者能够理解更为一般的知识点。这些知识点对理解日本之外的社会政治制度和机制、社会不一致和仿真的功能具有理论价值。"同时，更为有趣的是，正文中从不见作者对美国

---

① 也许专著中的这些观点并不是著者的理论首创。比如，在高等教育制度对社会经济制度的功能性质的人类学判断上，持近似观点的学者颇多。但毫无疑问，本书著者是把这些观点系统化并成功应用于日本高等教育制度与实践分析上的西方学者之一。
② 这是高等教育评估经常采用的方式之一。
③ 这是高等教育理论研究，尤其是我国高等教育理论研究的惯常范式之一。

高等教育制度，尤其是本科教育教学有过只言片语的明确的批评，同样也不多见任何带有明显的赞许情感色彩的鳞爪。当然，类似赞扬也不是完全没有，但多集中在导论章。这会不会是学术研究上的"政治正确"禁忌使然？迄今为止，我未曾有过美国生活或留学的一星半点的经历，这里自然只是些不着边际的忖度。然而，从个人所阅的各种二手资料和大量网络信息来看，白纸黑字，著者所属的那片天地好像是少有"政治正确"之学术禁忌的理想型国度。这样一来，上述译者个人化的推测大概率会不靠谱吧。在此祈愿彼岸确实如此，以免扰人美梦。

最后，向勇于承担本书图表和索引的初步翻译工作以及其他辅助工作的杨文静和鹿文丽两位华东师范大学高教所硕士研究生、为本书的顺利出版付出大量辛勤劳动的华东师范大学出版社编辑孙娟女士以及长期支持我在学术上充分地自主探索的华东师大高教所的历任领导表示诚挚的敬意和衷心的感谢。同时，因本人学识所限，尽管尽了最大努力，但翻译中缺点与错误在所难免。翻译内容上的所有失误的责任均由本人自己承担。

徐国兴

于华东师大

2020 年初春

目　录

前言……1

致谢……2

第一章　导论：日本教育中的波特金因子……1

第二章　神话、谎言和方法论……15

第三章　国家、民族、资本和考试：知识的碎片化……37

第四章　凝视和指导：日本的教育-考试体制……62

第五章　静默之教：学生冷淡的社会心理学……79

第六章　仿真型日本高等教育……103

第七章　根据西方文化自我定位东方文化："英语"和"外国人"如何让日本大学生找到民族归属感……125

第八章　"装傻"：假装不懂的学生……155

第九章　大学经历的收获……186

第十章　仿真教育的代价和"改革"……206

附录 A　日本教育统计……227

附录 B　日本其他类型的高中后教育机构……235

附录 C　制度运营模式和仿真……236

参考文献……240

索引……258

前　言

　　一位日本学生曾经对我说，优秀大学生有双熠熠生辉的眼睛。言下之意是，相当多的大学生的那双眼睛总显得无精打采。我感兴趣的则是，为什么日本大学生两眼无光，而且忍受日本高等教育的空洞无物和被动地接受高校传授的众多谎言。这样一来，在某种意义上，本书就是一本关于撒谎的书。当然，这是非常特别的撒谎——伪装、诡计和遁词如何在制度层面具体化。虽然为了维持权力，权威当局和精英们总是撒谎，但我们要面对的是如下的问题：普通人怎样和如何互相说谎？这些谎言即使不为整个社会，至少也为精英权力结构所赞赏，故转而维护了精英权力结构的存续。

　　此书是我一生中最感难以驾驭的一本书。这是因为，在本书的撰写过程中，我常常须忍受两个不相兼容的角色在灵魂中打架带来的苦痛。作为研究者（观察者），我的目标是报告真实和保持客观。但是，作为教育者（参与者），我不能不对自己所见所闻发表意见和使其带有主观性。因为作为教育者，我总是积极地投入教学之中，努力完成课堂教学任务。在平衡上述两个角色的尝试中，我尽量让自己的专著学术化而又不晦涩难懂，立场鲜明而又避免说教色彩。下面，就请读者自己去判断吧：这是一本充斥个人观点的日本高等教育的控诉书，还是关于大学生心理学的阐述，抑或是一本带有跨文化寓意的关于制度性虚假和虚伪的理论专著？

　　社会科学调查和价值判断应该分开，在某种程度上这是可能的。尽管我知道这不是政治正确的高调，但是某些人对客观评价和主观判断应该有所不同的强求致使很多学术分析变得毫无价值。当然，完全客观无法做到。毫无疑问，我在日本的个人和职业经历（作为研究生、教师、研究者和居民）影响了我研究日本教育的兴趣点、视角和方法。

致 谢

　　为了保护他们的隐私，我这儿不再一一列出向我提供信息的高校（不包括特别有名的几所），也不再列出具体学生的有关信息。 多年来，就日本的高等教育和教育制度整体，很多人毫无保留地和我一起分享了他们的希望、失望和看法，但我决定不在本书中公布他们的名字（其中，也有些人要求我如此做）。 尽管如此，卡塔林·弗伯（Katalin Ferber）、维克多·菲克（Victor Fic）、发蒙·芬格尔顿（Fammon Fingleton）、查莫斯·约翰逊（Chalmers Johnson）、伊万·霍尔（Ivan Hall）和查克·穆勒（Chuck Muller）等人却不能不在此提及，因为他们曾经给予本书的顺利完成以无私的支持和积极参与。 马克·赛尔登（Mark Selden）以其娴熟的学术技巧为本书的编排，甚至实质内容增色不少。 另外，还应该感谢我的妻子拉娜·宇安（Lana Yuen）。 她曾在日本高校任教六年。 她对我提出的有关日本高等教育的无休无止的问题总是能够耐心回答，而且也能够忍受我因沉思过度而反复冒出来的喃喃自语。 对我的妻子，还值得感谢的一点是，她提供了佐证学术观点的另一个有力的观察视角。

　　对我的研究助手，西村伊津惠（Nishimura Itsue）、富山春子（Toyama Haruko）、约书亚·霍华德（Joshua Howard）和美琳·威廉姆斯（Mei-ling Williams）也要说声谢谢。 他们跟踪记录了许多难以入手的研究资料，而这些资料对本研究的顺利完成不可或缺。 另外，我还要感谢荣谷晶子（Sakaedani Akiko）。① 她与我分享了她对日本教育的一些看法。

---

① 本段落中的几位日本人为年轻学者，译者无法收集到有关的确切资料，以查证其姓名的汉字书写。因此，此处仅仅根据日语人名的拼写习惯翻译而成。——译者注

第一章　导论：日本教育中的波特金因子

> 事实上，日本大学经受着双重磨难：一重是大学缺乏自身属性和组织目标的概念明确性，另一重是它所提供的教育具有的中空性和散乱性。
>
> ——永井道雄①（Nagai Michio 1971：4）

在日本的大学的教室里，游荡着一个黑色幽灵。它是被压制的观点、失语、不受待见的自我表达和受限制个体的鬼魂。这鬼魂是位意在复仇的恶灵，要求被它祸害的大学生沉默、言行自检、对身外之事漠不关心。这鬼魂常常蒙上"害羞"、"谦虚"、"谦恭"、或其他"独一无二"的文化特征的面具，这些文化特征也许源远流长，仅为日本民族所共有。但是，这些假面具掩盖了该幽灵的恶毒的内在本性。

在这本书中，我想对这鬼魂的尸体进行病理解剖，分解出它的生理结构，并发现驱使鬼魂采取报复行为的内部动力所在。但我最感兴趣的是，这鬼魂对被它缠绕的在校大学生产生什么样的影响。应该强调的是，一旦出了大学教室，这鬼魂缠绕似乎就停止了。大学生们在所有的地方做他们应该做的事情：参加学生团体活动、结交朋友、约会、购物和兼职，最后，毕业、就业和养家糊口。尽管要做出该鬼魂阻碍了大学生学

---

① 永井道雄（Nagai Michio,1923—2000），东京都人，日本教育社会学者。为三木武夫（1974—1976）内阁时的文部大臣（相当于我国的教育部长），为当时唯一非国会议员的学者出身的文部大臣。1944 年毕业于京都大学文学部哲学专业，1949—1952 年就读于美国俄亥俄州立大学并获哲学博士学位。1956 年出版《日本的大学》一书，从与国外大学（其实主要是他个人经验的美国的大学）比较的视点出发，系统地分析了日本的大学的发展历史、现状与主要问题，并鲜明地提出了若干改革建议。该书在日本各界的社会影响力经久不衰。其中，最有影响的建议为："建立日本大学公社"。该建议主张国立大学（当时日本还没有很多私立大学）应脱离中央政府的过度庇护，确立组织的自立和自治，进而实现学术自治和自由。本质上，现今的日本国立大学法人就是永井道雄的大学理念的具体形态化。其中的"公社"一词在国人看起来颇具当时的时代色彩，但其实质即学术共同体之意。从这个意义上来看，永井道雄奠定了战后日本高等教育改革方向的理论基础。

习的判断是件困难的事情,但是人们很疑惑,大学生从课堂学习中究竟多大程度获得了思想的自由度、精神的丰富性和教养的广泛性。

本书的观点是,日本的大部分高校没有完成教育任务。这个观点建立在我个人从1989年开始,在日本数个高校工作经验的基础之上(下一章将详细介绍我的研究方法)。但是,在本书开始就值得关注的是,日本高等教育功能不全的观点对日本人来说不新鲜。很多日本人乐此不疲,一直说日本高校就像"游乐场"、"成人幼儿园"、"享乐之乡"、"度假胜地"、正式参加工作前的"小憩"。[1] 一个研究者说日本大学已经变成了"迪士尼乐园"(Hashizume, 1998)。另外一些人则说高校是"米老鼠大学"(Kajita, 1996)或正经受着"休闲场所化"侵蚀的地方。一位大学生如此定义:"大学就是我们不得不就业之前的四年自由时光。"[2] 另外一些大学生则没有这么乐观,"虽然日本有很多大学,但是本质上都像一个军事基地的清一色的营房"(Terashima, 1999)。据我的日本同事说,当杉本(Sugimoto)写"虽然它们都叫大学,但水平较低的一半大学其实名不副实"(1997:110)时,还是笔下留情了。大部分人都说,"在几乎所有的文理学院的本科教育中,普遍存在的现象是少得可怜的教学和少得可怜的学习。与此同时,所有学科的研究生的专业课程,要么是缺陷明显,要么是根本不存在。相当多的学院对此现象视而不见"(Cutts, 1997:60)。一位大学生形容一所著名的日本大学的研究生课程是"开张营业却无物可售的商店"(原文是开店休业)。据我的同事说,确实如此,即使在著名的高等学府里,学业标准也低得让人吃惊。沃里弗廉(Karel van Wolferen)在早稻田大学任教了四年。他说,校方告诉他,只要学生来上课就让他们考试通过(1989:85)。实际上,很多高校只是制度象征,用来代表日本域外存在的叫做大学的那些事物。不管在光鲜和色彩斑斓的高校介绍的小册子里有多少远景光明和激动人心的教育誓言,大学的实际目标却完全不同于人们通常对它们的信仰。整体说来,日本高校的办学是全国性的教育失败。

这些观点中没有一个是新的。对日本高等教育制度中的问题的认识可以追溯到第二次世界大战结束后不久。家永(Ienaga, 1962)和渡部(Watanabe, 1960)等学者就预见了这些问题。如今,这些问题经常出现在教育审议会、学会、专著和媒体的讨论之中。比如,研究和教育问题(Hattori, 1961),私立高校如何丧失了"特性"(读卖新闻调查部,1963)和个性(国家法令用语,义同自由),教育质量如何被政治经济学所侵蚀(Pempel, 1971, 1973),东京大学的错误管理(Hall, 1975),社会科学的糟糕状态(Tsuratani, 1985),对不合要求的学术人的个人化描写(Bronfenbrenner, 1985),改革的迫切需要(Nishimura,1987)。永井(Nagai)的专著《日本高等教育：腾飞和坠落》标题本身就已经说明了一切。另外一本书的一章也是如此,该章名为"教育管理已经把我们的大学变为垃圾箱"(Yayama,1991：199-208)。日本高等教育在国际上也受到批评。主要批评是,迄今为止,日本高校仅仅培养出6位诺贝尔奖获得者(美国179,英国67,德国61,法国21,瑞士14)。在《面向未来的教育改革》中,第一章是"大学生的现状——九个'为什么'"：(1)为什么他们不会写句子？(2)为什么他们不会写汉字？① (3)为什么他们不会说英语？(4)为什么他们反感数学和科学？(5)为什么他们缺乏经济学常识？(6)为什么他们不会批判性思维？(7)为什么他们缺少体力？(8)为什么他们"翘课"？(9)为什么他们不能学业和体育同时优异？(Sugiyama 和 Yamagishi,1996)。听起来很具有讽刺意味,不止一位上了年纪的日本人告诉我,战前(或战后不久),他们上学时,学校教他们要学会批判地思维和独立。一位七十出头的老日本人边摇头边叹息着说："今天的大学生不一样——他们不能代表真正的日本教育。"最近,诸如"走出知能衰落的日本大学,寻找精神家园"(Oikawa,1999)、"从内部腐朽的大学"(Katsuta,1995)、"治治懒惰的教授"(Yamakawa,1996)、"教授多多少少需要学习"(Kajita,1996)、"日本大学何处寻"(Coulmas,1993)。学生翘课成为社会问题,以至于成为全国性新闻："在某些大学的某些专业,学生不去上课也能拿到学分。一些学生翘课,更糟糕的是,他们甚至完全不去学校。"("学习目的再思考",1998)

同时,被认为有新闻价值之处正是需要改进之处。1995年,一位私立大学的研究生毕业后被提拔为东京大学临床医学系的教授。这一下子成为国家级的新闻("东京大学医学部任命了一位外部人士",1998),就像四年制大学图书馆馆际互借制度确立("大学图书馆翻开了新篇章",1995)和十所大学同意互认10学分("研究生院允许学分互认",1997；"严格学业评价,秋季入学是国立大学的当务之急",1998)。庆应义塾大学、立命馆大学、亚细亚大学、东洋大学和多摩大学已经把变革内在制度化。尽管这些改革在日本也许被视作激进之举,但在北美则实属当然(那里常常是改革观念的发源地)("私立大学学会了与时俱变",1994)。庆应义塾大学湘南藤泽校区的一位学生如是说："每学期初,老师向我们展示授课大纲,这样我们就知道我们将要学习什么。

---

① 现代日语的文字(符号)由两部分组成：假名和汉字。常用汉字大约有两千个左右。尽管很多日语汉字与中文繁体字相同,但也存在着相当多的日本独有的简化汉字。而且,日语汉字读音与中文汉字读音的差异较大。掌握这部分汉字的音形义不仅必要而且相当困难。

他还告诉我们在某个固定的时间段,学生可以随时去他的办公室,或请教或仅谈天。"("让高等教育更高",1994)

还有一件得得关注的事是大学招生的提前录取。虽然这在美国非常普遍,但在日本鲜有耳闻。当提前录取发生时,它顿时成为超级新闻。三位禀赋超常的学生被允许跳过高三而直接升入国立千叶大学。该改革项目最初仅仅限制在数学和科学领域,并且每年只有5个名额。1998年参加选拔考试的只有14位学生。据报道,日本高中阻挠学生参加这个特别选拔考试。来自日本教师工会的一位官员说,日本高中阶段的制度并没有为之做好准备。这种思维方式明显地体现了平等主义(即标准化的)教育的烙印。日本以其教育的平等性而举世闻名。"文部省严格控制着专业。"千叶大学也是如此,它对学生施以严格管控。官员拒绝实施面对面的面试,而坚持采用闭卷笔试(Coleman,1999;另参见"超常学生踏上快车道……但是,有关提前录取的争论仍在继续",1998;Naganishi,1998)。

有人可能会把上述观点视作媒体对衰落的高校和低下的学术标准的夸大其辞,并进而用听之任之的叹息语调,说出一段老生常谈"到处都是差生"(尤其当此人为教育者的时候;毕竟,由于他们的职责是批改、订正和提高学生的学业成绩,教师、教员和教授是最先发现错误的人)。或许,人们可以采取更为综合和系统的观点,对有关日本高等教育的坏消息进行整体观察。也就是说,我们面对的并不全是坏透的苹果。

当然,也存在一些优秀的学生、教授和学系,特别是在理工科。理工科的质量被认为优于人文社会学科(虽然如下事实值得关注,1993世界大学高曼报告把东京大学列为世界科学技术领域的第93名。东京大学被称为日本哈佛(Fukukawa,1999))。但这些是极少数。学术标准能够被学生广为理解的学院少之又少。正是在此情境下,北海学园大学把学术标准严格作为它的独特性而进行宣传,"我们不会通过让不及格者补考的形式给予他们第二次机会,比如……我们学校既比较难考进来,也比较难毕业出去"("外部专家评价有益于社会",1998)。

不管怎么说,一系列的官方调查、媒体报告、现场观察和奇闻轶事"异口同声"说高校的教育质量低下,而这些不可能都是谬误。例如,有个针对大一和大二本科生的5 000人调查(大部分是经济学系),表明"约五分之一的大学生不会做小学程度的数学题,尽管所在专业要求一定的数学知识"("大学生不会做基础数学题",1998)。在另一个601人的调查中,67.1%的学生说他们正在学习一门不理解的学科。在国立大学和地方公立大学的理科里(这些系科的学生被认为比人文社会学科的学生优秀),85.1%

的学生说他们跟不上教师的授课("新生担心理解课程知识的能力",1999)。还有报告说,在 503 所四年制和两年制大学里,30%的学生选修补习课程。70%的高校说,他们采取了一定的措施以应对学生学业能力不足问题(教授会记录;来源不详)。文部省的一个调查说,"大约 40%的高校修订了它们的课程,以适应那些缺乏高中阶段的部分知识的学生的需要"("大学调整专业课程以适应学生需要",1997)。

这样的问题不限于学术声望较低的私立大学,也能够在一些本该高质量的国立大学里发现。例如,一个报告表明,在 95 所国立大学的学部的部长中,80%的人认为学生的学术水平下降。有些部长举例说,"学生主动完成家庭作业的兴趣在下降","学生的逻辑思维能力和观点表达能力较差"。在有些大学里,"学生被逼在教室里大声练朗读,因为日语朗读的技能太低,更不要说英语了"。一位部长说,"我们再不能够把我们学部称作大学水平的教育了"(原文如此)。这个调查还揭示,50%的国立大学的学部部长说他们开设了补充课程以让学生能够跟上课。其他的具体方法包括让授课更为易懂,雇用教学助手,增加课程学习量("大学的学业水平在降低",1999;"大学面临学生能力的降低",1999)。还有其他问题。"外国留学生计划"(始于 1883 年)打算到 2000 年接纳外国留学生 10 万名,但是 1995 年达到峰值 53 847 名后,就不再实施该计划("难懂的 10 万人目标",1997;"文部省承认接纳 10 万外国留学生的目标过高",1999;"交换留学生过少促使政府修改计划",1996)。

就我们中的大部分人的观点来看,教育失败和资金、设施设备和人员的匮乏紧密联系在一起。更不幸的是,一想起教育失败,残垣断壁的城市学校、镶满破玻璃的窗户、走廊里布满金属探测器、教室内暴力和学生吸毒的形象就会浮现在我们眼前。对我们中的大部分人来说,很难把教育灾难和一千多所大学联系在一起,这些大学设施设备精良,每年向社会送出近 50 万名毕业生。但是,我们很多人没有看到的是,教育贫穷有多种形式。破旧不堪的大楼、愚蠢的暴力行为、学校教育以学生的社会成功为目标固然令人心碎,但这些仅仅是显性的教育失败,还有很多其他形式的教育失败。尽管日本统计资料显示日本的学校、学生、教师和资源丰富,但这些存在自身并不能构成教育质量。实际上,从某些角度来看,这些甚至都不是构成教育的因素。确实,大学轻而易举、可预期地、机械地生产出如此众多的毕业生,这些数字应该让我们警惕某些奇怪的事情正在发生。"因此,大学生和高校的规模扩大掩盖了内部质量的低下问题。"(Nagai,1971:4)我们还要注意到,尽管适龄青年人口在减少,但新设高校数量增长和研究生招生数量膨胀。四年制大学的学生规模扩大了(虽然专科学校的入学者数量减少)(Busch, 1996)。很多人都抱有如下观点,人口变化、入学考试难度降低和政府放权应该多少会提升高校的教育质量。但这个观点尚缺乏实证证据。

除去细节之外,大家对日本高校的教育不作为的原因的认识高度相同,那就是,日本高等教育被国家主义和企业力量合力屠戮,成为牺牲品而献祭在高速现代化的圣坛上。如此解释则需要更为详细的讨论。我在另外的地方探讨了其中的一些问题(McVeigh,具体出处不详)。现在需要分析有关日本高等教育问题的诸多"话语"。有关教育改革的话语满天飞,充溢于媒体、相关文献和各类专家的观点之中,体现在诸如"主动性"、"个性"、"多样性"、"创造性"、"选择"、"自由化"等词语上。我们这些非日本人没有意识到,日本的这些话语承载了更多的政治负荷和道德含义。上述这些词语,看起来令人欢欣鼓舞和充满了乐观主义精神,确实引起了大家的注意,因为它们准确地指出了日本学校教育的结构性的缺失之处。当说到"主动性"教育需求的时候,不是说学生需要一通鼓舞士气的讲话,而是一种社会认识。这个认识是关于学生身上发生的一些事情。这些事情是:学生从不被要求参与课堂活动;学生从来没有被教育要以系统的、社会公众能够接受的方式进行批判性思维。说到"多样性"、"创造性"、"选择"的时候,这些看似是在说缺少艺术课程和选修课不够,其实是意识到课程中缺少了一些基本的教育元素。这个问题的根本原因是国家和经济利益对学校教育的横加干涉。在教育中,每天都在发生的问题是,因为学生被事无巨细地指挥、指导和监控,当他们在课堂上的时候,"个性"和"创造性"就是最不会被考虑到的东西。但是,这里不要产生误会。不是学生自身不能具有创造性。当在合适的环境中,特别是课堂之外,让学生自行发展时,他们就能展示出创造性。而且,事实确实如此。学生也不缺少个性。在某种意义上,问题非常简单:升入大学前的学生没有被给予智力空间和时间去成为他自己。于是,问题就变为,学生带着这些不利于自我展示的缺点进入大学教室,当需要回答问题时,相当多的学生不愿(也就是说,未必是不能)给出最简单的答案。正如一位教授所言,"我注意到,学生缺少的不仅仅是能力,而且缺少努力学习的意愿"("懒散的岁月",1998)。他们好像被谁劝阻一样,疏于参与到学校的教学活动中去。至于"多样化发展",我私下里怀疑,政治经济精英们对多样化发展有着特别的认识。通过精心设计好的学校教育-考试的社会机制,将学生分为不同的等级并配置于社会经济金字塔的不同位置。所以,我一点儿也不感到惊奇。当我在日本工作的时候,相当多的比较成熟的教育者告诉我,他们对当前的教育改革感到悲观。

正如许多对日本教育制度研究的做法一样,下述观点必须考虑进去,那就是,日本的许多教育问题是政治的而非教育学的问题。也就是说,这些问题可能出现在教室里,但是,就像我在随后的章节中要分析的那样,它们产生的根源还在于国家干涉、企业力量主导、地方政府官僚制的惰性。在提升国民生产总值(GNP)以及通过培养可在不同岗位顺利流动、模式化的劳动者来提高劳动能力的竞争中,日本教育把平等和标准化混为一谈(参见矢山(Yayama)专著的有关章节"文部省传播了'坏平等'的意识形态",1993)。在日本,与教育相关的不同势力和压力建构了大部分的观点,即教育是零和博弈。其结果可想而知:

既然学校教育被迫按照冰冷的效率规则,发挥社会选拔和个人竞争的机器的功能,那么它就生产出两种类型的年轻人:一方面,学校生产出暮气沉沉的年轻人,这些年轻人认为自己已经为社会所抛弃;另一方面,学校催生了冷酷而沉着的精英群体,对他们而言,学习等于打败所有的潜在竞争对手。(Horio,1988:299)

当然,归纳总结应当小心谨慎。尽管如此,总体上,日本高等教育并没有如预期那样发挥功能。日本高等教育值得关注,这是因为它向我们提供了一些宝贵的经验和教训。这些经验和教训是,当教育/学校教育制度与就业/国家经济的边界模糊时,以及曾经专有的学习空间和场所因为从备考和就业准备的压力下解脱而消融时,教育和高等教育将如何发展。

仅仅说日本高校走向没落或功能不健全(尽管在某种意义上,这未必不是事实),就错误理解了本书的主旨。日本高等教育如谜:如此大众化的高等教育体系是怎样发挥应有功能的?一方面,对那些不善于观察的人来,似乎获得了巨大成功;另一方面,实际上却如此一团糟。"有点像信天翁的航空动力学。日本高等教育不像有些批评者所说,没有很好地发挥功能,而是全力运行。"(Beauchamp,1991:41)给我印象最深的是,日本高校是另类高校。大学的运营和政策不仅非常失败,而且常常与它们实际表明的目标相反。在日本大学工作期间,我发现无数这样的实际例子:高教体系在追求既定目的的反面,导致出现了一个混乱不堪、上下颠倒、镜中窥花的虚幻世界。这个世界,不仅学术上空空如也,而且处于真正教育的对立面。存着一个默会的一致性认同(实际上,这个一致性认同未必总是不被说出来)。该一致性认同要求人们,当面对异常明显的缺陷时,不仅要看到事物的另一面,还要聚焦于镜像现实。镜像现实是一个反转的形象,它把"否"变成"是",把黑夜变成白天。我常常感觉到,那些剧中人

（国家官僚、大学管理者、大学教授）相信，在日本，如果关于糟糕现实的真相周知天下，那个叫做高等教育的游戏就会整个地灰飞烟灭。社会主流意识是，"为了不去冒失业的风险，以及丢掉那仅有一点真实的高等教育的风险，就让我们承认正在发生的事情，假装日本有大学吧"。不过，正如我们在后面的章节会读到的那样，有时候，个别人确实会坦承日本高等教育的失败。在某个时刻，该事实真相就被出人意料地如实相告。在访谈鸟取大学（一个有医学部的国立大学）校长的时候，校长就说，大学的学术理念已经被毫无抵抗地抛弃了。

访谈者：人们常常说，为了考入大学，学生学习非常刻苦。一旦进入大学，实际上就什么也不干了。你们学校的学生如何啊？

校长：在学习方面，上述描述也适用于我校的学生。但是，这没有什么不好。因为这样一来，学生就有充分的时间去做其他事情。我希望他们能够利用这个机会，在较长时间段里，认真思考今后做什么。在升入大学之前，因为忙于学习，他们没有时间去做一些事情。从这个角度来说，他们的所作所为很正常。很多学生和朋友一道打麻将、参加体育活动等。

访谈者：这是否意味着学生不应该过于强调学业成绩？

校长：正是如此。我自己在学生时代也没有学很多。（Miyai, 1997）

日本教育之谜

当听到对日本教育的批评时，人们首先想问的是："如果它有很多问题，那么如何解释日本经济的飞速崛起？"隐藏在这个问句背后的逻辑是，优质教育带来强大经济。虽然教育和经济肯定互相联系，但是这个联系的复杂程度远远超过大部分人的理解。简而言之，"优质教育"和"强大经济"不一定直接地联系在一起。根据研究者对不同国家的教育部门及其水平的研究结果，还存在着"劣质教育"-"强大经济"和"优质教育"-"弱小经济"的例子。例如，苏联有强大的学校教育制度横贯不同产业部门，但是这对经济发展并没有太大帮助。不过，或许更重要的是，一个健全可靠的教育制度减少了市民社会和政治文化的波动。这里的核心点是经济效果不是衡量教育成功的唯一指标。我将在最后一章中对这一点再次解释。但这一点常常被那些把学校教育制度仅仅视作经济/就业的人们所忽视。至少在日本，这样做的结果就忽视了学校教育是如何影响社会的非经济部分的。

理解现代学校教育制度的多重侧面和多样化后果的一个方法是采纳莱福鑫（Refsing）的四功能法。在工业化或后工业化社会里，学习—分等—劳动过程已经变成政治—经济持续与权力的维持和扩张的必不可少的构成部分。学校教育制度开始具备四种功能：(1)教育：教授读、写、算、科学和其他一般技能；(2)社会化：培养有责任心的公民和社会成员，他们行为举止得体、富有同情心、理解社会的核心价值观，比如工作伦理和性别角色定位；(3)选拔：通过一系列的考试，在劳动力市场上输送和配置人才；(4)储存：保管和收容年轻人直到他们有了足够的就业准备，尤其是直到劳动市场能够接纳他们。按照莱福鑫的理论框架来衡量，日本学校教育的第二、三、四功能发挥得相对较好。日本学校教育在这些功能发挥上取得的成功让外国观察家交口称赞，认为日本学校教育制度一定提供了高质量的教育。然而，教育本身——第一项功能，却极不成功（Refsing，1992：127）。这在高等教育阶段尤为明显，高校里的教育条件严重退化。日本社会的阶层偏见有力地说明了这一点。指出日本教育在四个功能中教育功能存在缺陷不是说日本学校教育没有传递基础知识（比如，阅读能力和计算能力），而是怀疑人们描绘的有关日本教育的美好图像。更重要的是，是否我们拥有一个好的教育制度，但是这制度最近已经退化，或者是否我们所拥有的制度从来没有像有些人所描绘的那样美好？值得注意的是，把焦点放在日本的技术成功有时候是放错了位置。换句话说，现代教育制度应该培养人，让他们有充分的能力去"操作机器，而未必是发明机器"（一位退休的日本高中教师）。

日本的学校教育在传递日本社会的价值观和促进经济腾飞方面值得肯定。这些价值观广为人知：公共安全、礼貌、合作精神、宽容、勤奋、临危不惧、自我控制、自尊、反暴力、遵守社会秩序，尽管我这里使用的词语也许与别人不一样。这些价值观会使日本人同意他内心本不同意的观点，这构成了日本人彬彬有礼的社会基础。除此之外，经济上的相对平等（有些观点认为日本社会的90%是中产阶级，这就有点夸张了）客观上要求大家互相尊敬。日本的经济繁荣和生产技术精湛也值得关注，虽然有人批评它的新重商主义倾向和工人的过度劳动。

有人也许会说，如果按照多年来它为现代资本主义社会的政治经济制度培养工人的成功程度来评判，整体上——我强调"整体上"——日本教育制度既不比其他G-7工业国质量低，也不比它们质量高。对于那些接受日本教育神话的人来说，下述观点令人吃惊。不管怎么说，整体评价和抽象通常未必符合学术探索的基本要求,也不一定能够辨析出一个教育制度的强点与弱点。有益于认识深化的是更为集中的调查研究。如果对教育制度的某一侧面进行更为细致的分析研究,则有可能揭示出更多的客观真实。

至于学生,我想强调一点,揭示日本高等教育制度的系统性缺陷不意味着我认为日本学生没有其他国家的学生勤奋。这个问题与所处环境有关:毕业后,日本年轻人适应工作环境,勤奋工作,其中的大部分成为体面和守法的公民。很显然,他们在长期的受教育过程中,学到了某种东西。然而,在大学校园里,特别是在课堂上,学生不学习,因为如下所述,大学扮演了与自身本质不同的角色。与外国学生相比,在知识获得上,他们少学了多少?虽然我敢说少学的一定不是一小部分,但这是一个非常复杂和多侧面的问题。我所熟知的日本学生,哪怕是"坏学生",都比较聪明、通情达理,有时候也嘲讽自己的社会。他们也都富有创造性、可爱、招人喜欢,尽管是以一种高冷、有节制的方式呈现出来。不要误会:日本教育制度在培养勤奋的劳动者和举止得体的公民方面极为成功。日本强大的职业伦理和低犯罪率(虽然官方统计值得怀疑)毫无疑问得益于教育制度。然而,在其他方面,特别是在高等教育层次,日本教育极为失败。尤其是,很多学生在批判性写作、条理清晰地理论、令人信服地和充满激情地进行观点表达上没有受到很好的训练。总之,他们在某些特定类型的知识操作和运用上存在困难,而这些对于其他教育制度培养出来的学生来说,可能是理所当然的能力。不妨暂时这样说,相当多的兼具美国和日本教学经验的美国教师告诉我,与美国学生相比,日本高校的任一专业里,愿意学习的大学生的规模一样(尽管我个人认为在日本的大部分高校中,实际数字要小一些)。但是,日本大学生和美国大学生的重大差异是,前者不去教室上课,不交小论文,考试不及格也能从大学顺利毕业。不管他们的学业成绩如何糟糕,他们都将被推着前行,通过这个制度体系。[3] 而且,如下所述,我感觉,很多学生似乎不知道课堂出勤和学习之间的本质区别。

本书的目的

日本教育既不是理想化的,也不是妖魔化的,尽管从我个人的经验来看,日本人自己很少理想化日本教育。确实,日本教育中的某些部分和侧面值得称赞,正像有些部分和侧面需要批判一样。当总体上都是赞扬或批判时,就出现问题了。例如,当中田(Nakata)和摩斯科(Mosk)写道"日本成人劳动力即使不是世界上最好的,也是最好的之一"(1987：377),⁴ 我们就要问一问这是否完全符合事实。比如,是否所有领域都是如此?作为一个面对面教过1 500名(不包括我读研究生时在日本商业英语学校教过的100多名学生)日本学生(这些学生本身都是日本教育制度的"完成品")的人来说,我非常怀疑中田和摩斯科的评价是否适合语言、社会科学、历史和日语写作(不要提一些细小的方面,仅就一些重要技能,如推理、批判分析和思想自由)等领域。当卡明斯(Cummings)写道,"根据入学率来衡量,日本高校比世界上任何国家的高校提供的机会都多"和"日本成人的平均受教育年限是世界最高的之一"(1979：95—96),我们要问,在教室里长时间静坐就必然和自动地等于优质教育吗?

许多人似乎认为日本初等和中等教育的质量和标准较高。这体现在如下的老生常谈中,"日本高中毕业生和北美大学的本科生一样优秀"。把学业测量的问题撇开不谈,我的感觉是,最有可能的一点是日本学生相对得到了较好的基础训练(数学、科学和日语),但在更为专门的领域不一定处于领先地位。虽然说认为日本普通学生的大脑里装满孤立的事实和零碎的知识的观点多少有点模式化,但我的经验告诉我,至少就课堂表现来说,这个模式化的形象里面包含的可不仅是一点点的客观事实。

有关日本教育制度的最大的神话("高质量"神话的推论,同时与"日本社会无阶层"的神话相关)是,它比其他国家更为坚持绩能主义原理。当然,这取决于一个人如何定义他所使用的词语。但是,有相当多的证据表明,日本和世界上其他国家一样,学校教育倾向于再生产精英和大众的社会区分。这阻碍着真正的绩能主义的实现(参见Ishida,1993)。

我从下述观点出发进行研究,即日本高等教育整体上没有履行自己的诺言。除了几所优秀大学之外,这个判断毫无疑问适用于所有日本的高校。这儿,我再重申一次,我的研究焦点是日本高等教育,而不是整个教育制度。在"教育制度"的范围内,有无数的问题可供研究:中央集权的官僚行政、教育财政、与教师工会的对立、校园欺凌、道德教育、高中学生的政治意识匮乏、教科书审定制度、教师管理、学校暴力、学校规则。很多问题已经得到了研究,而我想探索日本高等教育的内在价值。在分析日本高等教育的没落时,我希望从中抽象出有关"制度仿真"的真知灼见(在第二章,我介绍了本书的理论主题和讨论"制度仿真"的含义)。我的兴趣在于,我想使用日本高等教育的失败去说明"波特金因子"。这个名词的产生受到俄国贵族格里戈里·波特金的故事的启发。格里戈里·波特金在沙皇叶卡捷琳娜出巡的路旁建造假村庄以给她留下深刻印象。我不知道女沙皇在多大程度上被感动,但是建造假村庄的贵族和工人肯定知道他们的所做作为仅仅是摆设或者是"装点门面"。"装点门面"是一个现代俄国人表达它的词汇。

如世界上其他国家一样,在日本,民族主义、国家主义和经济主义构成了官方凝视体系,该体系进而建构了学生的主观认识。在日本,对官方项目的需求非常强大而难以满足,以至于"实际表述"和"文法修辞"的关系非常紧张。有时候,当连接断裂时,就需要仓促修补,这生产出大量的虚假、错误和制度仿真。在似真非真的制度里,学生、教师和管理者常常假装他们在投身于高等教育活动。

我必须强调一点,我想说的"制度仿真"(及与其相关的所谓的"个体复制")不仅限于日本。本书建立在如下观点之上,不分国度,社会政治力量都迫使个体模仿、假装,在一定环境下,甚至说谎。社会力量把我们安置于某个位置上。在这个位置上,我们扮演好自己的角色,躲避真实和搪塞。有很多动机和理由让我们投身于虚假的事业中,就像有很多方法去玩弄客观真实一样(保护别人的感受、幻想、政治花招、个人夸大)。有无数的例子表明,人类对伪装的需要和偏爱无处不在和近乎强制。尽管如此,这不妨碍我们认识到研究它的社会心理的动力机制的科学价值。

简而言之,我的观点是,日常生活的动力机制在发挥作用,这是因为我们的社会政治结构有时候必然具有虚伪性,而我们又是喜欢耍两面派的个体。本书的整体和最终目的是论证所有社会都(某种程度上,至少)拥有仿真的制度。这并不意味着我们的制度是虚假的,我们过着仿造的生活;而是说我们的制度动用了很多诡计,把我们的生活称作艺术性和戏剧性的生活再贴切不过了。本书仅仅研究仿真社会应用的特别明显的一个例子。虽然本书的观点仅仅关于日本社会的一个侧面,但是应该被视作可以适用于世界上的任何地方,特别是在拥有大规模科层制的社会势力的社会里。

谁应该为日本高等教育的失败担责?这是很多方面的共同责任。这说明高等教育堕落的广泛性和系统性:文部科学省(2001年之前为文部省),意欲以典型的官僚科层方式,继续管辖高等教育,尽管它是在管理本不存在的教学和学习。生产企业和公司对高等教育的质量不感兴趣,他们把大学作为能力测量、分等和分流的机制。适应该机制,大学保管大学生直到他们参加工作。私立大学的兴趣全在于赚钱;国立大学的兴趣全在于讨文部省的欢心;大学教授面对治理不善的大学和德行低下的大学生,没有勇气投入于教学之中(虽然对领工资和其他福利还是欢欣鼓舞的);大学前的各级各类学校和教师太忙于让学生应付升学考试,而忽视了培养学生的批判性思维;家长把大学视为证书发行机构,购买这证书将来必须得到经济回报,知识的获得无足轻重;

大部分大学生都没有从高校经历中发现人生目标。尽管很难判断谁最应该为日本高等教育的悲惨境地负责,但很容易看出谁最不应该负责:大学生。他们不停地忙碌着,身心俱疲地行走于教育-考试的制度体系里,结果竟成为该制度缺陷的牺牲品。这就是把失败的责任推给学生仅能部分解释事实真相的原因。从教师的角度来看,也许责备学生是有道理的(参见"众所周知,很多人认为当今的大学生不成熟、不负责任、无知和糟糕透顶"(Arai, 1996))。我们必须追问,为什么这么多的大学生处于这种状态。

这里,我想强调一下,我不想给大家造成这样的印象:我相信低水平大学的大学生就应该在那儿,因为他们不勤奋(对好学生之所以成为好学生和差生之所以成为差生的主流解释)。与此相反,正是社会结构和政策(特别是由国家和资本的合力建构而成的"同型"教育模式)让这些学生难以发现自己的兴趣、强项和潜能。

为什么高等教育问题如此重要

为什么日本高等教育如此重要?在最后一章,我还会论述这个问题,现在我先简单分析一下。在中等教育阶段,暴力、吸毒、玩刀的学生是社会的不安定因素,吸引了人们的注意力,因为这些学生容易被认出。但是,在高等教育阶段,从长远来看,不带课本,经常"忘记"课堂笔记本,忘记带笔和铅笔,更加经常地拒绝课堂出勤(还有其他恼人的行为:忽视教授的简单的提问、上课梳头、梳妆时对镜子里的自己极端自恋)对社会来说,同样危险。对于那些不熟悉典型的日本大学的人来说,这些学生行为似乎令人啼笑皆非。尽管如此,很容易从中得出结论,日本高等教育实际上维持了日本的"思想卡特尔"和"孤立心性"(Hall, 1998)。而且,"任何人如果认为日本高等教育界的这些现象晦涩难懂,且与当前的贸易问题无关,那么就要牢记在心:在日本实现现代化的整个世纪里,大学和政治目的之间存在着紧密的联系"(Hall, 1998:91)[5]。

对日本高等教育既有赞扬也有批评(特别是鸟瞰之下,日本教育似乎值得表扬。例如,"在联合国报告里,是儿童受教育水平处于上层的国家",1993)。然而,最近的评价似乎转向到了负面。联合国采取了更为现实的视点来观察日本教育,表达了对日本背离"儿童权利公约"的关心("儿童权利公约"于1989联合国大会上通过):"在该国存在着高度竞争的教育制度,竞争的结果对儿童的身心发展有负面影响。有鉴于此,委员会建议该国采取适当的措施,阻止和防止过度的压力和学校恐惧。"("日本儿童缺乏权利,委员会认为",1998)在这些中小学阶段的问题之外,还有一些更大的政治问题也需要一所典型的日本大学(不仅仅是精英大学)去教育国民:比如,种族主义、民族中心主义、紧张的邻国关系。该国际机构一方面赞扬日本的中小学教育,另一方面批评日本的人权纪录:比如,对在日朝鲜人的排斥使之成为少数民族、歧视性的居民登录规则、驱逐程序缺乏应有的过程、狱中犯人的糟糕待遇、替代监狱制度、死刑执行非确认制度和女性歧视等(Otake 和 Negishi,1998)。毫无疑问,缺乏高质量的高等教育让这些问题持续存在。"高校不让年轻人质疑他们社会的缺点。让人吃惊的是,他们也不让学生尝试去规划自己的职业目标,甚至不让学生形成和坚持自己的观点。"(Cutts,1997:60)

注释

1 日本媒体偶尔会报道日本人如何不喜欢他们的教育制度:比如,在一个样本为1912的调查(允许多选)中,45%抱怨校园欺凌蔓延,43%抱怨死记硬背,42%抱怨校园暴力和行为不良,44%"对教师和教学的质量有疑问",仅仅25%说他们信任教师("74%对学校里的教育不满",1998)
2 参见野崎(Nozaki,1992:28)和"教育——改革还是不改革?"(1995)。
3 在多大程度上,这一点可以说是美国高等教育机构的特征,哪怕是一所水平较低的高校,尚有讨论的余地。关键之点在于,我从未听到过有人赞扬日本高等教育。
4 参见福勒(Fuller)等(1986)、康柏和凯威斯(Comber 和 Keeves,1973)、史蒂文森(Stevenson)等(1985),这些著作分析了日本学生的优秀的学业水平。
5 "日本的智力保护主义长期被忽视,其原因是多方面的:美国长期优势地位带来的对此的漠不关心;苹果、汽车和半导体等市场产品的成功容易让人激动且其经济影响容易量化;反对日本设置市场壁垒的美国专家很少看到,在本领域之外的领域里,日本市场同样存在明显的准入限制"(Hall,1998:9)。

第二章　神话、谎言和方法论

日本国立教育研究所课程研究中心的石坂和夫(Ishizaka Kazuo)说:"一次带一群外国参观者到一所我认为极普通的学校……'噢,太棒了,'他报告中提到外国参观者如是说,'你为什么带我们到这儿?'他回答说,'因为外国参观者通常不去参观典型的日本学校。'"

——杰拉尔德·布雷赛(Gerald Bracey, 1997)

方　法　论

总的说来,我的有关日本高等教育的观点建立在三类信息资料基础之上:(1)在任教于日本高校期间,我收集到的学生访谈资料;(2)我的同事的观点;(3)学术文献和官方公开出版物,辅以十多年来有价值的媒体的报告。

我曾经在日本八所大学从事过不同的工作。本书就是在我作为日本大学的学生、研究者和教师的经历基础上撰写而成的。[1] 就我自己的教育经验来说,以学期为计算单位,我在日本大学教过一百多门课程。我工作过的有些大学为私立大学且层次较低,一所私立大学的层次较高(中央大学),一所是国立大学,被认为是日本最好的大学(东京大学)。我曾经在一所大学做过全职教授(助教和副教授)——我的主要经验得自于这段经历——这是一所女子短期大学。我还在两所大学和两所女子短期大学做过兼职讲师。在担任教授期间,我曾经讲授过文化人类学、日本文化、英语、研究生讨论课和其他专业课程。我参加教授的会议,列席委员会,行使管理职责,参与学校活动和行事,结识学生于校园内外。我收集的资料多种多样,有访谈、学生报告、家庭作业、毕业论文、班级评价、课堂学生行为观察、学生手册、教师指南和各种学校文件。另外，我还融合了来自其他高校的我的同行的观点和经验。我曾经在国际基督教大学做过一学期的助教工作，在一所高中做过七个月的助教工作。我还曾经在东京国际大学兼职，教过日本研究项目的交换留学生，这些学生来自美国、欧洲和亚洲国家。另外，我的观点还受到我读研究生时在几个英语口语学校兼职的若干年教学经历的影响。在英语口语学校，我教过不同年龄段的数百名日本学生。

本书不是对我工作过的任何一所高校的人种志研究，恰恰相反，是我不同经历汇聚而成的对日本高等教育制度体系的整体描述。在提供例证的时候，为了保证资料来源的匿名性，我将不会总是清晰地指明哪些是我个人的经验。

本书的有些部分建立在看似属于奇闻轶事的材料的基础之上。但是，我必须强调，之所以选择这些事例，不是因为它们与众不同、极为罕见或发生频次低，而是因为它们就是极为常见、普通或周期性出现的事件。如果我碰到的懒惰学生、翘课、学校功能缺失属于个案，具有偶然性或不常出现，那么我就不会撰写这本书了。懒惰的学生、低效的管理、不达标的大学和国家干涉到处存在。书中提到的有关现象的例子不仅仅是奇闻轶事，令人吃惊的是，它们在现实中有广泛存在的证据。它们值得关注不是因为例外，而是因为如此普通。

我受到过的人类学训练让我不要去抽象概括，并且要尽量避免易于产生模式化形象的陈述。本书的性质要求依据丰富的证据进行一定程度的抽象概括。勤于思考的读者将会发现，我很小心地使用诸如"许多"和"很多"等词语。对于我书中所写的事情，现实中尚存例外。我无意于过分抽象概括，而是想让大家关注日本高等教育的主要的、模式化的和重要的部分。这里，我想强调，本书不是日本高等教育的控诉书，而是对联结理念和日本高等教育制度的链条上的缺陷的分析。

本书的研究焦点不是几所著名的国立大学或私立大学（如庆应大学或早稻田大学）的大学生，这些大学的学生似乎引起了日本国内外媒体的关注。我更感兴趣的是成百上千所没有名气的高校，这些高校容纳了大部分大学生（请注意，东京大学仅仅招收日本大学生的 0.5%（Cutts，1997：5））。[2]

附加说明和批评者

在写作本章之始，我就注意到，很多非日本人研究者（特别是很多美国人）透过特别的镜头观察日本教育,该镜头是"为了提升我们的学校教育,我们能够从日本学到什么"。这样做就让他们忽视了日本制度中不那么值得敬佩的侧面和特征,仅仅是因为这些地方不符合他们有关理想教育的观点。布雷赛警告许多对日本教育感受深刻的观察者:"(1)**没有**去看典型的日本学校;(2)没有理解**看到的东西**"(原文中的强调)(1997:98)。卡茨(Cutts)对日本教育被误解(至少被美国人)的关键之点做了精妙论述:"当美国人观察日本教育时,他们看的不是整个教育制度。他们主要在观察政治制度。该政治制度的核心是国家把教育目标最大限度地与国家目标相一致。"(1997:xiv)虽然民族主义、国家主义和资本主义本身未必是日本教育污名化的整个原因(这些因素在其他教育制度中肯定也发挥作用),但是忽视这些因素去分析日本高等教育现状的研究也不完整。

集中到高等教育领域,就我个人经验而言,那些怀疑日本高等教育水平低这一论断的人们往往不是日本人。这些人的经历往往具有如下特征:虽然献身于日本教育制度研究,但是仅仅在精英学校工作过,或在日本大学的经历有限(通常是最优秀大学的短期访问研究者、访问教授或客座教授),[3] 或相信媒体提供的片面的日本教育形象。非常容易理解,失去研究资助、工作机会和访日邀请的威胁将鼓励——通常是无意识地——其他人去忽视或美化日本高等教育的明显的缺陷。

仔细分析一下为日本高等教育质量低下辩解的某些一般性观点非常有价值。**制度正常运行,为什么要改变它?** 这是对批评的最普通的回答。这个回答根植于经济主义,展示了狭隘的评价观,仅仅把教育看做走向雇佣劳动的基石,视日本为一个经济巨无霸而已。而且,这种思维假定高等教育的基本目的是发挥它的职业、专业和就业功能。这个观点缺乏对高等教育价值的历史和理想的理解。历史和理想地看,高等教育的价值还在于它的非职业性、建设性批评和包容精神。(参加第十章)

要知道,日本人自己对他们的"学历社会"和"学术资格"耽迷持批判态度。顺便说一句,我们应该小心理解这些词的内在含义。它们通常不带有学习欲望或"教育自觉"的含义,而是暗示出,在民族国家主义企业的政治经济环境下,雇佣劳动和就业保障的获取的高度竞争。日本中小学的学生不是对知识如饥似渴的小学者,而是被大企业和国家经济统治力量驱使的孩子。这些力量建构了知识形式(一些知识的重要性超过其他知识),形塑了个体的主观认识,安排了家庭生活的结构。为了经济进行教育肯定不是日本独有的现象,但是,在日本,教育附属于经济的程度及其在校园文化里的渗透程度却尤为明显。

那么，就像我在本书中要做的那样，论证位于整个制度顶点的日本高等教育达到了全国性虚伪，这不仅是反直觉的，而且与世界"知道"的日本教育以及媒体宣扬的日本学生的国际竞争力完全不同。为什么在一个基础教育水平高、劳动者的阅读水平高和训练有素、政治经济组织中天才频出和公民遵纪守法的社会里，却造出了并容忍这样一个功能不全的高等教育制度呢？

部分答案可能在于，整个日本大学前的教育，特别在幼儿园、幼稚园和小学阶段，目的是把孩子培养成为勤劳的工人和有素养的公民。孩子接受的训练是模式化的。这些训练被作为接受更高级专业化训练的标准而一般的基础，研究生阶段的训练再加在上面（在某种程度上，就是洒在蛋糕上面的冰激凌）。在某种意义上来说，根据严格的大多数职业对知识的要求来看，高校传授的大部分知识都是不必要的（技术和专业领域除外）。这就造成了大学生不学习知识。在1995年，新就业者的48%仅有高中文凭；在1996年，大学的理工科和医学专业学生不到总人数的三分之一（参见附录A，表A1、A2、A3和A4）。另外，还有很多人到各种各样的高中后教育机构求学（参见附录A，表A5至A11）。虽然不清楚这些学校对日本经济健康发展的影响，但毫无疑问其影响非同小可。这些机构需要另外分析，在本书中，从实际目的出发，我把它们排除在分析之外。另一个费解之点是，公司对毕业生的入职和培训表现出极大的热情。甚至有人断言，公司不需要受过较好训练的工人，因为公司想以本公司独有的方式去社会化新员工。这种独特的方式就是社风（"公司的习惯"）。

另一部分答案在于，尽管日本学生在数学、科学和语言（国语，即日语）领域打下了坚实的基础，我们还应该扪心自问，官方在说什么，外国观察者如何评价，更重要的是，学生如何学习这些学科。答案相当复杂。确实，人们怀疑普通日本学生在对技术-经济秩序不重要的知识领域里比较差。非日本人观察者常常被日本学生记忆了如此多的汉字所感动，但很少注意到日本学生使用汉字去撰写一篇符合逻辑的议论文时遇到的困难（至少在大学里）。日本学生花费时间学习社会科学和历史，但仅仅是记忆教师课堂传授的知识。这一现象颇具争议。日本学生因为忽视或歪曲了战争年代和日本的暴行而受到谴责（导致国际关系紧张和与亚洲邻国摩擦不断）。大部分学生在升入大学之前学了六年英语，但是英语教学糟糕透顶，很少有学生实际上学会了英语。虽然日本学生被认为行为举止得体（最近的报告显示有些不同），但很多学生很不善于用日语在班级里清晰地表达自己的观点和捍卫自己的观点，更不要说用英语了。在日本当教师的时候，有时候，我面临的最大问题仅仅是如何让学生开口说话。日本学生如何聪明和如何行为得体都不是问题的核心，问题的核心在于没办法评估他们的学业能力，因为他们习惯性地忙于与"过度自我监控"作斗争。本书不是论述日本大学生学业能力自身，而是论述过度自我监控如何抑制了学业能力（参见第五、第八和第九章）。

日本大学生在大学期间不需要学习任何东西，因为在升入大学之前，已经非常优秀了。这个解释夸大了日本大学前的教育的质量（大学前的教育常常为日本人自己所批评）。如上所示，非日本人观察者常常依据到最好的学校的短期观光旅行（常常是官方发起组织的）来作出结论。堀尾（Horio）指出，很多非日本观察者的扭曲的观点"源于如下事实，现存的关于日本和日本教育制度的知识中的绝大部分都直接反映日本政府提出的官方观点，因此，这些知识整体上过于一边倒或充满偏见"（1988：vii）。

更为重要的是，有人怀疑国际学业成绩测量的方法论，认为它有意识地让日本学生的成绩显示得较高。石坂和夫（本章题记中提到的官员）"强烈怀疑第二次国际数学研究中的日本学生样本的代表性"（Bracey, 1997：98）。即使是金光闪闪的关于日本教育的报告，当从国际比较的视角来审视时，总会出现一些批评。有篇文章报告说，日本在基础科学概念理解的调查中，在14个工业国家里位于第13位（"在美国科学知识调查中，日本位居第13位"，1998）。一篇题为"日本孩子讨厌学校，舆论调查表明"（1996）揭露："在6国调查中，日本小学生发现的学校乐趣最少。仅仅三分之一的学生对班主任感到满意，其他国家则是在50%至58%之间。"在另外一篇以12国为调查对象的文章中，日本小学生在计算机技术方面落后于美国和欧洲小学生。日本直到1992年才把计算机训练作为选修课，导入中学课程。"这具有讽刺意味，日本作为一个计算机制造大国，日本小学生的计算机使用能力竟然落后于美国和欧洲小学生。"（Ogawa, 1994）还有一些对日本教育制度的误解来自"数字和统计崇拜"。有些研究者没有仔细定义，就把诸如"日本比美国有更多的工程师"作为客观事实来接受。"一些不成熟的作者对日语或日本统计的特殊性仅有很少或没有任何知识储备，他们把名义上相近但实际上构成成分不同的类别加以比较。"（Kinmonth, 1986：396）

另外，媒体上几乎每天都有关于日本教育的负面新闻——在所有教育层次上。大部分是关于校园欺凌、暴力和较高的翘课率（比如，"报告：学校应对不断上升的暴力和行为不良的方法纲要"，1998；"犯罪终结了日本中学的清白：教师报告说'宠坏了的孩子'无法遵守最基本的学校规则"（Oda, 1998）；"翘课记录显示对学校的反感"，1998）。对学校和教师不满意的报告变得越来越平常（比如，"调查显示反对学校、教师",1999;"在学生调查中小学教师得分很低",1996;"学校教学不合情理"(Oda,1999))。另外一些题目如"学习:死记硬背伤害学生的推理能力"(1997)揭示了学习过程本身的问题。

学术调查和官方调查之外,更多的个人叙述能够提供人们对教育抱怨的具体背景。戈雅(Goya)在日本学校任教了20年,她的孩子也到日本学校上学。她写道:"事实是,日本公立学校在培养人方面做得很糟糕。"(1993:128)一些观察者也注意到,实际上,日本教育成功的秘诀不是正规学校教育制度,而是"补习学校"(参见 Desmond,1996)。很多学生喜欢补习学校超过正规学校教育制度,政府也公开承认"补习学校"是日本学校教育制度的核心部分(参见第四章)。当然,也有一些学者,对日本教育制度批判得更为激烈(参见 Schoolland,1990)。一位观察者的观点如下:

有一个日本教育制度的重要影响没有被论及:它极大地阻碍了学生的社会和心理发展。我教过的学生在情感方面都和美国学生一样成熟。但是,如果请一名女孩子来回答问题,她常常是因被问到而发窘,因发窘而直望地板。我提问的是19岁左右的高三年级的女学生。男孩子则没有如此剧烈,如果他们对某事没有确切把握,则常常装出一副老师不存在的样子。在社交方面,这些学生不会独自做任何事情。……最后,我要说:我认为日本学校教育是全国性的、制度化的儿童虐待的制度体系。(博伊兰(P. Boylan)从布雷赛书中摘引 1997:97—98)

我还要补充一点,许多非日本人观察者在讨论日本高等教育的低质量时,会强调日本学生"非常好",似乎人"好"就可以弥补学业不足或成为学业不足的借口。这一点我感到吃惊。在我个人的经验中,绝大部分日本学生确实很好,但是关键是他们几乎没有展示出他们的智力上的能力。

"日本大学生不需要学习任何东西,因为入学前已经很棒了"的观点还摒弃了高等教育的非职业性的教育目标。当然,这也不能成为日本高等教育低质的借口。虽然很多人明显接受了经济主义的逻辑,似乎相信它在某种程度上符合客观事实。但是,在某种意义上,如上所述,日本大学生(像其他国家的大学生一样)一旦接受了基础教育,更多的与劳动相关的专门知识很容易被增置于其上。

日本雇主希望大学毕业生是"一张白纸",脑袋里不要装太多的观点(特别是"政治性"),并打算自己去训练大学毕业生。当然,这不能成为日本高等教育质量低下的借口,也肯定不能完全解释日本高等教育质量的低下。虽然有人可能会说,日本公司有着自己的训练项目,这些项目弥补了高等教育的不足。还与此相关的是,一般常识认为雇主不期待或不想要"已经专门化的"毕业生,而想要"通才"。通才更容易被教化,完成企业专属的工作。而且,雇主更看重态度而不是能力,即服从、献身于工作、道德素质、社会技能。

到处都有劣质大学。这是典型的"不值得大惊小怪"的回答,这个回答至少忽略了以下三点。[4] 第一,日本不是仅有一些有缺点的高校,而是整个高等教育制度有缺陷。认识到这一点的价值明显且深远。因为高等教育制度很紧密地统合于其他制度之中,比如经济结构、企业文化、雇佣实践、精英的生产与维持和性别区分等,更重要的是,它与日本进行(就像本书一样,也许不在日本进行)的社会、政治和文化分析及批评的健康发展相关。简而言之,高等教育制度最重要的目的之一——让法院自由地审判社会(至少相对地)——在日本受到严重损害。很多外国观察者没有看到的是,不像在其他国家的高等教育中发现的问题,日本高等教育中的教学和学习的低质是广泛的、深刻的、系统的和深度结构化的。我们看到的不是某些高校的弱点,而是组织化的伪装。换句话说,失败是制度化的。制度化以学校教育可以被称作"仿真"的形式进行(参见下面的部分,"仿真的学校教育制度:解释波特金因子")。确实,大学是精细微调社会化机器的一个构成部分——从幼儿园和保育园,通过小学、初中、高中,然后到职场——被设计来服务于经济目的。教育可能会出现在大学里,但是这种出现常常显得具有偶然性,甚至是意外的。在相当多的日本大学里,教育似乎没有主要目的。大学的理念紧紧地根植于企业文化。它们发挥了国营社会化机器的最后一道分等分类程序的功能。它们还保管未来的劳动者。充其量可以说,绝大多数大学只是假装在从事教育活动。

第二,和日本一样,拥有庞大高等教育规模的国家不多。因此,我们必须去怀疑如此大规模的高等教育为何可能会失败。最后,"到处都有劣质大学"的回答是智力残障和智力懒惰。为什么有理由拒绝评价一个世界经济大国的高等教育质量,而该国的领导者正在寻求国际承认、尊敬和影响?这理由值得人们去怀疑。

就我个人的经验来说,如果一个人说他或她调查了美国的都市学校的糟糕状况,听者都会泰然处之,视之若常。但是,如果一个研究者解释他对日本教育的缺陷的研究,就有人竖起眉毛,提问题。甚至有人会怀疑研究者一定怀有不可告人的政治意图。经常的反应是:"哪儿没有差学生?""但是,我读到的文章说日本正在进行教育改革"和"但是,你不应该说所有日本学生都是差生"。这些反应都是来源于对日本高等教育质量的神话化。还存在着一些更微妙的原因,这原因与把国家作为理解日本的分析单位有关(不是阶层或其他群体)。如果日本是整体单一的、文化起源唯一的和自我完备的单元,那么它的教育制度也应该如此。对于特定研究目的来说,民族国家的概念非常有用,抽象概括有时候也不可避免。但与此同时,这样就常常模糊了所要研究的社会的实际的社会经济特征。

许多人在为日本高等教育的糟糕质量辩护时,本能地把日本制度和美国制度作比较(或许因为他们是美国人),并争辩说,美国也有很多低质高校,美国最好的学校也有平均水平以下的学生。但是,我们必须扪心自问,如果日本高等教育与美国高等教育一样好,就像我的很多同事主张的那样,那么为什么如此多的国际学生,不去日本而来美国?我们不妨思索一下一位日本教授的话,他既在日本也在美国教过书:"普通日本大学生写几页纸的作文很困难。但是,即使一位写作能力很差的美国大学生也能够书面表达他自己的观点。"当然,有很多美国高校也很平庸,甚至很次,但是,也有大量的高质量的大学。日本的情况就不同了。也许有很多美国高校处于从中到低的水平上,但是,不管分数如何贬值,绝大多数高校还有一定的标准。然而,当对日本高等教育机构仔细分析后,我们不得不问自己,大批高校是否有任何一点点的学业标准。在这样的学校里,根本不用担心分数贬值。实际上,几乎没有学业评价(也就说,每人都能通过考试而不管学业表现如何),如果不把上课次数(并且也没有别的方法)算作学业评价方法。

不管是在日本人还是非日本人中间,都流传着这样的一句老话,那就是"美国大学进去容易毕业难,但是,日本大学进去难而毕业容易"。这句话完全错了。相当多的美国大学并不容易进去,而且,现在很多日本高校接收所有的申请者。

日本大学也许有很多值得敬佩的地方。但是,与什么比较?谁的标准应该用来去评价它们?用不同的标准(即我们的)去评价它们有失公平。这个回答初听起来似乎合情合理和判断公允,但转念一想,它最终不过是句空话,因为不得不用国际或跨文化比较去判断日本高等教育的堕落程度。确实,如果一个人关心评价公正,就不必从日本之外寻找评价日本大学的标准。所有的评价者必须用日本大学公开宣称的目标和意图,另外辅以文部省、其他中央机构以及企业精英的标准和期望评判大学行为是否符合他们的标准和准则(就像我在本书中做的那样)。

日本文化的差异性。像在其他地方一样,在日本,国家主义围绕实体身份团团裹了厚厚的神话、伪造和半真实的保护性茧壳。相当多的非日本人参与了该意识形态茧壳形成的过程,不管它是出于误置的"文化敏感性"还是出于虚假的"文化相对主义"

(文化主义解释是虚假的文化相对主义的辩护书的同源事物)。这种态度有时候源于"客人主义":"外国教师选择坚持不歧视别人。但这个坚持行为本身,从他们客居异国的角度考虑,意味着他们不应抱怨或搬弄是非。"这样的"观点明显来自于半生不熟的文化敏感性的论点,又混合了未好好消化的价值相对主义的观点,然后简单搅拌,成为片面的有关日本的感情主义"(Hall,1997)。比如,在"让无休无止的对日批评休息一下,"一文中,一位非日本人作家写到:

很多外国人说的有关日本的事情搞得我很伤心……直到大多数日本人接受他们的文化应该部分变化的观点为止。不管外国人如何抱怨,它不会改变。事实上,攻击一个国家的文化就是攻击这个国家的人民,是一种狡猾的种族主义。(Maruna,1999:37—83)

有时候,这是一种微妙的东方化的倾向,激发了一部分人从日本那儿寻找解决自国教育问题的答案,或者构建简单化的二分概念或历史年表。[5] 比如,大家看看福勒等人(Fuller,1986)是如何对照"西方"和"现代化"与"东方"和"传统"价值观的。我从非日本人的东方主义假设中引用一些实际例子来说明:"日本人不喜欢自我表达和不需要高等教育";"日本学生生性腼腆";"日本有闭关锁国的历史,不习惯于智力交流。"虽然这些人一点也不为其鹦鹉学舌地贩卖官方的文化主义旧论调,采纳了日本民族中心定义的最糟糕的一面而感到内疚,但是,你可以想见,同样的这一批人,绝不会把如此简单的思维应用到分析本国的社会上。一些非日本人研究者曾经为他们的这个立场辩护:"这是我们做研究的方式,你如果不同意,也许你不应该出现在这儿。"

高 校 类 型

在日本,高等教育机构通常包括四年制大学、两年制短期大学、研究生院大学和高等专门学校。我将把我的研究对象限制在前两种类型的高校(其他类型的高校,参见附录 A 和 B)。

我的研究将适用于何种层次的大学——在最一般的意义上?在回答这个问题之前,我们必须搞清楚日本高校应该如何分类。

对日本的高校有很多种分类方法。首先,从政府的观点出发,最普通的分类是(1)

中央政府("国立");(2)地方政府("公立")和(3)私立(参见表2.1和表2.2)。98所国立大学还可以进一步分为久享盛名的大学(战前的帝国大学)和不那么有名的新制国立大学。大学一词翻译为英语是"university"或"college"。政府对二者的管理方式相同,尽管政府把大学进一步分为四年制大学和两年制或三年制的短期大学(经常简称为短大)。在本书中,我既研究两年制大学(有时候三年制)也研究四年制大学,我研究的中心是四年制大学。因此,细心的读者会发现,我把二者统称为大学(高中后教育机构留在下面分析)。另一个关键分类法涉及性别:男女共校和单独的女子学校。绝大部分短大是女子大学。另外的一些分类标准是规模和城乡(参见附录A,表A12—A15)。

表2.1 四年制大学的类型和数量

	国立大学	公立大学	私立大学	合计
学校数量	98(98)	53(31)	425(256)	576(385)
学生数量				
总数	610,219	87,878	1,898,570	2,596,667
男生数	427,537	50,308	1,254,675	1,732,520
女生数	182,682	37,570	643,895	864,147

注:括号中的数字为拥有研究院的机构数量
来源:MTY(1997);GKC(1997:3)

表2.2 两年制短期大学的类型和数量

	国立大学	公立大学	私立大学	合计
学校数量	33	63	502	598
学生数量				
总数	11,982	24,091	437,206	473,279
男生数	2,332	2,603	39,054	43,989
女生数	9,650	21,488	398,152	429,290

来源:GKC(1997:3)

美国读者应该小心谨慎,日本的短大不是美国的社区学院。有足够的理由把短期大学和四年制大学都包括进来。首先，大部分短大开设了四年制大学开设的课程，如人文学科、社会学科和博雅课程（参见附录A中的表A2），但是没有职业训练课程。在日本，职业训练由另外的学校类型来承担（专门学校）。其次，不像社区学院，日本的短大基本是女学生（90％以上的学校都是女子学校）。第三，不像很多社区学院，日本的短大很少是国立或公立的。第四，一些历史悠久的短大比一些四年制大学的排名还要靠前，特别是那些属于一个"教育集团"的短期大学。这些教育集团往往以一所有名的四年制大学为中心，设有不同层次的学校（如果不考虑性别给日本人带来的影响——他们相信女子学校必定学术上要低一档，诸如日本女子大学、津田塾大学等女子大学被认为是日本最好的学校之一）。第五，社区学院中的"社区"一词含有多有意义，这些含义通常未必与日本的短大有关联。比如，资金的地方政治支持或其他形式的地方参与。第六，社区学院招收的学生极为多样化，比如大规模的成人学生，需要补习课程的高中退学者，进行英语学习的移民。但日本的短大不是如此。第七，短大的教师和四年制大学的教师的学术背景、研究要求和其他专业标准近似。而且，在两种类型的大学之间，教师流动很多。最后，也许是最重要的，不像短大，社区学院不被大部分美国人认为是选拔性或政府介入的高等教育机构。但是，在日本，短期大学与四年制大学一样，都是竞争性的教育-考试和就业制度体系中的重要组成部分。

当然，在日本数百所短期大学中，也存在校际间的个别差异。尽管存在多样性，就像我在本书中展示的那样，我们能够发现它们共同具有的模式化和系统化的制度特征。比如，规模、国立/私立分类和标准化分数因素决定着大学间的差异。大部分大学——大约80％——是私立的。很多观察者都注意到，日本过于依赖私立高等教育机构（参见Burnell, 1974）。许多私立大学被贴上**车站盒饭**的标签。车站盒饭是一种在车站便利店销售的午餐盒饭：一个城市足够大，才可以设有快速火车站点，车站也才有可能卖盒饭，这样的城市才能够支撑一所大学的存在。"在公众的脑海里，这样的大学太多了，而且它们的学术标准极低。"（Burnell, 1974：49）

至于国立大学，盛名之下，其实难副，它们的堕落也广为人知。很多人把东京大学描述为贫民窟，尽管学生社团的海报、公告和广告无形中成为真实校园的糊墙纸，给它增添了色彩和生机。否则，学习环境就太单调乏味了。就我个人的观点而言，另一所同样著名的国立大学[①]也是如此。一位英国留学生曾经向报纸写过一封信，信中写

[①] 如下所述，这里指京都大学。东京大学、京都大学在日本人心目中的地位，类似于北京大学、清华大学在国人心目中的地位。

道:"当我走在京都大学的校园里,我简直不敢相信自己的眼睛……它是我见过的最破旧的、缺乏维护的垃圾场一样的地方,伪装成一所豪华的'精英'高校。"("不体面的状况",1992)

短大最初建立于1950年,本来是作为临时而非永久性的高等教育机构。几十年后,这些机构慢慢被女性化了。在1997年,它的90.7%的学生为女性,凸显了日本高等教育的性别上的双元特征(参见McVeigh,1995,1996,1997a;Matsui,1997的人种志研究)。尽管最近人们一直谈论,认为女性变得越来越对严肃的职业选择感兴趣,但是,女子学院家政系的报考者数量明显增加。这是因为日本经济的不景气。与此相对,其他专业,比如文学和工程学的报考者数量却在下降("家政学对没有工作的女孩有吸引力",1997)。

我们使用中村(Nagamura)对四年制大学的四型"巨大金字塔"分类来从理论上把握高等教育制度。该理论分类建立在入学考试的标准分数上。中村的分类没有包括596所短期大学(其中的相当多的机构被认为其水平低于四年制大学)。

1. 位于关东-甲信越地区(东京、神奈川、琦玉、群马、千叶、栃木、茨城、山梨、长野、新泻等都道府县)的国立和公立大学中,东京大学位于顶端。其下有9所大学和一些医科大学,包括县立大学,这些大学分为四个层次。

2. 位于近畿地区(京都、大阪、奈良、三重、和歌山、滋贺、兵库等都道府县)的国立和公立大学中,京都大学位于顶端。其下有10所大学和一些医科大学,包括县立大学,这些大学分为同样四个层次。

在这两个巨大的金字塔之外,还存在着四个中型的金字塔,由一些国立和公立大学组成。(a)九州和山口县的国立和公立大学,九州大学位于顶端;(b)东海地区的国立和公立大学,名古屋大学位于顶端;(c)东北地区的国立和公立大学,东北大学位于顶端;(d)北海道地区的国立和公立大学,北海道大学位于顶端。

3. 位于关东-甲信越地区的私立大学中,庆应大学和早稻田大学位于顶端。紧随其下的有上智大学和国际基督教大学。这几所大学下面,还有40所左右的私立大学,这些大学分为六个层次。

4. 位于近畿地区的私立大学中,同志社大学位于顶端。其下有20所左右的大学,分为六个层次(不包括女子大学、艺术学院、体育学院和医学院)(Nakamura,1997：14-20)。

对于大部分日本人来说,最重要的分类可能是大学排名。把学校分等和进行学术排名在任何社会里都是特别困难的事情,主观因素很容易渗进排名之中。但是,为了得到日本人如何对日本大学进行排名的最一般印象,我们可以研究一下大学入学考试要求的标准分数(偏差值)。在日本,私立企业运营一个学业测量制度,该测量产生标准化分数。从1993年开始,文部省禁止该测量在学校之内实施。但是,出于便利考虑,学校老师仍然使用"客观"测验的标准分数(在校外实施)来指导学生选择合适的高中(最终进入合适的大学)。标准分数是某一个学生的分数距离参加考试的学生总体的中值的距离。标准分数经常受到批判,因为它把学生分进不同的极小的分数段,而忽视了学生的能力和潜能(一位学生抱怨说："我想升入我想升入的大学,而不是我能够升入的大学。")。如此看来,我们可能没有注意到使用标准分数给大学排名未必能够代表大学的质量(指学生在大学阶段接受的教育)。但是,标准分数至少反映了这样一种认识,即要跨过层层关口升入大学需要什么。中村以新生的标准分数为依据,研究了415所私立四年制大学。他把这些大学分成6类,A类为学生的标准分数60及以上,B类为55及以上,C类为50。这三类又进一步分为不同的专业领域,[6] 所以其中的小类之间会有一些重合。另外三类,包括247所大学(占59.5%),它们的标准分数在中值以下,而且这些大学现在困于招生计划招不满。也就是说,它们尽管努力,却无法招生到足够数量的学生(参见表2.3)。

表2.3 偏差值在均质的中位数以下的大学

偏差值	大学数量	描述
D = 45 ~ 47.5	135	边界线
E = 40 ~ 42.5	94	需要谨慎
F = 37.5 及以下	18	需要警告

来源：(Nakamura,1997：254—66)

为了比较,我描述了所有类型高校的学生的观点和大学运营。也就是说,除了排名的高、中、低这个分类角度外,我还使用了国立、公立和私立的分类角度。但是我的描述主要来自于排名中和低的两类高校(也包括两年制短期大学)。换句话说,我的研究对象是大部分日本学生所在的高校,而非精英高校。

读者还要意识到,我在书中很少提到其他国家的高等教育。我认为这样的"比较教育"的缺点是在谈论抽样的质量,因为它们比较的对象和内容常常不清晰。也就是说,被比较的高等教育制度相关的事实实际上是不同的,因为它们处于不同的特殊的政治经济环境、特定的国家目标和差异明显的历史发展轨迹。如此一来,如果它们被轻易比较,该比较就存在问题。因此,在比较之前,我认为我们首先应该审视一个主题、侧面或制度的一个构成部分,然后再进行比较。[7] 总之,我希望这样的研究工作提供有关某一教育制度的某个构成部分的特定认识。在进行更为详细的研究后,围绕这个特定认识进行比较。

研究高等教育机构及其政策有不同的方法,既可以研究政策本身和制定这些政策的人员,也可以研究实施这些政策的机构和人员。在本书中,我会给上述研究内容以一定的篇幅。但我还会研究政策和机构在外部社会中是如何运行的,也就是说,政策和机构实际上如何影响到人们。换句话说,我研究国家和资本作为代理人,如何通过教育结构来影响个人的主观世界。为了尽可能忠实地描述国家如何影响个人,我尽量平衡鸟瞰(宏观政治经济结构和统计)和仰视(学生的认识)之间的关系。

尽管某一个特定的研究无法完整地再现整个制度,但参观示范学校容易产生深度误导。精英官员和学术界研究人员能够提供有用的信息,但是他们的判断有一定限制,因为他们远离教育实践,又太接近官方权力中心。对教师和学生的短暂的一次性访谈会带来启发性,但是这些访谈缺乏丰富的背景信息。背景信息取决于访谈者在要研究的教育制度的某一部分中停留的时间长短,与师生的互动程度,对该制度、制度所处的社会环境和相关统计的深入程度。另一方面,上述因素会带来不同程度的主观性。所以访谈资料不能代替定性的解释性描述。[8] 至于我现在的研究目的,我不是想报告,日本的教育精英如何计划教育改革,大学管理者许诺做什么或外国观察者看到了什么(虽然为了说明,这样的观点也在本书中出现)。我对大学生更感兴趣。不夸张地说,他们是精心设计的但却服务于精英的计划的牺牲品。本书分析的问题不是大学生如何富有学习动机和聪明,而是如此多的大学生在课堂之上失去学习动机和士气低下。读者将会发现,我的研究方式与那些"坚决拥护者"完全相反,"坚决拥护者"是某些日本教育研究成果的特征("坚决拥护者"是卡明斯、天野(Amano)、北村(Kitamura)创造出的词汇 1979：2)。我的目标不是批判先前的日本教育研究,而是为了补充既有的正面画像和使它更匀称。细心的读者会注意到,我还举出了一些正面的例子,同时相当多的大学生对他们自己的大学生活经历持激烈批判的态度。

术　语

在此,对本书中使用的个别术语谨作说明。

元课程,意指重大的政治、经济和其他方面的社会制度。这些制度建构和影响教育目标,在课堂内外促使学生社会化。因此国家主义和企业主义的计划工程形塑元课程。元课程建立普遍的权威的边界(比如,父母、教师、学校官员、未来的雇员)。元课程包含显性课程和隐性课程(潜在课程或超然课程)。隐性课程的核心是大学生如何在课堂之中被无形而全面地社会化,描述了伴随或与显性和官方课程相反的学习的发生。

经济主义意指一种纯粹以经济术语来解释人类行为和社会动力机制的偏好,这种偏好抛弃或贬低其他因素的作用。经济主义是一种还原论或单因素论,它过分简化了人类环境的互相影响的内在的复杂性。它对一些有关人类思想行为和社会运行的学术理论的影响很大。在很多社会里,这些理论是日常生活中做出假设和行为决策的基础。

教育-考试制度体系意指在日本,考试变成了教育制度的中心,以至于在很大程度上,考试和教育变成了同义词。教育结构和场所之所以存在,是为了加工出适于选拔、分等和顺利就业的劳动者。这里再次强调,这样的教育-雇佣制度并非日本所独有。但是,日本的教育和雇佣、学校和公司、学习目标和资本主义秩序要求的结构统合的程度特别引人注目。当然,考试也不是日本所独有。尽管分班考试的目的是增强和促进学习(为了学习的考试),但在日本二者的关系可以说是倒过来的(学习为了考试)。官方话语说,学校教育是为了学习、自我修养和个人发展,但是实际上学校教育完全不同：学校教育是一种应试教育,为了参加和顺利通过考试。这个现实有意义深远的教育影响,它形塑了学生如何看待学生身份、学校文化、最终的学习目标的方式。

国家不仅指政治制度和权力中心,更指"无疑问的假定体系"、"社会的基础知识"和"科层等级化的主观性"("深层意识形态"或"无形制度";参见麦克维(McVeigh,1998a))。民族国家的社会政治化的意识氛围应该描述为"国家性"或"国家状态性"

（实践、过程和属性），以及拥有某种"状态"的制度体系（结构、组织和制度）（参见泽林斯基（Zelinsky）对"国家状态性"的讨论（1988：8））

仿真的学校教育制度：解释波特金因子

在这部分，我提出一个理论框架，用来理解"制度表征与制度现实的对立"和不同的"制度模式"，因为这些观点是本书展开讨论的理论骨架（更详细的讨论，请参见附录C）。在第一章，我引入了"波特金因子"一词，但是更确切的术语可能是"仿真"。"仿真"这个词来自于让·鲍德里亚（Jean Baudrillard）的著作。它在后现代主义的著作里频频出现。对于鲍德里亚来说，仿真品不仅仅是原件的同型复制，而且它还意味着复制的复制（Baudrillard，1983；Elgin，1984：877—79）。在这个意义上，仿真品的涌现意味着现代社会里表征和真实之间关系的危机。人们不再以某些预设的现实或真实的对立面为参照，真实和模型之间的区分变得模糊。仿真是镜像之物，它缺乏原创性。但它们自身已经成为一种客观存在，一种超客观现实，比真正的现实更具有现实性。[9]

在高校**说它们如何做**和**它们实际如何做**之间的关系上，鲍德里亚的想法和我的想法高度一致。这里，为了理解这些关系，"表征"的内涵必须得到清晰的界定。"表征"可能意味着，外形相像、替代性、复制性或图像性。正如通常所定义的那样，表征指一个事实，意义或真实，"它先于传递它的表征而存在，并决定着表征"（Ryan，1988：560）。但是，后现代主义的论点相反，即表征创造了被认为是它们所反映的真实（参见Rosenau，1992：95）。那么，随即就有一个疑问出现了，即"表征"不能表示其他事物。别忘了，鲍德里亚的"仿真"的内涵是，用"表征"来建构的现实/真实和模型/仿真之间的区分已经不存在了。对他来说，现在的问题不是认知镜像/符号和现实/事物之间差异的困难，而是表征和现实之间的差异自体模糊了。我们已经走出了真实对非真实的王国而来到了一个既非"真实"也不是"非真实"的王国。这里，值得重新温习一下鲍德里亚的"镜像阶段的连续体"或者说仿真物的顺序（Baudrillard，1993：196）：

1. 镜像是基本现实的反射。
2. 镜像遮掩和歪曲了基本现实。
3. 镜像遮掩了基本现实的缺位。
4. 镜像与任何现实都无关联，它仅仅是一个仿真物。

本书内容概观

第三章 国家、民族、资本和考试：知识的碎片化

如第一章所言,对学生而言,(后)工业社会的学校教育应该具有如下四个基本功能(1)教育；(2)社会化；(3)选拔；(4)储存人才(Refsing,1992)。深入研究发现,日本教育在社会化、选拔和储存人才三个方面做得相当好。然而,在教育方面,这个制度并没有按照它所说的那样去做。本研究集中于高等教育机构,尤其是排名处于中低位置的高校。在这些高校里,教育失败特别明显。彭佩尔(Pempel)认为失败的主要原因有:"大学毕业证书在俗世社会里特别重要；国立、公立大学和私立大学对该证书的获得都持放任自由的态度；政府对高速经济增长实行整体管理的政策。"(Pempel,1973:81)一位教育官员列出了如下的原因：

> 在这个国家的战后复苏时期,教育制度被政府严格和牢牢地控制。一个人的教育背景变成了他/她在中产阶层里获取成功的入场券。同时学校教育成为一个产业。所有人都想升入大学,这让升入好大学的竞争白热化。这个竞争摧毁了几代年轻人,甚至波及到大学前的年纪("心灵教育",1998)

在第三章,我探索了日本高等教育质量逐渐低下的社会、政治和经济背景。我尤其研究了各种不同的国家结构和企业力量,它们生出了一个制度体系,该体系监视着个体,以便让个体充分发挥个体潜能,成为好好学习的学生、勤奋劳作的工人、高素质的家庭成员和遵纪守法的公民。在这个体系下,个体所有的工作都与经济民族国家主义相一致。我以教育科层制为研究中心。教育科层制是国家和资本家对学生实施社会化的代言人。作为无处不在的规范化的存在,官方凝视的网络体系得以制度化地确立。这个确立具有多层次和复杂性,并且细致入微。但是,在该体系所产生的不同性质的凝视中,存在着意识形态上的高度的一致性。这个一致性强化资本主义的经济主义思想。考试是一种特别的实践,官方凝视存在于其中。个体应该展示他们对民族国家主义的计划工程的忠心。因此,"应试者一方面为向上的社会流动的美好愿景所吸引,另一方面为留于社会底层的生活代价所推动"(Steven,1983:292)。在急匆匆地抓取那些被认为有利于通过考试的信息时,知识被商品化、商业化和小包装化。这些

都导致了知识的碎片化,让知识与真实世界隔离,充满愚蠢(在第八章和第九章,我展示了当巨大的教育-考试就业机制将知识碎片化后,学生如何看待学习)。

第四章 凝视和指导:日本的教育-考试体制

在第四章,我研究学校教育的过程,学校教育是一系列的训练实践,让学生成为教育—科层凝视的目标。官方凝视根植于大规模的理性化的计划工程,这些计划工程符合国家利益和经济利益。官方凝视的监视渗透整个学校(教育、社会化和训练场所),也远及毕业之后的职场(生产场所)。学校里的官方凝视建构了学生内心的主观性,使学生变得顺从、性别角色合理分化,并为未来职场打下底色。我分析了国家和资本主义力量如何通过考试和"能力"定义,被植于课堂之中。我还分析了官方凝视如何通过国家"指南"被赋予权威。正是国家和资本主义让一定形式的知识能够进入考试之中。最后,我分析了最普通的官方凝视形式:Seken。表面上,其意为"社会"或"社区"、"他人",但实际上,最接近的内在含义是某种社会幽灵,它通过无数的盘问者-被盘问者的关系和动态机制,对整个家庭、学校和职场施展规范化效果。

第五章 静默之教:学生冷淡的社会心理学

当作为教师,与一群日本学生一起在教室里的时候,我常常疑惑,为什么相当多的学生看起来好像内心不安(因为教授?因为学业失败本身?因为其他学生?因为他们自己?)。问题不在于他们太不善于表达自己(能力),而在于他们好像太害羞而不敢表达自己的观点(态度)。虽然某些学习行为得到校方肯定(比如,准备和参加考试),但在很多学校里,其他学习行为没有被校方强调。确实,在学生中间,好像存在着对学习认真的学生的威胁的态度。如果实际确实如此,那么这种阴暗的、静默的部分从何而来?为了准确理解大学生中的这种学习态度我们必须从大学生入学前接受的学校教育开始考虑。

在第五章,我研究了大学生的学习心理。这是日本教育-考试制度的产物,它适应于现代化的、工业化的社会政体。每一个国家都有它独有的教育学理论、偏好和风格。这些教育方法鼓励某种思维规范、知识获得和加工的习惯。这些教育方法本身为当地的社会、政治、经济的当下之计和历史发展所形塑。总之,不存在普遍的、跨文化的信息获得和操作方式。文化的特殊性建构了教育方法的独特性。为了描述这种知识形成的独特性,我使用了"学习风格"一词。学习风格"指个体的内在的、习惯的和偏好的知识技能吸收、加工和保持方法。不管教学方法和学习内容是什么,学习风格不变"。(Reid,1995:viii)[10] 但是,需要指出的关键之点是,由政治经济环境建构的元课程建构了教学/学习风格。就像世界上其他地方一样,国家、公司和教育制度给予学生有关学习的信念和态度。

尽管日本教育体系存在着高效率和优势,但也有困扰它的一些缺点:社会-经济精英确立抽象而高度管控的教育目标(意识形态)。这些教育目标赋予学生的日常学习行为和主观性以框架(意欲),并竖起了直入云霄的考试天梯。尽管这考试天梯对社会宣示公正、客观和绩能主义,但是被这梯子吓坏的可不是一小群学生,其结果就是学习冷淡。我研究了日本学生的学习风格如何适应以考试为中心的学校教育。对于那些熟悉日本学校教育的人来说,我的这些观点并不新鲜。但是,我的叙述的目的是去说明个人意欲(心理学)和意识形态(政治利益)、个体(学习者)和制度(社会经济结构)、主观性(本地认知方式)和社会(他人)、自我(学生)和集体(民族国家)之间的关系。

在第五章,我还分析了一些用来解释日本学生学习行为的神话。最后,我把大学前的学校教育作为关键的"训练时期"(后面,我把高等教育描述为"反训练"时期,把学生统合进劳动者队伍看作"再训练"时期)。

第六章 仿真型日本高等教育

阿普尔(Apple)认为教育社会学的研究核心应该是(1)"实际而隐藏的学校教育内容";(2)"教室内的师生互动过程";(3)"教育者、学生和社会学研究者用来整理、指导和赋予他们行为以意义的常识性分类"(1978:495)。我想说明一个社会的大部分学校如何做它们正在做的事情,避免把学校视作"黑箱,简单地反映教育之外的经济力量或完全由经济力量所决定"(Apple,1978:496)。阿普尔指出"黑箱"方法背后的问题:

> 测量学生进入学校之前的输入,然后测量学校学习后或"成人"进入劳动市场之时的输出。在这种观点里,至于黑箱里发生了什么——教师教了什么,师生的具体经历——与收益率或更激进的劳动力再生产理论等宏观经济视点相比,不那么重要。(1979:26)

第六章的研究中心是,在日本高校里,教师的教和学生的是如何仿真化地进行的。

例如，我研究分数和学位如何仿真化生产，单纯的上课如何仿真学术工作。如果很多大学实施仿真教育，它们的真正目的是什么？答案是：在日本的教育-考试制度体系里，它们实际上发挥了雇佣中介机构的功能。在第六章里，我还分析了"仪式化报酬法则"：制度体系（或实践）越仿真化，则与它相关的活动就越仪式化和详细化。我在本章分析的问题还包括高等教育评价、研究与公开发表和外国留学生。

第七章 根据西方文化自我定位东方文化："英语"和"外国人"如何让日本大学生找到民族归属感

在学习日语、科学、数学等学科之外，日本大学生还被要求花大量时间去学习英语。然而，在日本，不管学习英语背后的理想的教育目标如何（个人素养、熏陶、国际大都市的生活方式、国际主义等），两个互相联系的意识形态力量在阻碍大部分日本学生学习英语。第一个力量是日本的经济民族国家主义，它催生了教育-考试制度体系，把英语作为一个便利的筛选工具。国家管理的制度体系要求学校必须以理性的、有效的和平等的（例如，标准化的）方式去筛选学生，这种方式的目的是淘汰那些缺乏耐力和记忆力差的学生。作为抽象的知识形式，英语发挥了学生分等工具的作用（与其他科目一起）。英语的这个使用方式歪曲了它本来的目标，这样就把它与作为交流工具的基本现实分离了。第二个力量是对日语的"独一无二性"的语言学的神秘化（从其内涵来说，日本文化）。这种力量把日语作为一种外人（即非日本人）无法掌握的语言。正如米勒（Miller）所说（1982），许多日本学生认为，既然外国人无法掌握日语，同样，他们自己也就无法掌握外语（如英语）。

教育-考试制度体系使用英语的关键之处是，生产出一种奇妙的英语。这是对"英语考试"的严格要求的一种反应，一种带着理想化、异域情调化、西方主义面纱的仿真学习。对于不知道如何学习的学生来说，"奇妙的英语"代替了真实的、交流的英语。具有讽刺意味的是，当他们试图接受他者的时候（文化和语言上），结果反而强化了自己的民族身份。在第七章，我还研究了"外国性的奇妙"和"外国教育者"在建构日本人民族身份上的作用。

第八章 "装傻"：假装不懂的学生

"我们考虑从宏观或微观角度描述学校。或者我们假定，行为者对情景的定义只能是副现象,副现象掩盖了真实的意识形态的元素,这元素扎根于我们的普通定义之中。"(Apple 1978：502)因此,在第八章,我探索了那些来自排名居中或靠后的大学的大学生如何评价他们的大学。学生的观点如此重要还有另外一个原因,他们的观点从未被充分倾听过。在大学里被要求——实际情况可能是,没有被要求——去认真地或批判地思考社会问题会在相当大的程度上形塑大学生对很多社会、经济和政治问题的看法、希望和世界观。而这些问题在今后的人生中,他们必须面对。这些问题可能涉及性别定义、经济学、劳动态度、环境问题、种族和民族歧视、移民政策、教育、国际舞台上日本的空间(特别是,关于宪法修改和自卫权)。很明显,这些问题将对其他社会产生影响。

如果大学前的学校教育能够被描述为训练时期,当时间后移,大学时代就应该被视作反训练时期。在学生的一生中,在高等教育阶段,官方凝视相对较弱,某种消极反抗是允许的。这体现在大学生如何使用时间上——消磨基础教育和就业之间的这段时光——"抵抗"。这样的"抵抗"(上课缺席、不回答问题、部分学生缺乏良好的行为习惯)不是明显地、有意识地改变或推翻政治结构,而是挫折感的表现。在这一章中,我还研究了教室之中教育仿真化如何进行(比如,考试作为一种仪式报酬和作业的意义)。最后,我探索了学生时常如何机械地模仿大学官员的官方说法。

第九章　大学经历的收获

在第九章,我分析了学生认为高等教育的目标是什么。自从日本的大学任教开始,我印象最深的一个事实是,在学生之间,**先辈**和**后辈**这两个称呼的稳定使用。如此强调"人际关系"是对早期社会化的进一步强化,也为将来适应工作环境打下基础。一旦他们跨入劳动者队伍,面对的就是同样的人际环境。因此,在第九章,我分析了学生对社会关系的等级科层制的看法。我还研究了他们的教师观、同学观,以及他们如何行为以改变大学生活。在第九章的结尾,我重新描述了当进入教育/考试/就业的人生经历的"再训练时期"时,学生的情绪。

第十章　仿真教育的代价和"改革"

在最后一章,我提出一些意见。这些意见是,尽管日本高等教育的大部分缺乏质量,但这对整个社会没有任何影响。我还探索了"教育改革"的内在意义,但不是以改革主张的内容为焦点(其他研究者在很多著作中已经做过了),而是集中于讨论为什么改革努力却以失败告终。改革失败是因为改革的仿真化本性。因此,真正需要的是"改革之改革"。这是因为改革实践——执政党大会、国会审议会、报纸杂志的社论和其他形式的话语——常常将在基本原理意义上的修复教育为目标,而不是提高教育-考试机制的有效性。结果是,"改革"努力反而维持了该机制的存在。

注释

1 我研究过五所美国大学、一所中国大学,并曾经在一所大学的本科生管理办公室做过一年兼职导师,辅导过几百名学生。

2 有相当多的以日本高等教育为题的,特别是日语的著作。一些有高度启发意义的英语专著包括卡明斯(Cummings, 1982;1990);卡明斯、比彻姆等(Cummings, Beauchamp, et al. ,1986);卡明斯、天野和北村主编(Cummings, Amano, & Kitamura 1979);贝克尔(Becker, 1990);克拉克(Clark, 1979;1995);戴特斯(Deiters, 1992);金蒙斯(Kinmonth, 1986);西村(Nishimura, 1987);友田和江原(Tomoda 和 Ehara, 1979);莱福鑫(Refsing, 1992)。中田和摩斯科(Nakata 和 Mosk, 1987)专注于日本高等教育的经济学。虽然出版过修改版,但是彭佩尔1978年对日本政策制定和高等教育的研究非常有参考价值。批评日本高等教育的英语著作包括彭佩尔(Pempel, 1971)和永井(Nagai, 1971)。

3 "一些来自美国的学术明星,仅仅作极为短暂的访问——他们对日本所知甚少",常常是"乘坐以孜孜不倦的猎奇心编制而成的魔法地毯,在日本快速地兜一圈,又渡过太平洋,几乎没有留下任何痕迹"(Hall, 1998:90)。

4 还应该注意到,"到处都有劣质大学"的回应是更为一般的"到处都有问题,为什么偏偏拿日本说事?"的表兄弟。这个反应在居住在日本的外国人中间特别常见。如果某人指出日本社会的某个特点,那么,在某个圈子里有时候就会出现下意识的智力反应。结果就会有这句话:"其他社会也有这个特点,你想说的问题点是什么?"(认为"日本独一无二"的思想流派最容易有这种反应)。有一篇社论如此比较日本和美国:"很明显,两个国家都存在一些例外。日本也有一部分性格果断、学习努力的大学生。美国也有相当一部分大学生把生活重心放在体育活动和周末聚会上,而不是学业成绩上。这个观点无益于改变日本高校的急迫需要。日本高校急迫需要有意义的变化。"("日本高校需要大爆发",1998)

5 例如,马歇尔(Marshall)指出,帕辛(Passin, 1965)使用现代化范式,把年代学和社会进步混为一谈(1994:2)。

6 法律、政治科学、经济学、管理学、人文科学、社会科学、国际研究、家政科学、环境研究、人类研究、理学、林学、渔业学、工学、兽医学、畜牧业学、医学、牙医学、护理学、药学。

7 为了理解日本教育的内涵,应该去精读大量日本教育词典或教育关键词专著中的某一本,读者能够从中看到一系列概念、主题和问题。尽管有可能没有听过,但是读者会发现日本与自己所知道的自己国家的教育制度有明显的不同(我自己所在国家的教育问题有:校车、种族关系紧张、城市中心学校的质量下降、吸毒、安保、金属探测器、少女妈妈、行为随便)。

8 但是,要注意,"严肃的研究者必须谨慎地使用文部省的统计数据,因为它有时候存在自我服务的偏差:会显示出日本教育与其他发达国家比较,人口中受教育者的比例要高一些"(Cummings, Amano 和 Kitamura, 1979:2)。

9 我认为,鲍德里亚的独特的关于仿真的观点是碰巧发现了我们后现代社会的特殊的东西,还是在描述一个更为一般的所有时代共同的人类事件的象征化功能的特征,尚有值得争论的余地。我倾向于赞同后一观点。这是因为,如果宽泛一点去定义,那么生活中很多东西都是仿真的(艺术、娱乐、幻想、撒谎、复制等)。不过,在这观点之上,我还想增加一点,那就是后现代的技术发展加速和加剧了仿真化的活动、实践和经验,这一点看似比较合理。

10 我的理论假设源自"文化心理学"。它研究"文化传统和社会实践对人类心灵的管理、表现、转型和重排,导致较少的人类的心理统一,在思维、自我和情感方面较多的种族分化"(Shweder, 1990:1)。

第三章　国家、民族、资本和考试：知识的碎片化

从 DNA 开始,科学家已经解开了整个宇宙里的生命的密码。我们出生在日本,不是我们热望出生在这个国家,是上天根据宇宙法则赋予我们这个国籍……我们的生命取决于 DNA,它通过我们的祖祖辈辈,追溯至远古时代。

——中曾根康弘(Nakasone Yasuhiro, 1997)

日本高等教育的政治经济基础

像其他地方一样,日本的教育政策和实践为强力的政治-经济利益所形塑。在日本的例子里,许多有关教与学的假定根植于如下观点之上:日本是为列强环绕的积弱国家,明治时代努力追赶并试图超越西方,最终成为富裕的军事强国。在日本特定版本的经济民族国家主义中,学校教育制度成为军械库的一部分。尤其是,它成为"资本主义发展国家"的政治经济的一部分,也是"反应性民族主义"的一部分和外包装。心理上,它"强烈希望与西方列强能够对等而立"(Arndt, 1987: 14—15)。[1] 发展定向认为国家要更多地介入市场之中,投身于计划、目标和特定产出。管理定向认为在理想状态下,国家对市场的自由放任具有公正性,仅事关程序性(Johson, 1982: 18—19)。作为日本防卫经济学的军械库之一,教育被定义为"具有战略意义的学校教育"(McVeigh, 1998b——受到胡贝尔的"战略意义的经济"的启发(Huber, 1994))。日本教育制度体系的"设计是为了日本发展的追赶阶段——教育制度体系的结构是为了生产大批具有标准化质量的工人和强调考试的选拔功能"(Schopa, 1991a: 2)。有些研究者进一步详细分析了日本学校教育的目标:

日本教育制度不存在,日本大学也不存在……有的只是从幼儿园到研究生阶段的被严密地标准化的部件。到处是优秀的教师。当然,在这个巨大的联合化的制度体系里,仿真的班级和真正对学习的热爱遍布每一个角落和研讨室。但是,这些训练、知识、自我训练和服从,最终都是仅仅为了支持持续增长的国家的荣光和力量(Cutts,1997:xiv—xv)。

在日本高等教育领域,民族、国家、知识、考试和"改革"之间存在什么样的关系?这些相互关系是如何演化成日本高等教育制度体系的?我不是以年代学的观点来看待日本高等教育制度的发展,而是从多个角度分析它的政治经济基础,试图阐明下述这些概念间的内在联系:民族主义(归属于一个特定种族的情感)、国家主义(形成教育政策、专业和项目的政治结构)和资本主义(理性化的财富生产)。在下一章,我将继续研究知识形成(知道如何做和理性化生产所要求的科学)、考试(与成功的社会化联系起来的实践)和"改革"(精英企图强化自身地位——在第十章我会再次分析这个问题)。[2]

教育的民族主义

有关"民族主义"的定义和理解很多。这里,我无意去讨论它的含义或它与国家的关系。对于我的研究目的来说,使用盖尔纳(Gellner)的民族主义定义就足够了:

本质上,(民族主义)是广泛地强加一个高等文化给一个社会。在这个社会里,低等文化存在于大部分民众之中,有时候在所有民众之中。它意味着学校媒介的、学院管理的行话的普遍性传播,并被法典化以适应理性化、精细化的官僚科层制交流的要求。它是匿名、非个人性社会的确立,孕育了互相之间可以替代的原子化的个人。(1983:57)[3]

"民族主义"的秘密在于,"高等文化弥漫于整个社会,定义了社会,需要用政体来代替它"(Gellner, 1983:18)。如果我们就字面意思去解释"高等文化",我们可以说,在明治时期,一群爱国的精英——得到一大批地方精英的帮助——成功地把武士道精神和等级制的儒家价值观的结合体扩展至整个日本列岛:"为了民族的战争即是为了霸权的战争。通过民族战争,一部分人主张自己是整个民族的代言人和代表着民族的核心。"(Billig，1995：27；参见安德森的"官方"或精英民族主义(Anderson，1983))这些价值观被有意识地联系到历史、文化遗产和民族地理上，然后被铸造成"我为日本人"的国家主义定义，并进化成为日本民族主义。[4]

在日本，民族主义有很多形式：国家民族主义(Brown，1955)、农业民族主义(Havens，1974；Smethurst，1974；Vlastos，1998)、文化民族主义(Yoshino，1992)、语言民族主义(参见 Miller，1982)、经济民族主义(Levi-Faur，1997；Awaihara，1970；Johnson，1967)、技术民族主义(Samuels，1994)、宗教民族主义(Hardacre，1989)、性别民族主义(Tamanoi，1998；McVeigh，1997b)、种族民族主义、大众民族主义和战后民族主义。这里，我想增加一个"教育民族主义"。人们很容易在工业化国家的教育制度体系里找到民族主义的元素或者被称为民族主义教育的东西(不管是激进的还是仅仅"陈腐的"参见(Billig，1995))。但是，教育国家主义(国家主义教育是其中的一部分)不只是使用学校教育体系传播国家主义。它意味着创造一个强大的意识形态-制度的链接，该链接把教育和国家情感紧密联系起来。其结果是，学习到的知识中很少有不为国家主义所建构的部分。确实，"教育"是日本的"国家宗教"(Cutts，1997：3)。该国家宗教是国家主义、民族和种族的意识形态的汇合(参见吉野："种族、民族和国家类型在日本人的心目中几乎完全重合"(Yoshino 1992：25))。因此，"日本精神"(和魂或大和魂)"指一种非常深的勇气，高度接近于基督教或伊斯兰教的宗教信仰——绝对、不可言喻、不再适合于冷静的分析，它就像圣母玛利亚或萨尔曼·拉什迪(Salman Rushidie)去学古兰经的心态"(Hall，1998：157)。

由于战前和战中的日本民族主义及其具体形式已经被研究多次了，这里就没有必要再研究它了。但是，有两点需要提醒注意。第一，战前和战后的国家官僚科层制(人事、政策、原则)有巨大的连续性。同样，丝毫也不令人吃惊的是，民族主义也存在连续性。尽管战后的民族主义在某些重要侧面与战前不同，但是二者在关于"什么是日本人"的内涵上存在共同之处。特别是，战争间的身份认同紧密地与经济民族国家主义联系在一起。这样一来，"GNP(国民生产总值)优先的时代好像是战时经济的延伸"。因此，"民族精神没有变。在战争年代，日本人被迫无私工作，为了赢得战争。战后，很显然，人民同样被要求牺牲，为了实现经济增长"(Taira，1993：171)。第二，民族主义出现在战败之后，已经剥去了战时的毒素和明显的仇外心理，建构于经济实践的母体之中，通过理性主义、生产主义、消费主义和资本积累的内在价值的"常识"观念而在经济领域合法化。与其他方面的实践相联系的民族主义形式是日常生活中的民族主义：全国性报纸（特别是体育版）、其他新闻媒体、艺术、饮食、服饰和语言。"民族主义趾高气昂地走进思维活动的任何一个角落。"（Coles，1986：60）

在日常生活中，公民很少被提醒注意本民族在世界民族之林的位置。但是，这些仅有的提醒是如此熟悉，如此具有持续性，以至于人们很少意识到它们是提醒。日常民族主义的转喻形象不是一个旗子，被人们带着激情、有意识地挥舞着；而是一个不引人瞩目的、悬挂在公共建筑物上的旗子。（Billig，1995：8）

通过仿真"国际化"实现民族化[5]

在日本，"国际化"是一个经常听到的词汇。中央政府、地方政府、媒体、公司和大众文化似乎都着迷于"国际化"的重要性。但是，实际上，是什么东西催生了这些话语？

关于日本的"国际化"，有两点需要主要注意（第一点将在第七章再次分析）。首先，如果被问及国际化的定义，很多日本人会用空洞的陈词滥调来回答：学习外国文化、学习外语以及与"国际社会人民"（任何非日本人）和平共处的重要性。第二，"国际主义"已经被日本政府和公司根据自己的目的和利益进行了裁剪。"日本的'国际化'观念是控制性吸收外国文明，而把外国人留在海湾里。它建立在种族和文化霸权的基础之上。这个霸权既动态变化又具有易毁性。"（Hall，1998：175）确实，"国际主义"的话语常常包含种族主义的潜台词。这就是为什么"总之，文化流淌在血里。那就是为什么——尽管被搁置没有明言——真正属于人民的国际化，实际上是解除对思想的独断控制，将从来不会拥有"（Hall，1998：176）。"成为日本人"的观点汲取了具有强大影响力但属于伪科学的种族意识形态。吉野指出，这个意识形态包含三方面的种族成分：（1）很多日本人相信，他们属于一个不同的种族，因为他们拥有"日本人血统"；（2）相信"单一种族"和日本人的"同质性"构成，日本人是"纯种民族"；（3）拒绝或淡化日本的其他族群（如，在日朝鲜人、中国人、阿依努人）（1992：24—26）。

"成为日本人"、政府控制学校和教育-考试制度体系之间紧密相连。按照《学校教育法》，仅仅文部省准许设立的学校的毕业生才能参加大学升学考试（虽然有一些专门针对非官方允许设立的学校毕业生的规定）。对允许130所外国人或少数民族学校的毕业生参加大学升学考试有一定程度的不情愿（101所是南或北朝鲜人学校）——这些学校被归类为"其他学校"。日本律师协会联合会曾经警告日本中央政府，催促国立大学接受亲北朝鲜的高中的毕业生,以免侵犯人权("国立大学被批判:学校被催促接受朝鲜人",1998;"京都大学研究生院接受朝鲜人学生",1998;争吵爆发:"川崎短期大学拒绝招收两位韩国人",1996;"少数民族学校要求同等的考试权",1998;"冲绳的美亚混血儿学校为得到国家认可而战",(Maeda,1999))。由于入学注册人数的下降,越来越多的大学开始招收外国留学生("外国学校的毕业生受到不公正待遇",1996)。最近,在57所公立大学里有30所,在431所私立大学里有220所开始允许外国学校或少数民族学校的毕业生参加本校的入学考试(Kobayashi,1998a)。

抵抗官方对大学的控制的例子之一是,东京大学允许5名毕业于美国大学在日本设立的大学分校的毕业生(这些学校被文部省视作职业高中而不是大学)参加研究生入学考试("5名参加了考试,尽管规则不允许",1998)。这些行为文部省无法接受,因为违反了官方规定(一个大学必须得到《学校教育法》第一款的认可,其毕业生才被允许参加研究生入学考试)(另参见"高水平大学拒绝政策:日本的外国设立大学不被文部省认可",1998)。通过文部省的国际调查,其官员知道,"其他国家不像日本,有如此严格的要求"。文部省最近决定,允许少数民族高中的毕业生参加大检(一种针对非高中毕业生的考试)。这样,打开了一条非官方认定的高中的毕业生进入国立大学的通道("外国学校毕业生不久将可以参加大检",1999;"国立大学入学将变得容易",1999)。然而,有些人认为当前的改革还不够(比如,"大学入学之门应该开得再大一些",1999;"放宽大学入学的管理制度",1999)。

接下来,明晰"国际化"的含义非常重要。尽管很多日本人诚心诚意国际化,但是国际化常常不是目的,而是实现其他目的的手段。一个对该词语使用的调查表明,"国际化"这一话语的中心是"民族身份":所有属于国际的都是非日本人的。谈论非日本人实际是讨论日本民族身份的一种迂回策略。一个人的身份是通过与不是他的东西相比较、相对照得出来的。这些消极性定义把日本人带进一个我是什么的安心境地。

如果说有什么特殊的地方,那就是"国际化"隐藏了一个民族化倾向的复杂话语。"国际化"的仿真颠倒了话语和实践,以至于它最终变成了"民族化",[6] 在随后的章节,我们将分析在语言教育和对待非日本人的实践中,以"国际化"名义而发生的所有行为,颇具讽刺性地强化了民族化。然而,或许一个引用可以来总结"国际化"的真实含义:"最奇怪的事情是外国留学生的稀缺——除了语言实验室里一些临时的外国训练生之外——和外国专业人员的减少。"(Hall,1998:91)非日本人专业人员的缺少产生了深远的影响:"缺少已经完全融入日本社会的外国教员,这阻碍了日本和世界之间的真正

双向的智力流动,因为大学里的人际交流准确地说是观点的交流。"(Hall,1998:89)

国 家 指 导

对教育官僚科层制的"指导"是基本的政策哲学的一部分。该哲学规定了国家在个体的智力和道德发展中承担的角色。国家指导与让日本变强大紧密结合在一起,日本强大既是民族的也是国家的。教育就完全变成了一项崇高的事业,不仅是为了个体的启发、发展和自我价值实现,还是为了"成为日本人"。国家结构(特别是国会、十二个部和地方政府)都支持基本的经济主义的意识形态,该意识形态为民族的国家主义利益所决定,尽管国家结构的各部分之间不可避免地存在制度上的竞争。这类思维的最极端的形式是视学校为"计划教育制度体系"的部件,教育的目的是为了实现"经济上的效率主义",与国家的长期目标相一致(想一想文部大臣有马朗人(Arima Akito)把教育看作"国家的百年大计"("'政治保育员':考试制度必须改革:有马",1998))。计划教育制度体系受到教育民族国家主义的启发。"因此,有效性由国家根据大学在贡献于'国家目标'上的效率性来判断"(Kempner 和 Makino,1993:197)。用一位国家官员的话来说,"'日本应该配备高效的教育——忘记真理的探索吧。'为此,政府官僚会拷问高等教育的某些部分,这些部分没有直接和实质性地贡献于日本的国家目标,而这个国家目标是根据经济词汇来定义的"(Kempner 和 Makino,1993:191)。

像所有计划体制一样,事情从未按照设计者预想的方向去发展,在日本也肯定如此。尽管国家努力让它沿着既定轨道(通过"指导大纲"、补贴和专项计划),但存在一些偏离官方目标的情况。在有些地方,甚至存在抵抗。但是,尽管存在着地方的分化和反对,我们也不应该根据计划教育制度体系满足民族主义基本目标的程度,就急于断定它严重受阻或无效。

应该给予特别关注的国家结构是教育的社会化工具:文部省,它最初设立于1871年。文部省由文部省办公室和6个局构成。其中,高等教育局与大学的关系最直接(参见图3.1)。在经济的民族国家主义追求中,文部省把学生视为未来的劳动者而不是学习者,相应地,通过社会化过程,让他们接受理性化的要求:(1)科层等级制;(2)社会分类;(3)社会标准化。像其他的省部一样,文部省监管并调节控制的程度。于是出现了一个系列:准国家机构、特殊法人、公共服务法人、社团法人、非营利事业

图 3.1　高等教育局的组织架构：1998

高等教育局	局长 督学；附属：内阁议员 计划主任；并存：大学审议会 办公室主任
计划部门 大学审议会办公室	主任 四名副主任
	监督高等教育机构的政策和规划。批准高等教育机构的设立、撤销和变更。管理与大学校董会、大学设置许可及学校法人委员会有关的事宜。
大学部门 ·师资培训 ·大学办公室 ·大学改革办公室 ·大学入学考试办公室	主任 两名副主任 大学师资培训办公室主任 大学教改办公室主任 大学教改办公室副主任 大学入学考试办公室主任
	管理与大学相关的事务，协调相关的通信和沟通。制定大学的课程，维持其标准，出版有关材料，监督图书馆的运行，并给予有关学校学生事件的建议与帮助。进行研究，收集信息，主持与高等教育有关的会议。
专业教育部门	主任 进修教育计划主任 两名副主任
	管理与职业学校相关的业务，协调相关的通信与沟通。制定职业学校的课程，维持其标准，出版有关材料，监督图书馆的运行，并给予有关职业学校事件的建议与帮助。进行研究，收集信息，主持与职业训练有关的会议。
医学教育部门 学校医院监督办公室	主任 副主任 副主任；附属：大学医院 高级指导专家 护理教育高级专家 学校医院监督办公室主任
	管理与医学教育相关的业务，协调相关的通信与沟通。制定医学教育的课程，维持其标准，出版有关材料，监督图书馆的运行，并给予有关职业学校事件的建议与帮助。进行研究，收集信息，主持与医学教育有关的会议。
学生事务部门	主任 副主任 职业规划高级专家
	监督有关高等教育学生福利的事宜。提供有关课外学习和就业的建议，并且出版有关高等教育学生的材料。

单位，如外围团体（另外一些描述它的词汇是"附属机构"、"补充机构"或"半私立机构"）（McVeigh，1997c）。这些联结表明日本国家/社会网络的高密度。

从 1955 年到 1993 年,自民党(LDP)是国会里的多数党。自民党采取了亲工商业的立场,在教育事业上也多少具有民族主义的色彩(虽然自民党中的某些派别比另外的派别叫得更响)。[7] 国家控制教育既然得到工商业界的支持,也因此变得可能(Kempner 和 Makino,1993:197)。在教育政策领域,自 1960 年代起,自民党获得了文部省内的所有行政权力(Schoppa,1991b:85)。文部省下属两个"教育委员会"。第一个是文教制度调查会,它从长期视点来研究与教育相关的问题,为大批高级教育专家所统治(例如,前文部大臣)。另一个是文教部会,它处理源自于文部省内部的与法律相关的问题,并且要去接受众议院和参议院的教育委员会的质询。与上述两个教育委员会相比,稍微不那么正式的教育委员会是自民党的文教族或者说"教育派"。大部分观察家相信,在日本,不参加政治选举的职业官僚们(国家)建议(即指挥)被选举当政的政治家(政府)该如何去做,并且实际上负责立法(而不是相反)。虽然这个观点不能被过分看重,但是,其中的大部分能够被证据支持(尽管在不同时代,不同政策和不同部里有所不同)。

在日本,官僚政策通过"审议会"而合法化,审议会附属于省厅。审议会通常由国家官员、大企业家、"专家"和其他精英构成,这些精英或与现状或与推进民族国家专项有一些利害关系。[8] 特别重要的是,来自经济界的人士被要求参加审议会,并报告立场。这"仅仅是因为这些经济界人士和政府中的保守党有密切联系……他们的报告易于为教育政策制定者仔细阅读"(Schoppa,1991a:131)。我们还要注意到,审议会的"专家成员"往往被选拔来附和文部省的立场(Schoppa,1991a:112-13)。

三个与高等教育相关的审议会是(1)大学审议会,在文部省高等教育局计划课的控制之下,根据《学校教育法》69 章第三条,建立于 1987 年 9 月 10 日。它监管大学本科教育、研究生教育、院校组织和管理、大学入学考试等部分;(2)大学设置和学校法人审议会,在文部省高等教育局计划课的控制之下,根据《学校教育法》69 章第四条,建立于 1987 年 9 月 10 日。它指导大学设立委员会和学校法人委员会;(3)临时大学问题审议会,它根据《大学管理法特别措施》13 章,建立于 1969 年 8 月 17 日。该法在 1975 年 10 月 23 日被废除。[9]

国家指导的高等教育的历史

现在,在世界上任何地方,很难发现与国家项目在某些方面(或在某种程度上)没有联系的大学。[10] 然而,同样地,如下的观点也是成立的:高等教育制度建立之初形成的理念精神仍然贯穿在当前的制度运行之中。这就是为什么我们需要认真思考卡明斯和天野的论点,"在西方世界,最早的大学往往是教会、个人或社会团体设立的。与此相比,在日本,最好的现代大学是国家设立的"(1979:127)。

在文部省内,最早设立的管理被我们称之为"大学"的机构的组织是专门学务局①,最初建立于1881年10月24日,目的是管理"专门"学校。在1885年2月9日,这个机构合并到另一个机构之中。但是在1887年10月5日,它恢复了原来的名称。在1897年10月9日,它变成了高等教育事务局,并经过了重组(把商业教育事务局的部分机构合并进来)。在1898年11月1日,它恢复了专门学务局的旧名。虽然有一些小的变化,比如,在1942年11月1日,名称变为专门教育局,但是这个机构相对稳定,直到1945年10月15日。在那之后,它被吸收到学校和教育事务局之中。

在战争年代,国家使用高等教育作为中介,监视大学生的行为。在1929年7月1日,专门教育事务局的学生课②升格为学生事务部。在1934年6月1日,该部变为思想管理局。在1930年代初期,文部省派出了700个文部官员,分置于国立或私立的高校中,去监视学生。思想管理局"指导"学生,调查教师、学校和社会教育团体。在1937年7月21日,该局变成了文部省的一个特别极端的局,被命名为国家教学局(照字面意思理解,即教育事务局)。该局包括一个指导部,指导部的核心是保护国体/政体,同时派出"国家教导员",训练教师;检查出版物;调查意识形态发展;与特别警察紧密合作;出版和分发各种宣传材料,如国体的本质(本体的本质,1937)、新民之路(科目安排的方法,1940)、国史概说(国家历史大纲,1940)。在大学内部,"尽管教授宣扬学术自由、价值中立分析、专业伦理,但是这些至多只有一点儿被大学制度所吸纳了"。因此,"当日本发动第二次世界大战时,大学甚少抵抗国家制度对学术价值的违背"(Cummings和Amano, 1979:131)。马歇尔揭示了,在1930年代,日本大学如何牺牲个体教师的学术自由,以换得组织自治(Marshall, 1992)。

从日本现代教育制度建立之初始,大致可归为"高等教育"的不同类型的学校具有多面性。尽管如此,我们有充分理由说,到二战结束为止,日本高等教育制度(大约是16岁至24岁的学校教育制度)是如下各种学校的混合体:职业学校、青年学校、职业补习学校、师范学校、高等师范学校、女子高等师范学校、专门学校、残疾人学校、大学

---

① "局"相当我国教育部的"司"。
② "课"是日本文部科学省的基本管理组织单位,约相当于我国教育部下的某司的处级管理单位。但"课"的字面意思相当于中文的"科"。故使用日文汉字"课"。

预科、大学。这些学校在完成它们的常规教学之外,几乎都提供"专门"、"补习"、"预科"、"研究"课程。

战后初期对如何改革高等教育有过激烈的争论。有关战后初期的改革企图的一些资料证实文部省曾经试图维持对高等教育的中央集权化控制。但是,教育界的力量弱化了这些集权化的尝试。战后初期的改革使高等教育制度体系大幅简单化,废除了青年学校、职业补习学校、师范学校、高等师范学校、女子高等师范学校和大学预科。声誉卓著的国立大学被分成两个类型:享有盛名的国立大学,由战前的旧制大学组成;名气稍微差一些的大学,是新近设立的、位于地方的国立大学(Amano,1979:33—34)。

在1947年5月,全日本大学协会成立。两个月之后,日本大学认证协会成立,它在组织上独立于文部省之外,负责制定日本大学的标准。它制定的标准在1956年10月成为日本大学设立的标准。尽管这些标准是最低标准,但是在某种意义上,变成了"最高标准"。在1948年,这些标准被日本大学设置许可委员会采纳作为大学设置许可的标准。第一个四年制本科专业于1950年3月设置于私立大学里。日本大学认证协会在1949年4月制定了研究生院设置标准。四年后,文部省颁布了"学位规则"。现在,在大学设立阶段,文部省监管私立大学四年时间。在文部省给予了设置许可后,原则上,国家不再监督大学的质量。然而,大学仍然必须遵守政府法规和经常对管理结构进行最低限制的修改。从二战结束起,国家对大学的介入就限制在管闲事般的监督和突袭式窥视上。然而,一位大学学部长说,文部省的监管是有益、公正和必要的,"因为很多私立大学试图通过牺牲教育来赚钱"。

1949年6月1日,大学和科学局从学校教育和科学教育局分离出来。这个新独立的局包括总务、大学、技术教育、教师训练、学生生活、研究支持和科学等课。1950年3月15日,《私立学校法》生效,该法规定国家可以管理私立大学到何种程度。

到1962年为止,高等教育由技术学院、四年制和两年制的大学、专门训练学校和其他学校构成。到1970年,大学和科学局包括了总务、大学、技术教育、教师训练、大学医院、学生事务、外国学生事务、科学、国际科学、研究支持、信息、图书馆等课。1974年6月10日,大学和科学局一分为二:大学和科学局与国际事务局。在1984年6月29日,前者变为高等教育局(图3.1)。在同一天,高等教育局里设立了私立教育部(图3.2)。

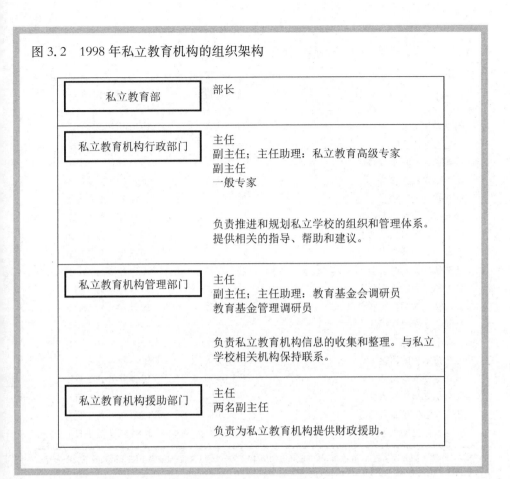

图 3.2 1998 年私立教育机构的组织架构

国家和社会的界限的模糊化

在某个地方，我曾经讨论过"国家超级结构"如何模糊了国家和社会的界限（McVeigh，具体日期不详）。但是，在这儿，我们只要注意到，"在日本公益与私利的界限没有被很清晰地定义"（Kempner 和 Makino，1993：196）就够了。表 3.1 列出了文部省监管下的与高等教育相关的管理机构。虽然一些机构比另外的机构更为贴近中央政府，但在某种程度上，所有的机构通过担当从官方到机构的财政输送渠道，传递相关信息和议论问题，都促进了政府项目的实施。有些机构可能会在某些问题上反对国家的主张。这些机构可以分为四个类型：(1)社团法人（"法人化的协会"或"法人"）；(2)财团法人（"公司化的基金会"或"基金会"）；(3)特别法人；(4)非法人机构。

表 3.1　文部省监管下的与高等教育相关的管理机构

名　称	法律地位	建立时间
国立大学协会	特别法人	1950 年 7 月 13 日
公立大学协会	特别法人	1949 年 10 月 1 日
日本私立专科学校协会	—	1950 年 4 月 10 日
日本私立大学协会	特别法人	1946 年 12 月 16 日
日本教育大学协会	—	1949 年 11 月 15 日
日本私立牙科大学协会	—	1976 年 5 月 24 日
日本私立医科大学协会	—	1973 年 9 月 21 日
日本私立药理学大学协会	—	1985 年 5 月 17 日
日本私立大学联合会	法人团体	1956 年 3 月 31 日
日本私立大学组织联合会	—	1984 年 4 月 17 日
日本私立大学促进联合会	—	1984 年 1 月 13 日
全国公立专科学校协会	—	1950 年 8 月 19 日
日本全国特殊学会协会	—	1958 年 5 月 18 日
国立技术学院协会	特别法人	1963 年 6 月 5 日
国立专科学校协会	特别法人	1961 年 6 月 2 日
日本私立学校振兴会	特别法人	1979 年 7 月 1 日
私立大学信息教育协会	法人团体	1992 年 6 月 1 日
航空教育机构大学	—	1981 年 7 月 1 日

来源：Monbushō kankei hōjin meikan(1994)；Zenkoku kakushu dantai meikan jō-chū-gekan(1993). 也可参见 Monbushō meikan(1998：359—67)。

战后高等教育财政

总体上，在战后，政府向私立高等教育提供了大量的财政资助。[11] 转述一位观察者的观点来说，这些财政资助创造出了"资助依存症"，因为私立高校变得越来越依靠政府的馈赠。这样的依赖已经在私立高校管理者头脑里埋下了绝对的威胁，即如果他们不恭敬地遵守中央政府的"指导"，并按照它们的政策要求去做，政府将会减少财政资助。然而，从国际比较的角度来看，日本的"国家高等教育财政支出远远低于世界上的其他主要国家"(Pempel, 1973：74)。

值得注意的是，国家"在决定大学里的专业结构上，扮演重要角色"(Mosk 和 Nakata, 1992：66)。更重要的是，国家决定招生名额。比如，在 1970 年代后期，由于经济发展放缓,文部省决定把大学招生率限定在应届高中毕业生的 35%(Nishimura,1987:182—83)。这样的指导现在仍然会发生:有报道说,由于预期供过于求,文部省命令国立大学减少医学和牙医学专业的招生人数。公立大学和私立大学也得到了同样的政策指导("医学部减少招生数",1998)。

为了应对高等教育的规模剧增,在 1950 年代早期,国家倾向于支持高等教育发展。在 1952 年 3 月 27 日,《日本私立教育振兴会法》颁布。同日,日本私立教育振兴会成立。在 1964 年,建立国立学校特别会计制度。[12] 特别会计账户中的收入来自于一般会计和高校自营收入(如学费、入学注册和考试费、附属医院收入、大学财产处理收入和其他收入)。

在整个 1960 年代,尽管有高校贷款、直接财政补助和税收减免,私立高校仍然财政窘迫。面对此问题,中央政府的应对是提供更多的财政资助。在 1970 年 5 月 18 日,《日本私立教育振兴基金法》颁布实施。同年的 7 月 1 日,日本私立教育振兴会为日本私立教育振兴基金会所代替。在 1975 年,《私立教育振兴补助法》颁布实施。对私立学校的经费的补助得到了法律的认可。到 1980 年,政府补助已经占据了私立大学和其他机构的全部支出的 29.5%。到 1992 年,这个比例减少到 12.7%。还有一些来自政府的其他种类的高等教育经费,用于购买教育和研究的设备。

公立大学和技术学院部分接受财政省的资金支持,但是大部分资金来自地方政府。私立大学和技术学院大部分自筹资金(学费、捐赠和其他杂费),它们还会得到日本政府通过日本私立教育振兴基金会拨付的财政资助。

就像我在某个地方曾经解释过的那样(McVeigh,具体出处不详),国立大学拥有最强的"国家性"(如,从意识形态上来说,奉献并受控于国家项目)。与此相比,公立大学的"国家性"就少一些,私立大学的"国家性"最少。但是,要注意到,即使是私立大学,也处于文部省的官僚凝视之下和受到官方的指导。[13] 从官方文件来看,私立学校为非营利性组织,目的是服务于公共利益。从专门的法律角度,它们被分类为"公共服务法人"和被称为"学校法人",更技术一点地说,是"教育法人",在《私立学校法》的框架之下,进行组织经营。总之,它们是以促进公共利益为目的的法人机构。

关于学校法人,有两点需要说明。第一,尽管它们被官方称为"私立",但它们以不同的方式与中央政府发生联系(较大的、负有盛名的私立大学当然与中央政府关系更为密切)。更为具体地说,正是中央政府给予私立大学设置许可、监管、财政资助和专门补助。日本私立学校振兴会,作为特别法人,输送来自政府的财政资助和贷款到私立学校,也包括私立高等教育。尽管私立大学未必像国立大学那样(许多研究者讨论过国立大学和政府的密切关系),为中央官僚机构所密切监视,但是它们的经营行为肯定在国家的官僚凝视之下。在任何情况下,一个具有高度等级序列的,特别是国立的大学实际上为国家所制度化(Shimbori,1981:238)。

第二,尽管它们的官方定义是非营利的,但实际上,很多私立大学(虽然不是全部)在促进公共利益的伪装下,仍然像私营企业一样运营,因此是经过改装的制度。不管最初是否是理想主义支撑了它们的设立,但是相当多的大学都转化为营利企业,以吮吸教育的溢价。这些谋利者,特别是从战后开始,察觉并巧妙地利用了大众的教育需求。大众送子女进入大学学习仅仅是为了获得一纸文凭,以便抓取到这个受人尊敬的中产生活的标志。一位大学教授告诉我,他曾经与所在大学的校长有过争执。他被告知要服从管理层的决定,因为"这是我的大学,而不是你的,我说的管用"。

表3.2 高中后私立学校的比例:1996

学校类型	学校数量	私立学校数量	私立学校占总数的百分比
高等专门学校	62	3	4.8
短期大学	598	502	83.9
短期大学函授课程	10(10)*	10(10)*	100
大学	576	425	73.7
大学函授课程	16(15)*	15(15)*	93.7
专业培训学校	3,512	3,141	89.4
高等专修学校里设置的专业课程	805	766	95.2
专门学校里设置的专业课程	2,956	2,606	88.2
其他类型学校	2,714	2,656	97.9
总计	7,463	6,727	90.1

*数据为与其他专业合作开办函授课程的学校数量
来源:Calculated from MTY(1997)

资本主义和社会地位

为什么个人要进入大学读书?一个最便利的回答是,他们想获得专业知识,以保障就业。尽管获取专业知识确实是高等教育经历的一部分,但是,就像社会学家所说的那样,相信人们追求高等教育是为了获得专门知识就多少有点虚伪了(虽然某些专门职业确实需要高度专业化的知识)。高等教育升学背后的主要动机是(尤其是在日本的大众化高等教育制度里)在资本主义制度体系里获得社会经济阶层上的地位,而不是专业知识。[14] 这张文凭,代表着训练-考试-工作阶梯的最高层的符号,是进入中产阶层的象征。另外,成功完成高等教育证明一个人在资本主义经济增长的大一统秩序里的奋斗耐力和对之的信仰(但愿只是某种程度)。因此,

虽然国家管理的义务教育整体上应该充分满足大部分劳动者的工作对技能的一般需求,但是,如果想得到在大公司工作的职位,这样层次的学校教育逐渐变得不足。对垄断资本来说,义务教育不能完全表明个人对自我完善和个人雄心的奉献,因而不能完全表明个人的潜在的有用性。该有用性来自于合作和坚持到最后的意愿(Steven,1983:287)。

维持精英和大众的区分

所有的工业化国家都有一个学校教育制度体系,它把决策精英和劳动者大众区分开来。然而,"日本高等教育制度体系以一种特别清晰的方式来选拔决策者,成为其中的典型"(Morris-Suzuki,1988:207)。虽然所有后工业化国家都存在着精英和大众的区分,但是,"日本有所不同:很少有国家把精英选拔置于如此少数的教育机构之中,而且如此广泛地,至少主动地,依据正式的客观标准"(Kerbo 和 McKintry,1995:139)。坦率地说,根据能力的类型而进行的精英/大众的区分和个人的配置为双元化的高等教育制度体系所强化。这样对个人的社会经济位置的配置机制产生于明治时代的后期。它是有意识的国家政策的结果,想区分学术定向和职业定向的学习场所。斯蒂芬(Steven)认为从明治时期,应该在

至少三个方面,新型教育制度体系完成了再生产熟练和能控制的劳动力的功能:通过伦理教育直接进行意识形态控制(道德教育),通过激烈竞争实现阶层社会的合法化,伴随职业技术技能的获得形成中产阶层的意识形态(1983:289)。

即使在那些我们称之为"高等教育"的学校之间,仍然存在着"两层结构":"一层是

国立大学,高质量,而且专业运营费用昂贵,用于选拔学生;另一层是私立大学,为大部分学生提供低质量的专业教育。"(Rubinger,1986:227)而且,鉴于资源有限,"政策制定者认为,很难创建更多的足以与西方(尤其是欧洲)研究型大学相媲美的高质量大学"(Amano,1979:14)。因此,大多数大学生将进入专业和职业学校学习。

位于国立大学中心和顶端的是东京大学。东京大学创立于1877年(之前被称为东京帝国大学)。[15]"无论是身体还是灵魂,东京帝国大学的创立都是服务于国家:使国家合法化,使国家永垂不朽,使国家强大。尽管日本政府和国家机器的外在形式发生了变化,但东京大学仍然如故。"(Cutts,1997:62)而且,"中央政府继续主要依靠东京大学提供高级文官,因为它认为这所学校的毕业生最聪明和受过更好的训练,他们的公立学校关系将增加公共服务的团体精神"(Cummings,1979:105)。"东京大学是国家认可的未来精英的供应者。"(Amano,1979:19)它在精英生产中的功能"怎么夸大也不过分"(Marshall,1992:191)。[16] 还要注意到,东京大学在日本现代化过程中被期望完成下述任务:"日本政府采取的发展战略是,创设一所高质量的国立大学,以在引进西方知识体系中发挥关键作用。"(Cummings 和 Amano,1979:127-28)虽然也有其他一些大学,吸引这些未来的精英去考入学习,但是,东京大学确立了日本教育-考试阶梯的等级,最有野心的学生必须去攀爬。

日本在第二次世界大战中被打败之后,占领军事当局和日本官方开始了大规模的社会再改造工程。其中相当多的工程是,按照美国样式,民主化日本教育制度。但是,改革的另一侧面是,并非所有改革措施都受到欢迎。该国本能地觉得战前的双元制更好。这个思维反映在1951年的政令改革咨询委员会上,该委员会建议一个双元的制度体系:新建立的大学集中于研究,而两年至三年的专科大学提供工程、商业、农业和教育的训练。资本主义的利益集团也希望部分地回到战前的双元制,它们通过五个不同的报告表达了观点(Amano,1979:36)。一些人建议设立"专科大学"(把三年的高中和三年的大学层次的专业训练统合起来)。

彭佩尔注意到,"哪儿也没有……证据表明,从占领期开始不断加速的高等教育扩张是日本行政当局、立法者和管理者有意识地、明确地选择鼓励扩张的结果"(Pempel,1973:68)。如下所述,摩斯科和中村提出了战后日本高等教育发展史的四阶段理论,这对分析常有价值(Mosk 和 Nakata,1992:64)。

第一个阶段的特征是"民主化"(1945—1955)。该阶段自战后开始。在战争结束之前的1944年,"有84 000名学生进入48所四年制大学学习;到1952年底,军事占领的最后一年,这个数据蹿升到有 502 000 名学生在 226 所四年制大学学习"(Pempel,1973：67-68)。[17] 在 1950 年代初期,日本高等教育开始腾飞。为了满足不断增长的升学需求,国家开始提供帮助(1952 年《日本私立教育振兴会法》)。在战后早期,对如何改革高等教育结构有较多的争论。特别是,如何通过招收更多的学生,尤其是女生,以打破其精英偏向。不过,战后初期的教育制度改革也明显地表现了日本政府试图维持对高等教育的控制。在该期结束之时,占领军事当局的措施更激起了日本政府的这些企图。

第二阶段是扩张阶段(1956—1974)。在这一阶段,高等教育规模增长更快。在 1953 年至 1971 年之间,大学在校学生数增加了 3.3 倍,专科学院在校学生数增加了 4.3 倍。在高等教育规模扩张的背后,存在着互相强化的动态机制。日本经济惊人的发展(反映在 1960 年代初期内阁总理大臣池田(Ikeda)的"收入倍增计划")催生了居民家庭对中产阶层生活的梦想和向往。在战后资本主义经济发展的初期,高中学历就能够确保蓝领之上的社会阶层地位。但是,随着大量的初中毕业生继续升入高中学习,高中毕业就成为平均教育水平了。"因此,为了把区分个体的行为合法化,有必要为那些追求更高阶层身份的个人设定新的教育障碍,即大学学位或相当的东西。""这样一来,高社会阶层的追求者就必须从高中进入大学学习。结果是,大学升学率从 1960 年的 10.3%升至 1975 年的 38.4%。"(Steven,1983：292)学生大量涌入大学导致第三阶段发生：进入大学的具体类型成为阶层的区分物。

经济增长让大众中的大部分有产阶级化,这让更多的家长有经济能力送子女读大学。但是,当越来越多的人从大学毕业,这个增长同时创造了对更高质量的劳动者的需求(特别在科学和工学领域)和对工作更具有奉献精神的劳动大军。虽然获得高等教育文凭的关键点在于阶层分化,但具有讽刺意味的是,它的产生本来基于不断增强的平等主义观。由于新兴经济体的经常和持续的变化,新型的劳动行业被创造出来："现代社会不因为平等主义而固化,因为社会流动才平等。而且,不管它是否希望如此,都必须是流动的。因为这是满足对经济增长的渴望所要求的。"(如资本主义)(Gellner,1983：24—25)

战后出现的婴儿潮的人口力学也对高等教育入学人口剧增有独特的促进作用。在 1955 年,18 岁人口为 200 万。但是,到 1960 年,这个数字变为 250 万。在"1950 年到 1976 年间,进入中等教育的 18 岁人口从 42.5%升至 92.6%。在 1955 年至 1976 年间,进入高等教育的 18 岁人口从 10.1%增至 39.2%。高等教育进入了大众化时代"(Ichikawa,1979：49)。但是,天野注意到：

在新的高等教育制度体系中，出现了两类不同的高校：一类是有着旧制大学传统、设施设备齐全和学术标准整齐的大学，一类是从旧体制中的较低层次的机构而来的大学。长期存在的高等教育的结构等级制和高校的相对排名几乎没有变化，就像旧酒被装进了新瓶子一样(1979：33)。

统计上，在久负盛名的大学和不那么有名的大学之间，生师比、房屋面积和设备都存在巨大的差异。对于部分公立大学的学生，市川(Ichikawa)写道：

与私立大学的学生相比，他们更可能学习科学和工程，他们更可能是中产阶层出身的男生，是高中阶段的成绩优秀者。与此相反，私立大学的学生更可能学习人文社会专业，中学成绩平平，他们更可能是女生，出身富裕家庭。私立大学的毕业生更可能就业于小企业。(1979：49)

当然，上述日本不断增强的文凭主义发展趋势，在其他工业化和资本主义社会也基本一样（多少有些国别差异存在）。为什么在日本的教育-考试制度体系中，竞争如此激烈？日本（以及其他与日本具有共同的政治经济特征的国家或地区，如韩国、中国台湾地区）的突出特征是竞争的激烈程度。这种竞争归根结底产生于由民族国家强化的精英导向的规划和"后发"效果(Dore, 1976)。虽然精英规划和个人对文凭获取的热望之间的联系既非直接的，也不是以简单形式决定的（通过意识-制度层的中介和一生的社会化经验）。二者之间的联系如下：

文凭的重要性、高等教育是位于政府控制之外的私营企业事务的观点、经济增长标准在评价政府工作重点中的主导地位，都必须被视作态度上的先决条件。这些既是高等教育入学规模扩张方式的存在条件，也是过去15年间（从1950年代后期）大学设施逐渐落后的原因，更是高等教育制度体系存在阶层偏见的影响因素(Pempel, 1973：85)。

另外，还值得注意的是：

尽管制度体系快速发展，但是令人吃惊的是，几乎没有高校地位的纵向流动。从制度在1870年代确立以来，高校之间的相对位置几乎没有变化。换句话说，整个制度进入大众化时代作出的贡献仅仅在于强化了制度确立时代形成的等级（Amano，1979：11）。[18]

国家对大学规模扩张的间接鼓励来自于两个方面：大学设置许可和最低法律标准的非强化。

大学设置许可。在 1950 年代初期，文部省关注维护教育质量的措施，认为最好的政策是不允许设置新的大学（大学设置许可委员会和私立大学委员会的决定）。但是，某些政治团体反对严格设置标准。他们的"反对主要建立在对不新设大学政策的政治预期的需求之上，以便支持群体中的某些人能够建立新大学和升格他们拥有的高中学校"。确实，自民党威胁说，如果政策不能保持灵活性以符合该党的政治需要，他们将采取与预算相关的行动（Pempel，1973：70）。另一个促使学校仿真的因素出现在1960 年代早期：

一部分是对战后"婴儿潮"的回应，一部分是用于缓解企业界对熟练劳动力短缺的恐惧。所有的，甚至保持有限扩张政策的外在表象也都消失了。大学设置许可的审查最多只是象征性地走过场。当一所大学不能达到最低质量标准时，委员会心里常念叨的是怎么设法给予设置许可。因此，白纸黑字的标准也变得毫无意义。……到 1966 年，对大学数量增长严格控制的态度实际上已经消失得无影无踪。其结果是，大学设置许可委员会的委员似乎愿意向任何人颁发设置许可，只要该人能够雇得起一位建筑师绘出建设计划和从邻居或朋友的图书馆借到足够量的图书（Pempel，1973：71）。

最低法律标准的非强化。文部省拥有吊销不遵守法律规定的大学设置许可的法律权限。然而，在一个加速仿真的制度体系里，国家"没有在已经设置的大学里强化法律标准。这些大学或者没有改正设置许可时发现的缺点，或者已经跌落到标准之下"（Pempel，1973：71—72）。"因为有关兼职教师、图书馆和大学运营的其他方面的标准强化不存在，大学很容易设立、运营和扩大招生。这对日本大学生数量的增加贡献甚巨。"（Pempel，1973：73）

国家不强化最低法律标准的典型例子体现在文部省分配"招生计划名额"上。一些大学从未足额招到学生，而另一些却又大大超过了应得配额。文部省对所有情况一概视而不见（Pempel，1973：72）。在快速扩张时期，大学通过"注水招生"政策来招揽学生,即招收过多的学生。它们实际招收的学生数量常常是它们招生能力的 2 至 3 倍。"在这种情况下,位于底层的学生的学术能力肯定下降。"(Shimbori,1981:237)西村(Nishimura)报告说,有些大学的实际招生是文部省批准的大学招生计划的 10 到 20 倍(甚至 40 倍)。文部省仍然事先规定一个大学能够容纳的学生数。这个学生数量是确定教员数量和预算分配的基础。"一所高校会受到严格训斥,如果四年后它不能如期送出与招生数相一致的毕业生。"因此,"大学之间不存在给予学生适当教育的竞争,竞争仅仅存在于招生上"(Hashizume,1998:7)。

尽管在某些侧面,国家对高等教育采取自由放任的态度,但是在另外一些方面,则寻求控制那些学生生活的无节制。比如,在 1960 年代后期,日本大学校园经历了骚乱、暴力抗议活动和学生激进主义(就像其他工业国家一样)。为了维护资本主义秩序的连续性,国家采取的措施是进一步中央集权,并通过 1969 年的《大学管理紧急措施法》加以合法化。但是,不管是采取放任自由的方法还是指导方法,国家的基本态度是,把高等教育视作管理事业而非学术事业。理解文部省的"指导"的困难在于,指导常常是微妙的,通过村上所说的"象征性介入"(如,税减免、补助、国家合同)来实施(Murakami,1987)。

第三阶段是"质量提升"时期(1975—1982)。在这一时期,国家试图阻止私立大学因快速发展而引起的质量明显下降。1975 年《私立教育振兴资助法》试图通过补助一般经费而提高私立高等教育质量,结果证明徒劳无功。但是,它还是官方政策转换的标志,从对大学的"无支持,无控制"转向"支持和控制"(Kitamura,1986:78)。尽管存在改革尝试,但是作为集权的计划教育制度体系的遗产,区分精英教育机构和大众教育机构的政策倾向非常强大。即使到今天,日本高等教育"也具有非常僵硬的等级结构"(Amano,1979:10)。此外,"大学排名不是依据质量或大学专业或教师,而是依据大学的社会声望"(Kerbo 和 McKinstry,1995:139)。

最后一个阶段被描述为"第二次扩张"(1983—现在)。在 1986 年,18 岁人口有 185 万,其中大约 64 万人进入了大学学习。在 1992 年,18 岁人口达到高峰,为 205 万,然后开始下降。但是,升入大学的人数稳步上升。在 1996 年,18 岁人口为 173 万,升入大学的为 80 万。为了容纳增加的学生,日本建设了很多新大学。1989 年有 1 100 所大学,到了 1996 年,增加到 1 174 所(MTY,1997)(参见表 3.3 和图 3.3)。现在,很多大学很慌张,因为面临着招不到足够的学生来填满大学的收容量。最后的结果是,由于缺少结构上的改革,据估算,大学的收容能力将多于申请者(Nakamura,1997)。

表 3.3　高等教育入学人口的变化

	1960	1965	1970	1975	1980	1985	1990	1996
18 岁人口数量（以万为单位）	200	195	195	159	158	156	201	173
高中毕业生数量（以万为单位）	93	116	140	133	140	137	177	155
通过高等教育入学考试的学生比例（%）	57	67	68	73	71	69	63	73
申请接受高等教育的学生比例（%）	26	34	35	47	45	45	49	54
接受高等教育的学生比例（%）	10.3	17.0	23.6	37.8	37.4	37.6	36.3	46.2
接受高等教育的学生数量（以万为单位）	21	33	46	60	59	59	73	80

来源：MTY(1998：176—177)

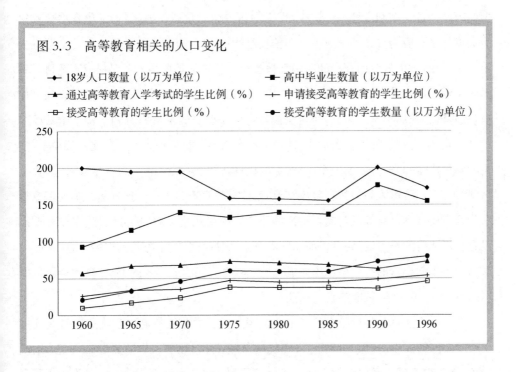

图 3.3　高等教育相关的人口变化

日本国家驱动的高等教育扩张的后果是什么？文凭主义使用"学校教育作为主要的筛选手段，把每一代人分为两部分：能够得到好工作的人和不能得到的人。而且，让学校的筛选功能盖过学校的古老的**教育功能**，尽管这听起来有点误入歧途的味道"

(Dore,1976:ix—x,加粗为原文所加)。这种类型的教育哲学(或者说缺少教育哲学)导致"资格贬值",最终引起"证书贬值",[19] 或者高等教育文凭的获得仅仅具有"象征和表现价值"(Ishida,1993:248)。激烈的文凭竞争塑造了一定的学校教育模式:

1. "刚性、闭合的日本高等教育制度不允许灵活的学习模式,诸如推迟入学,在专业和学校之间转学,'退学'或在某一期间'休学'。"

2. "明确的模式是促使学生通过高校的一系列的课程,不让那些表现出学业不良的学生考试失败或退缩。"

3. "雇主的行为强化了这种模式。雇主歧视那些修业年限长于普通学生,或入学时间与常规时间不同的学生。"(Kitamura,1979:78)

教育-考试制度体系的最主要的目标是,让尽可能多的未来工人,尽可能快和尽可能高效地通过这个制度体系。这样,真正的学习会经常被伤害,催生了仿真型学校教育制度体系。因为真正的学业不是学校教育的重点,所以相当多的学生就自动被推进下一个学级,学生教育中存在的问题都被忽视。学生很难在某一个课程上不及格。只要学生**看起来像在学习或上课**(一个技巧一直延续至高等教育),当他们学业表现欠佳时,教师就会视而不见。而且,因为学校教育的主要目的是实施有利于资本主义秩序的社会化,学生被允许以社团活动、体育活动和其他学校活动为主。在这些活动中,学生学到了协作和先辈/后辈关系,当然是以牺牲课堂学习为代价。当学生通过"教育工厂"的加工过程,进入高等教育阶段学习时,仿真教育更为显著。这就是日本人用凉粉式升级来概括本国高等教育制度特征的原因。凉粉式意味着"机械地"或完成某事而没有付出相应的努力(尽管日式凉粉的本意是一种窄薄的、果冻状的面粉丝,这种面粉丝从一个木制小盒的小洞里压出而成)。因此,也有凉粉式毕业的说法(自动毕业),即"如果你进入了大学,就能够自动毕业"。

资本渗透和扰乱学校教育的一个非常现实的侧面是在招聘大学毕业生时间安排上的企业间的竞争。[20] 在1953年,许多公司在何时开始招聘大学毕业生这一点上达成协议,因为很多雇主都想在他人前面确保招聘到合适的大学毕业生。大多数企业遵守简单的雇佣时间表:说明会和招聘会安排在6月,笔试和面试在7月,暂时答应雇佣在10月。[21] 但是,1960年代的高速经济发展导致激烈的人才竞争,结果是协定被破坏,因为许多公司在招聘期开始之前就已经确定了要招聘的人员(这个做法叫做割青苗——字面意思是，在谷物尚是青苗之时，就已经预定将来的收获了）。在1962年，在日本经济联合会的号召下，有关招聘的上述"君子协议"被废除（公司毕竟也只是仿真同意）。该协定于1972年重新被启用，但是因为很多公司和学生都偷偷地进行招聘和应聘活动，日本经济联合会在1992年再次提议废除了公司间的这个协定。几年以后，协定废除的影响显现。公司开始招聘的时间越来越提前，而大学生找工作花费的时间越来越长。

如果很多大学里的课堂出勤已经有点像伪装，就业协定的废除只能增加仿真教育（第八章）。媒体上经常出现一些文章："大学生为了找工作牺牲了上课"（1998）；"当招聘传统逐渐褪色时，应聘者感到困惑"（Yamaoka，1997）；"大学放弃了关心学生的就业"（1997）；"开放招聘改变了找工作"（1998）；"银行界延长招聘时期"（1998）；"今年大学生找工作的时间提前"（1998）；"找工作的压力"（1998）。一些学生报告说，他们为了找到工作，错过了几乎一半的上课机会。比如，昭和女子大学公开承认，每年每一课程有6位学生为了找工作而缺席课堂。"有时候，当我们实际缺席时，我们中的五六位会被计作出勤，"一位大学生说。不是所有的大学都如此宽厚大方（至少它们的主张不是这样）（Furusawa，1997）。一位观察家写道，"也许是时候让工商业界的领导考虑一下社会福利和这个国家了，而不是只专注于与结果无关的利益最大化"（"一年间允许招聘的缺点"，1998）。一封读者来信说，"赚钱和'有一份好工作'是社会唯一看中的。这传递给大学生的含糊不清的信息对社会有长期负面影响。这个趋势当然为商业利益大力欢迎"（Furusawa，1997）。对于那些读两年制大学的女性来说，还存在性别歧视的问题：

而且，与大学教育毫无相干的潜台词对于年轻女性来说，更为真实，她们越来越早地为摧毁灵魂的工作而奋斗不止。这份工作的标准是漂亮和对独立思想的尽可能压制的巧妙混合。（Furusawa，1997）

一个现象正好说明了文凭是如何虚空（即作为知识获得的证明的资格）和大学如何变成了与其本来目的相反的机构。大学生是"双校生"（参见 Nishimura，1987：183），即大学生"到职业学校上课"。这样的大学生既有来自低水平大学的，也有来自精英大学的。他们在大学学习的同时，还修读专门训练或职业教育的课程，甚至于大学毕业后回炉就读于职业学校（Kusaoi，1993）。在大学、短期大学和专门学校之间的严格的划分界限逐渐模糊(Sato,1997)。大学生认为,大学是一个人获得文凭和学生成长的地方,而专门学校是一个人学会有用知识的地方(Sato,1997)。

结论：资本、国家、民族主义和考试的联结

一般认为日本人仅仅为非意识形态的、还原论的经济主义所驱动。对日本教育史的研究揭示出,事实恰恰与此相反,在日本存在一个意识形态,该意识形态建立在"成为日本人"的意识之上,并在很大程度上形塑了日本政府的教育项目、计划、政策和重点。但是,因为身份意识形态没有被充分理解,日本人特性就变成了一种"鬼鬼祟祟的意识形态",它的行为、策略和目标并不总是十分清晰。这背后有两点原因。

首先,日本人特性常常被理解为在三种身份的互动中形成的:(1)民族文化(通常被称作民族主义者);(2)国家主义(由政治结构和公民身份来定义);(3)种族主义("血统",或者说是被视作物理上的内在特征)。日本人特性通过精炼和混合一个人的政治归属(国家主义)、民族(民族文化遗产)和种族(被认为属于一个群体的"生理学"的特征)而成。这些观念的汇合形成了等价的同义反复:"一个人看起来像日本人,是因为这个人**从民族来看**是日本人;一个人从民族来看是日本人是因为他拥有日本**公民身份**。"尽管当被问到时,普通人能够区分公民、民族和外表特征的不同,但是,关键之处常常在于,由社会化模式塑造的习惯性的和无意识的感情往往把他们编制进一个互相定义的观念网。这就是**单一民族**意味着"同质民族",并"用来表明日本人的同质性,而没有具体界定是指种族特征还是指文化特征"(Yoshino,1992:25-26)。正如本章题记那样,前总理中曾根把身体特征和民族性混为一谈,并用披着科学外衣的神秘主义把日本人和他们的过去联系起来。

但是,如果普通人混淆使用不同类型的身份,研究者也一样。研究者没有理解到上述三个意识形态概念如何合并为潜在的种族的、民族主义的国家主义,而使用"民族主义"作为含糊不清的、包罗众多的词语。这个词语与其说是暴露了不如说是隐藏了真实。有些人没有能够看到,一个全包/排斥的意识形态不仅能够主动与其他意识形态联结,也能够被联结到其他意识形态上。"成为日本人"已经被民族的国家体系、消费主义的资本主义、教育资格获得和工作厚厚地包裹起来。我们经常没有意识到政治经济学的规范——它对一些人来说,常常是如此"常识的"和普遍的——如何强化和合法化民族身份和国家项目。从普通日本人的观点来说,接受义务教育(国家政纲),为

了规训/生吞大量知识/训练而牺牲学习/探究/教育,顺从地加入劳动者队伍(公司文化的要求),已经成为"好日本人"的标配。他们几乎好像命中注定要忍受"考试地狱"的历练,就因为生为日本人。在下一章,我将研究"指导和凝视"如何通过教育-考试体制和知识生产显现其正体。

注释

1 参见塞缪尔斯的"普遍焦虑",这种焦虑有利于每日动员大量人员(Samuels, 1994: iv)。还请参见德拉富特的术语"脆弱崇拜"(Drifte, 1986),以及卡斯特尔斯(Castells, 1992)和奥民斯(Önis, 1991)对"发展国家的逻辑"的讨论。
2 我已经在其他地方详细讨论过这个问题(McVeigh n.d.b.)
3 尽管颇具讽刺意味,这恰恰是民族主义主张和民族主义者坚定信仰的对立面(Gellner 1983: 57)。
4 参见盖尔纳:"但是,民族主义不是旧的、潜在的、休眠的力量的被唤醒,尽管这是它呈现自己的方式。"(Gellner, 1983: 48)
5 参见麦克维(1997a)对这个主题的详述。
6 比如,霍尔认为日本国际基督教大学"过于名不副实"(Hall, 1998: 149)。
7 但是,决定日本自民党政策的还有很多其他因素:"在自民党常常对教育问题固执己见的情况下,尽管容易被忽视,但是不可否认自民党在这个问题的利益与在其他问题上一样,就是为了再选获胜。尽管它的一般政策定向能够从意识形态来解释,但是它的行为——政策出台的时间、内容,更重要的是,被执行的程度——主要为当时的党维护权利的需要所驱动"(Schoppa, 1991a: 73)。
8 其他的政府项目的例子有,国家努力减少教育费用,"鼓励人们多生孩子",投入更多的经费去刺激经济发展("从1999财政年度起,政府的奖学金投入将翻倍",1998)。
9 从审议会总览看,其他的文部省审议会有中央教育审议会、科学教育和职业教育审议会、课程审议会、教科书认定和研究审议会、教育人事训练审议会、科学审议会、测地学审议会、健康和体育审议会、文化功勋人员选拔审议会、终身学习审议会、文部省咨询信息审议会(1994: 173—214)。
10 对于美国,参见乔姆斯基等的专著《冷战和大学:战后智力史》(Chomsky, 1997)。
11 参见市川(Ichikawa, 1979,1991)。
12 这个专门账户尽管接受来自一般账户的财政转账(在1993年,为62.2%),但与一般账户分离。
13 例外是托儿所。托儿所由健康和社会福利省管辖(文部省监管幼儿园)。
14 指出这一点的作者太多了,无法在此一一列出。但是柯林斯(Collins, 1971)对教育分层的理论,提出了一个容易理解和有用的分析。另外,请参阅阿普尔(Apple, 1978,1979,1982a, 1982b),布尔迪厄和帕斯隆(Bourdieu and Passeron, 1990)与路克斯(Luykx, 1999)。
15 总体上,由国家监督建立的其他大学是:京都帝国大学(1897)、东北帝国大学(1907)、九州帝国大学(1910)。
16 参阅马歇尔的著作中的"附录:东大和国家精英的生产"(Marshall, 1992: 191—97)。
17 "尽管这些数字表面上看意义重大,但是当把战前的所有类型的高等教育入学人口都考虑进去,而不是仅仅看大学,这个成就的达级规模就大大减少了。"(Pempel, 1973: 67—68)
18 虽然略显年代久远,天野的观点与OECD(经济合作与发展组织)的观点一致。OECD关注日本高等教育"具有明显的等级性,尽管本世纪快速增长,但是它的结构几乎没有变化"(1990: 69)。
19 现实的悖论是,当受教育者的就业状况变得糟糕,教育资格变得更无用时,教育设施规模扩张的压力**就更大**(Dore, 1976: 4;原文加粗)
20 对日本高等教育和企业招聘的专题研究,参见安住(Azumi, 1970)。
21 虽然稍有点陈旧,但是潮木(Ushiogi)对从学校到职场的移行做了一个综述(1986)。

第四章　凝视和指导：日本的教育-考试体制

最近,有两个词经常出现在儿童文学中——"规范"和"眼神"。

——咨询服务机构负责人被引于"必须'正常'的压力毁坏了孩子们的生活",1997

日本教育-考试体制的凝视

在本章,我将分析日本现代整体社会力学的"官方凝视"。对它的分析能够让我们深入理解日本社会政治和经济控制的机制。官方凝视是整个教育-考试体制的驱动机制。更具体地说,被权威机构从最抽象到较具体地注视建构了(1)凝视本身;(2)"指导";(3)"道德"教育;(4)被官方认可的有意义的知识形式(实证主义世界观和日本人特性);(5)盘问者和被盘问者的互动机制;(6)考试;(7)被放置于官方划定的等级框架内,如先辈/后辈关系。在下一部分,我将讨论日本民族国家教育-考试体制的这些方面。

官方凝视

在后工业社会,观察和被观察是有力的社会心理过程,该过程由政治和经济力量决定。日本是技术上高度发达、后发型资本主义社会,为我们提供了这样的视觉政治学的绝好例证。在日本有大量的场所让一个人被观察:身边布满了警察的岗亭,公共场所受到录像的扫视,装满办公桌的办公室被管理人员监视,生产流水线被工头监视,教室和学校仪式由老师管理,接待区域处于观察之中,保安室布满了监视视频,每做出一个财政承诺就需要对方提供担保人,由潜在的教育者和雇主主持的教育、职业考试和面试。这些场所产生的无所不在的凝视发挥着规范化、判断、容纳、排斥、赞扬、训斥的功能。官方凝视构建了想象的社会化的边界，产生规范化的主观性，联结观察者和被观察者。主观性具有条件性、突发性和社会建构性，是社会政体的产物，而政体则由规范化压力的可视化边界构建而成。"实际上，社会能够得以维持是因为到处蔓延的监视刺激了自我检视和自我控制的产生。"（Holden，1994：203）换句话说，凝视被内化，权威被置于个体自身之内。但是，官方凝视最终来自何方呢？

官方凝视的社会心理机制从国家结构和资本家集团中孕育而出。不过，尽管很容易把官方凝视的产生之源归于国家及其经济界盟友，但是也不能过于看重这种抽象归纳。这是因为，虽然官方凝视具有垂直的动力机制，但是它还存在于一系列"私有"的社会制度之中。比如说，公司，家庭，同伴群体和个体主观性；而且，它还在水平方向上发挥作用。

国家指导

用来表述官方凝视的一个更具体的词汇是"指导"。像"凝视"一样，指导一词乍看起来是一个抽象概念，但是，它的使用无所不在，是一个唤起注意的绝好例子。确实，指导一词可能意味着"领导"、"监督"、"指挥"、"教导"、"教练"——暗暗包含了一种政治哲学，该哲学认为国家"指导"社会。这个词语常常在"行政指导"一词的上下文里出现，在与日本产业政策和经济民族国家主义紧密联系之外，它还与其他国家项目联系在一起。行政指导被认为是"战后日本公共管理的核心"（Abe等，1994：36）。有些人认为日本战后经济发展在很大程度上归功于行政指导以及官商协作的氛围，尽管有人给行政指导贴上官僚霸凌的标签。[1] 虽然国家可能到处运用某种形式的行政指导，企业、特殊利益团体和地方政府都得到过国家指导，但是行政指导恰恰从它的空虚性、模糊性和非正式性中获得了潜能。因为行政指导不是法律体系的一部分，所以它就具有了万能的官方权力。不接受国家指导的企业有可能被吊销营业执照、执业许可、财政援助、税减免或银行信贷。

在日本，非正式强化不是**一种**政府治理过程，但是，已经变成了**真正的**政府治理过程。它被用来实施几乎所有层次政府、所有政府办公室的所有的官僚政策，不管是否明示在法律或规则之中。日本官员使用非正式强化去实施政策，在所有可想见的领域里，从违反反垄断和价格控制到金融形势的调整。（Haley，1991：63 加粗为原文

强调）

各省（特别是健康和保健省）设有"指导课"或在课之下包括指导的任务。这表明，"国家指导"的深层意识形态流动通过行政运行和自上而下的扫视而完成。对我现在的研究目的来说，文部省对指导的运用才值得关注。

在文部省为第一线教师准备的教育材料中，"指导"是最普遍使用的一个词。许多指南的标题中都带有"指导"字样。"指导"一词似乎点到了精神实质：国家的教育机构应该如何理解它们的职责；作为位于政治制度体系顶点的家长般的权威，它们应该指导学生沿着正确的道路发展。

在其他地方，我曾经分析过官方指导、道德教育以及日本式的技术绩能主义和经济民族国家主义的社会化之间的联系（McVeigh，1998a，1988b）。但是，这里只要注意到如下这一点就够了。当教师面对学生时，教师应该让学生内化"进行道德判断的能力"、"道德态度"和"道德意识"。教师应该努力培养学生，应该认识到自己的职责，以身作则，回应公民对公共（即国家）人员的预期。像学生一样，教师本身也需要经常被学校的高级管理人员评价。勒唐德尔观察到"对于学生是否**应该**被指向到一定的信仰体系不存在任何争论。争论仅仅存在于，应该灌输什么样的信仰以及教师在决定这些信仰时应该具有的自主权限"（Letendre，1994：45，原文加粗）。勒唐德尔详细分析了"指导"在教育情境中的意义：

1. 知识在体验过程中获得，该过程具有智力、情感、伦理和身体的成分；
2. 教师和学生共同学习同样的东西。也就是说，存在一个正确的形式和顺序去获得和解释知识——一个路径，一套发现的体系；
3. 教师应该已经成功地走完了这条路径，或者比学生要走得远一些；
4. 学生不知道这路径，需要依靠教师；
5. 教师将示范正确的解释或正确的技能，学生将模仿老师；
6. 对于获取知识而言，努力非常关键——教师可能向学生布置费力的或困难的学习任务；
7. 基础知识被认为包含所有复杂学习任务的基本元素——教师可能在这条路径的任一点上要求学生反复练习基本技能；
8. 高强度的努力和对努力的理解对成功走完这条路径非常必要。但是，在要完成的学习任务和学生的感情发展之间应该存在一种平衡或和谐状态；

9. 为了保持学习者的感情平衡，教师鼓励学生理解努力的价值和崇尚牺牲。这个目标常常是通过教师展示他自己奉献于学习者的学习过程以及主张学生的学业成功是教师和学生的共同目标来完成的；

10. 对通过路径的诸种行为的反思——成功或失败——对于改正和强化获得非常重要(1994：55—56)。

知 识 形 成

在现代社会里，没有了学校教育，一个人很难想象日常节奏、生活周期、工作模式和现代国家的民族化身份。工业化社会"是人类社会有史以来唯一的依靠持续的和不断的增长、预期的和连续的提升而存在的社会"(Gellner, 1983：22)。在这个社会里，人们似乎是为进步和社会进化的观点所激励而采取行动。这个观点得到实证主义的支撑，为资本主义所具象化。这样一来，我们就折服于"社会已经变得依赖于认知和经济增长的观点(当然，这两个方面互相联系)"(Gellner, 1983：22，33)。在这样的社会里，知识和资本紧密地联系在一起。

一个社会的整个政治制度体系，甚至它的宇宙力学和道德秩序，完全建立在经济增长的分析……和满意度永远提升的希望之上。它的合法性维系在维持和满足该预期的能力之上。因此，它致力于满足革新需要，并因而产生不断变化的职业结构(Gellner, 1983：32)。

同时，"不断变化的职业结构"通过考试中的竞争而实现。

这一点怎么强调也不会过分。从明治时期开始，向资本主义发展的国家需求就把为了学习的学习、为了知识本身的知识追求、纯理论研究都推向了学习者一边。虽然在东京帝国大学里，德国的影响很明显，但缺乏对教学自由和自由学习的明确承认(Amano, 1979：14)。还必须强调的一点是，虽然有些大学由富有创新精神和独立思想的个人创建，但是国家逐渐地收紧了对不同类型的高等教育机构的控制。因此，现在，高等教育的价值"根据它支撑资本主义利益的能力来判断，而不是根据为了公共利益向社会的各个部分传播高深知识的能力来判断"(Kempner 和 Makino, 1993：197)。虽然不直接有益于资本主义机制的知识形成没有被完全压制,但它们也没有得到任何鼓励。

日本的初等和中等学校传授基础的数学、识字和科学知识。因此,虽然"一个人可能认为知识不均匀地分配于不同社会经济阶层、职业群体、不同年龄群体和不同权力群体"(Apple, 1979: 12),我们应该认识到"一般训练"的作用和"多余的训练,就像附着于许多工作之上的那些训练,并没有在学生身上累积多少,而且这些知识包含在手册之中,全社会拥有一般训练的人员都能读懂它"的事实(Gellner, 1983: 32)。比较而言,确实可以说,"日本教育传授给未来的劳动者以读、写、算方面的基本能力,但不传授职业技能"(Ishida, 1993: 249)。

非常奇妙的是,与工业社会形成鲜明对比,尽管大量的专业化存在,专家之间的差距并不大,其秘密在于互相之间的可读懂性。可读懂性来自于他们的工作指南。工作指南由习语构成,不同职业的工作指南所用的习语在很大程度上互相重叠。再培训虽然有时候存在困难,但是一般来说,也不是什么难得吓人的任务(Gellner, 1983: 26—27)。

很多雇主不希望大学教给学生知识,因为他们希望用企业的教育课程培养毕业生。一些公司非常介意有太多"外部"知识和"态度"的新员工。日本的大学被评为多余、无用和缺乏学术内容,这一点儿也不让人惊奇。无论如何,日本学校教育的基本目标都是社会化未来的劳动者,使之更适合高度理性化、后工业化、技术高度发达的资本主义经济社会的职业生活。日本学校教育制度体系把训练、分等和筛选作为它的目标,这种教育未必能够扩大个人的眼界。这样的教育的结果是"日本人在生产普通的成人公民,他们在以下四个方面非常适合现代工业社会的要求:(1)在组织中勤奋和高效地工作;(2)有效的信息加工;(3)符合社会规则的私生活行为;(4)稳定,全身心地抚养孩子"(Rohlen, 1983: 305)。在任何一个人口众多的社会里,这都是一个壮举。然而,我们常常视之为理所当然。

不过,该制度存在着尽可能多地输送学生通过制度的压力和为劳动力市场生产通用的、模式化的和可互相替代的个体的无休无止的驱力。这些力量不仅让位于极端位置的学生(处于顶端和底端)被忽视,而且使得普通或普通偏上的学生通常也被迫调整他们的学习风格以适应制度对"标准"教育的需求。更为常见的是,在中等偏下的大学里,大家认为学生们应该降低自己的学业和职业预期。

国家控制的知识形式

"现在,与对合法化暴力的独占相比,对合法化教育的独占更为重要,更处于中心地位。"(Gellner, 1983：34)在现代日本的学校里,经济民族国家主义制度体系的目的是生产两类知识,这两类知识被认为对日本的存续不可或缺。第一类知识是资本主义制度体系运行必不可少的知识。像其他工业化国家一样,日本把一种被称为经济进步主义的事物视作最基本的信仰。经济进步主义在其他政治领域内也一样被崇拜。经济进步主义在意识形态上被现代科学的实证主义、理性主义所阐述、合法化和激励。作为近期历史发展的产物,经济进步主义认为,通过资本积累,经济应该增长,相应地提升每一个人的生活水准(在央格鲁-美利坚的政治思维中,一般认为,经济应该随着民主、自主、自由、人权等的改善而增长)(参见 Nisbet, 1980)。工业化社会"是人类社会有史以来唯一依靠持续的和不断的增长、预期的和连续的提升而存在的社会"(Gellner, 1983：22)。

在前现代社会里,亲属、私密群体和地方社区提供训练。但是,随着民族国家和工业化的崛起(二者互相强化),国家权力要求所有社会成员在自己的私密群体之外、在正式的学校教育结构里(即"适当教育"),接受专门化的异质教育和异质社会化(这是从异族婚配类比而来的词语)(Gellner, 1983：31,34)。"在这个方面,现代社会就像现代军队,只是比军队更甚。它向所有新手提供相当长期的和全面的训练,强调某些共有的资格:阅读能力、计算能力、基本的工作习惯和社会交往技能、基本生产技能"(Gellner, 1983：27-28)。工业社会里,国家控制学校教育的后果如下:

一般训练未必特定地与受训练者的高度专门化的职业活动相联系,而是专门职业活动的**前奏**。从很多标准来看,工业社会可能是有史以来的最专业化的社会,但是,工业社会的教育制度体系毫无疑问是最不专业化的和最普遍地标准化的教育。同样的训练或教育被施于所有或绝大部分儿童和成人,一直到很大的年龄。如果要构成先前的长期非专业化教育的完成部分,专业化教育仅仅在教育过程的尾端才有声誉。专业教育如果面向更年轻的学生、开始过早,就会有负面的社会声誉。(Gellner, 1983：27,原文加粗)

尽管在工业社会里,有一小批真正的专家,他们"能够占据他们的岗位完全是凭借长期的专业训练。而且他们很难或完全不能被其他人所代替,如果这些人没有他们所具有的特殊教育背景和天才"。但是，"这些工业化社会里出现的专业化却完全依靠非专业化和标准化的训练作为基础"(Gellner, 1983: 27—28)。在日本，国家试图确立一个全国性的、模式化的、可互换的、标准化的主观性，这些尝试产生理性化的教育政策。在这些政策中，要求公平、公正、避免在学校内根据学生能力分组（虽然不同学校之间存在能力分组）的原则占据主导地位。因此，落后或某些方面不适应的学生被认为是缺乏动机或反抗权威。

　　第二类关键知识是日本人特性。它包括三个基本的身份意识形态：(1)民族文化（比如，"传统"，遗产，语言）；(2)国家主义者（特别是公民性）；(3)种族主义者（比如，"血统"）。当然，这样的身份意识形态世界上到处都存在，但这不会让我们忽视日本在这方面的程度。在现代日本，民族、政治法律和解剖学的描述和定义紧密结合在一起，构成了日本民族主义的有机组成部分(参见第三章)。

　　在日本，国家控制的知识意在产生"日本人"的主体性，该主体性被安置于资本主义秩序之中，并且是它的基础。"日本人"体现在"学习指导大纲"之中。"学习指导大纲"法律化于1958年，由文部省设计。虽然没有明言，但是在某种意义上，"学习指导大纲"被当作指导纲要，用于帮助教师在学校教育-分等-职业的制度体系里，完成指导学生的职责。在这些课程指导之外，国家还通过"学业达成度测量"，试图检查知识生产的成功程度。学业达成度测量"主要意在发挥如下重要功能：通过收紧国家对教育机器的控制以及让它对日本经济和工业的人力资源要求的反应更灵敏，从而促进工业化政策的实施"(Horio, 1988: 214)。堀尾认为，"在提供测量教师实际遵循政府制定课程的程度的方法之外，它还提供了测试教师对文部省的忠诚度的方法"(1988: 215)。[2] 然而，由于受到教师的抵抗，文部省没有能够完全实施学业达成度测量。

盘问者和被盘问者的互动

　　按理说，盘问者和被盘问者的互动的某些形式自远古时代以来，存在于所有地方（当它从上一代向下一代传递人类文化时成型）。但是，随着现代性的崛起，民族国家通过中央管理的教育制度体系（制度的最初目的是再生产工业化和经济增长需要的专门化知识）最大程度地利用、扩张和制度化了这种互动。不过社会的不同部分会让它变形，这样，在学校教育制度之外出现各种各样的知识审查形式，就再平常不过了（在日本，可以想到的形式有各种学习辅导：专业资格考试的准备指导，方法指导书，基础教育阶段的课外补习学校，高考备考学校，各种知识竞赛的电视节目等）。

就我关心的问题来说，必须注意到，在日本，盘问者和被盘问者的互动受到了经济民族国家主义的强烈驱动，其结果是出现了两个现象。第一，被盘问者学得很快，尽管教育努力带有浓厚的道德主义的色彩。在学习中，盘问者未必期待被盘问者实际理解答案（或有关问题），而是期待他只要能够在仿真教育体系，特别是考试（最典型的盘问者/被盘问者的互动形式）里，轻而易举地作出像回答的反应。"比如，学生学会了在课堂上举手，而不管他是否知道该问题的答案。或者仅仅为了得到证书而参加志愿者活动。"（Yoneyama，1999：127）大部分学校教育变得机械、敷衍和流于形式。因此，这个互动就被剥夺了更大、更让人满意的目标（特别是对于被盘问者来说）。学生很快就养成缺乏信念、不对教育内容质疑、在整个学习过程中失去自信的习惯。另外，他们还变得顺从、谨慎和胆怯。等他们到了高等教育阶段，相当多的学生已经被如此社会化了，认为学校教育就是一种仪式行为。理所当然地，作业低于标准要求，上交不完整的课后作业，精神上游离于班级教学活动之外在某种程度上也可以接受了。

在经济民族国家主义的压力下，出现的第二个现象是教师和学生关系的"情绪化"。这似乎是杉本以"情感的道德化"（Sugimoto，1997：254）命名的社会控制的更为一般的体现形式。在一个对日本教育的研究中，福勒等人说，常常出现的词汇是"同情心"、"协作性"和"耐心"，最不常出现的是"探究"和"思考能力"（1986）。情绪化是全面介入的过程。比如，

所有学校，包括小学，都有它们自己的校歌，这些校歌富有道德含义。学生们在晨会、运动会、入学和毕业仪式上要唱校歌。很多公司也有它们自己的企业歌，企业歌褒扬勤奋工作和职业奉献。公司职员应在每日晨会和礼仪场合唱公司歌曲。城市和其他行政当局都有自己的歌。在很多时候，这些歌常常赞扬当地的自然风景的美丽和历史传统。由于这些歌唱行为常常是混合着情绪化感情的娱乐行为，所以日本巩固团结的方法就是把灌输组织奉献和愉悦结合起来。这种方式能够在参加者中引起强烈的共鸣，容易给他们这样一个印象：他们在心理上被指向同一个方向（Sugimoto，1997：254）。

情绪化的作用可以从"民族语言"读本中感受到。在格伯特（Gerbert）对美国和日本教科书的比较中，她注意到，"美国教材更重视逻辑分析、原理的正式陈述、词汇的动作性定义和批判评价思维"。而且，"美国孩子常常受邀进行假设性思考，而日本孩子

的注意力常常被固定在眼前的具体事物上"(1993:160)。

美国孩子常常被鼓励跳出故事,分析主人公所处的形势和采取的行为,评价主人公行为的有效性。但是日本的国语的教科书常常让孩子去想象别人的感情,把自己的身份和主人公的身份融合在一起(Gerbert, 1993:161)。

课本强调"同情和主观感情"。孩子们被教会"思考感情","意识到'心灵到心灵'的对话方法和调整自己的心灵与他人同调"(Gerbert, 1993:161)。语言被"当作表达思维的感情状态的方法":

对人类行为的分析和批评不是从对与错、公正与不公正的角度来进行的。与此相反,孩子们被教育去近距离地观察、感受别人感情的细微之处,去想象这些感情并与之共鸣,具有理解性和协作性。阅读行为的基础不是逻辑思维的共性,而是感情的共性(Gerbert, 1993:162)。

如果温情的教师和学生关系的积极一面是来自成人的指导、信任和美好回忆,那么,情绪化的负面是它常常退化为过度依赖、孩子式行为、感情易受操纵。就像我们后面看到的一样,当学生进入大学时,情绪化的负面影响变得尤为明显。

考 试

"前工业社会的国家对收税和维持和平感兴趣,其他的就几乎没有了。它对促进下辖的社区之间的横向交流不感兴趣。"(Gellner, 1983:10)[3] 随着现代国家的崛起,所有这些都发生了变化。现代国家不仅促进公民之间的横向交流,而且要确保他们都拥有同样的知识和民族身份情感,这些都是通过正式的学校教育从外部植入的。实际上,尽管现代国家没有实现它许下的很多诺言,但是,一般来说,它们在遵守一个诺言上做得很好:培养公民性(Gellner, 1983:28)。在现代世界里,教育远远不只是权利,它还是义务。在日本,"教育"不仅包含学术性学习,还包括养育、训练和道德规训。虽然这个论点不应被过分强调,但是日本学校确实发挥了学习场所、社区学习中心、某种民族身份的教堂的功能。有人甚至说,日本学校还包括了家庭的功能。如果国家的目的是给予民族主义以政治表达,那么,学校就是这种新型意识形态的训练中心。在日本,考试不仅仅是测量个体是否掌握了大量事实的正规化的方法,更是用于联结成为好的日本人(民族主义)、知识的官方版本(国家主义)和成为勤劳工人(资本主义)三者的关键手段。

考试本身没有多大效果,因为学生受到的是关于民族主义、国家主义和资本主义的细节的测试。测量相关的知识本身没有任何害处。但是,准备考试和参加考试的实践发挥着如下功能:检测个体对现代日本的宏大计划的忠诚和奉献。由于仅仅用于考试,所以知识被切割成片、分段孤立、肢解、储藏、打包,以利于快速检索,它还被从具体经验中抽象化。结果是,知识失去了作为信息体的意义,该意义指代它之外的某种事物。同时,知识获得了非常实际的、无关紧要的、索然无味的特征。大学建立在碎片化知识堆积而成的金字塔之上。较低质的学校矗立于小片知识的顶端。这些小片知识被考试的挤压力磨成细小碎屑。虽然有人会争辩说,最好的学校——日本最有名的大学——建立在较大块的知识之上,有较多的智力影响,但是,高等教育制度作为一个体系,严重地被分割了。在日本,教育的功能是,"让个体把它想象成为特别精细化的、非常昂贵的智力测试制度体系,该制度体系也带有一些教育溢价,而不是相反"(Dore,1976:48—49)。

在一张刊登在报纸上的照片里,学生和家长走向考试磨难的紧张与严肃,被展现得淋漓尽致。在照片里,22名孩子举起手臂,攥紧拳头,发誓考出好成绩。这也许是一个极端的例子,但它确实让人联想起许多学生的经历。这群学生头绑发带,发带上写着"必定成功";腰缠饰带,带子上写着"日本辅导学院"。这群学生趁新年的时间聚集在东京的一个旅社里,进行集中学习。"住宿费之外,6天共36小时的辅导老师一对一的面授课程需要学费57.6万日元,再加上4万日元的注册和咨询费"(Suzuki,1999)。日本辅导学院的校长说,"最好创造一个让所有家庭成员都经历的'考试战争'"。一位辅导老师承认,"过度的压力有时让孩子生病。一位学生感受到的压力如此之大,当他坐在桌旁时,竟然暂时失明了"(Suzuki,1999)。

堀尾注意到,"一个公式已经出现了,在这个公式里,**学术业绩=学术能力=能力**。因为业绩变成了能力的指标,业绩主义的意识形态必定与能力优先的意识形态联系到一起。考试竞争就变得越来越激烈"(Horio,1988:305;加粗为原文强调)。过分强调考试产生了很多破坏性影响和后果,如"教育妈妈"(过度痴迷于教育孩子的妈妈),小学和初中阶段的教育目标的偏离。考试还成为学校的制度性错位和企业之间的联系纽带。木村勉(Kimura Tsutomu)是文部省中央教育审议会的委员,他说,"孩子们的生活将不会有任何变化,只要学校入学考试仍然如此过于强调学业成绩和大公司的招聘实践没有任何改变……当选择生涯职业时,人们必须学会把他们自己和大学、公司的名气分开"("为了灵魂的教育",1998)。但是,这不容易做到,因为正如很多人已经指出的那样,父母太过于强调教育,结果产生了"教育暴食"和"过度教育"("礼仪教育应从家庭开始",1998)。"一般说来,日本教育更像是筛选、分类装置,按照动机和学习能力而不是实际掌握的知识来区分学生"(Mosk 和 Nakata,1992;强调为著者所加)。教育-考试制度体系的不良影响在 OECD1970 年的报告《国家教育政策评论:日本 1970》中也提到过:"因为入学考试被社会作为学术能力的主要证明而不是学业成绩,所以学生在大学里就少有认真学习的动力。"这造成的结果不是培养贵族,而是文凭族(或者说是学历主义;就字面意思理解,就是文凭主义或"文凭耽迷"):

  与阶层继承制度体系相比,这个制度体系具有平等性和灵活性。但是与另外的制度体系相比,就太僵硬和武断了。在另外的制度体系里,根据个人较长时间段的业绩,把他分进不同的职业里,提供给动机高的个体在教育上追赶别人的机会。甚至当他的能力得到发展时,提供给他改变职业地位的机会。(《国家教育政策评论:日本 1970》:207)

  该报告建议,给予高中报告、国家统考成绩、学术性向测试成绩更高的权重(《国家教育政策评论:日本 1970》:207—9)。

  在 1965 年,当计算机开始计算偏差值(标准分数),以便更好地衡量学生的学术能力时,教育-考试制度体系变得更为理性化。在高中招生时,偏差值成为主要的标准。进入什么样的高中对最终考取的大学类型有重要影响(这是制度转换的实例,"高中实际上成为大学的预科学校";"招生办公室口试招生比入学考试更可靠",1998)。许多年来,文部省对大学招生使用偏差值(和补习学校)公开表示不满,因为它导致"偏差值战争",这催生了"教育产业"。在 1993 年,文部省面向所有中学,发布了一道"指导"通知。通知说,它们不应该使用私有企业的考试,该考试产生学生的偏差值("私有企业的考试被禁止",1993;"欢迎偏差值的结束",1993;"学生被要求放弃补习学校",1993)。但是,很多教师反对文部省禁止使用私有企业考试的禁令。据报道,这类测试已经被从学校场所移去(参见 Hani,1993)。⁴ 但是,比这更有意义的也许是,在这个非官方的教育-考试体制面前,文部省好像最终承认了失败。在 1999 年,文部省附设的以吉川弘之(Yoshikawa Hiroyuki)(日本放送大学的校长)为首的终身学习审议会做出结论认为,虽然有些补习学校的行为(晚上开课到深夜和周末开课)需要控制,但是这些学校实际上是正规学校的补充,应该得到承认。因为"补习学校的课程据说更容易被学生理解",正规学校"需要改进教学方法"。早稻田大学教育管理学的教授认为,"学校课程的目标群体是平均水平的学生。因此,对于高分或低分学生来说,补习学校是一种必要的邪恶"。

理所当然,不是所有教育者都对补习学校满意。日本小学校长联合会的一位官员说:"绝不能忽视的是,过分依靠补习学校将给学生的身心发展带来负面影响……上补习学校的学生似乎无法放松。"("专家小组欢迎补习学校",1999;另参见"文部省被要求与补习学校合作:报告",1999)人们可能会不理解为什么文部省官员决定承认补习学校在教育日本青年上的巨大作用。但是要注意,是通产省管理日本的 5 万多所补习学校。一些教师和观察者认为,通产省和文部省达成了一项协议,要维护前者认为并非不重要的产业。

高中生满怀希望地依靠公开出版物,如《全国大学入学考试年鉴》(1997),来比较自己和其他学生的成绩,以衡量自己通过大学入学考试的可能性。这个方法冰冷冷的、充满计算性、特别有效和高度理性化。对在选拔过程中要重视"个性"、"个人的强项"和"学生多样性"的不断的呼唤,它构成了莫大的讽刺。

任何阻碍教育-考试机制顺畅运转的行为都将被制裁。这个机制是平等的、标准化的和在管理指导之下的,目的是迅速地生产出下一批工人。这也是文部省对在考试事务中犯下错误的国立大学和公立大学发出警告的原因("公立大学被训诫",1996),也是考试中的错误或失误成为新闻的原因("明治大学法学部提前结束考试 15 分钟",1998)。两个外国留学生在升学考试中"被发现伪造文件并使用伪造文件",最终获刑 18 个月(缓期 3 年)("在考试审查中,发现两个学生犯罪",1998)。联想到日本教育制度体系里作假成风,这个案件就让人觉得很有趣,有双重标准的嫌疑。

有时候,人们不确定如何看待升学考试中的"公平和统一"。比如,文部省的大学升学考试中心准备在全国大学入学英语考试中更多地强调口头交际能力①,但是,官

---

① 在日本,英语口头交际能力包括听力和口语两部分,这里应该主要指听力。——译者注

方认为,"有一些技术问题,比如考试教室的环境、录音播放机器的播放质量等都涉及'公平',录音的制作则是更关键的问题"(Sasamoto,1995)。与此同时,有些教育者反对说,现在的技术可以解决公平问题,他们相信文部省只不过是反应过度。

官方凝视、指导和考试

官方凝视、指导与盘问者和被盘问者的互动通过考试来具体展现。"虽然文部省不能直接通过控制地方学校①和忠诚的教师②来统治教育,但是它实际上能控制考试和教材。雄心勃勃想获得教育成功是最终的规训之源。"(Rohlen,1983:266)但是,更准确地说,"最终的规训之源"不是教育制度体系而是体系中的考试。这会改变学校教育,强化让学校教育附属于考试的价值,而不是学习自身。因此,在对青少年进行教育规训时期,官方凝视的关键部分是考试。日本的学校教育思想看起来有点儒家式的,"对教育的真正的解释是,通过升学考试"(Rohlen,1983:316)。

大学入学考试是驱动高中文化的黑色引擎。一个人会怀疑,如果考试的压力解除,普通高中可能不会仍然如此有序和认真。没有了考试,就会少一些对常规习俗的服从和对政治争吵以及改革尝试的限制。学校教育制度和个体教师将会更具有创新精神、更独立于文部省,学习教育本身将会变得多姿多彩和混乱无序。我怀疑大部分日本人会认为这样的发展方向让人感到舒心(Rohlen,1983:317)。

米山(Yoneyama)认为:

不管使用儒家理想的行为规范对理解这种等级关系如何具有吸引力,今日日本学校中的师生关系绝对与儒家提倡的家长制关系没有任何关联。在日本文化中,家长制关系被认为是理想的关系类型,它强调先辈和后辈之间(或上级和下级之间)的等级。如果想类比的话,那么日本学生所经受的苦难更像工业革命时期的工厂工人和煤矿工人,而不像日本传统中弟子向师傅学习技艺时的那种关系(1999:101)。

---

① 日本地方的学校由地方政府管理,而地方政府高度自治。
② 日本中小学教师属于日本教师工会,日本教师工会长期与日本中央政府处于对立状态,直至20世纪90年代中期。

每所大学都有它自己的入学考试制度和程序。入学考试有两种基本类型："一般考试"和"推荐考试"。在一般考试中，入学分数大致就决定了录取与否。推荐考试多存在于两年制短期大学和低水平的四年制大学中，它又具体分为两种形式："指定校制度"和"公募制"。在指定校制度中，某些高中被要求推荐一定数量的学生。在公募制中，如果高中推荐来的学生达到了某校的学业要求标准，他们被允许参加入学考试。尽管推荐考试处于上升趋势，但是很多人批判它是滋生偏袒徇私和不公正的温床(Nakamura, 1997: 103; 98—108)。

最近，"面试"越来越广为采用。很多大学仅是一个校园的组成部分，这个校园会有不同层次的学校(有时候从幼儿园开始)，学生可以顺着"自动扶梯"一直升到高等教育。如果上述各种方法都不奏效，家长可能会采取向大学"捐赠"的方式(即贿赂)。在日本，"有一些故事，说家长为了让子女被大学录取而进行贿赂。这种情况在有些大学里特别厉害。这促使文部省试图为私立大学学费建立标准，该标准用于拨付国家对私立大学的财政资助"(Clark, 1979: 233)。人们认为，这种状况在医学院并非罕见("医学院学生低于'标准要求'：人们宣称主考官被买通"，1997)。丑闻常常是家长向大学"捐资"或花钱购买考试题(Horio, 1988: 302)。

文部省对入学考试的毁灭性影响充满警惕，并试图给"考试战争"注入一些秩序和理性。因此，文部省下属的大学入学考试中心开发了全国考试(共通一次考试)，它的功能是初步筛选。尽管意图美好，大学入学考试中心似乎仅仅是增加了一次考试，但是学生还必须参加各个大学组织的入学考试。还要注意到，尽管一些大学要求考生参加全国考试，但是这个考试还主要是为国立大学和公立大学所使用。

许多大学允许学生多次参加它们大学的入学考试(考试费仅收一次)。这样一来相当多的学生就变成了"浪人"(就字面意思理解，是古代日本没有主人的武士的称呼)——高中毕业生没有通过大学升学考试，等待再次参加考试的机会。① 在1989年，在116万参加考试的学生中，其中有29万成为了浪人。半数以上的东京大学的学生参加过两次该校的考试(White, 1994: 84)。

激烈的考试竞争催生了可被叫作"平行"或"镜子"的教育机构，这些机构作为学校的变形或对立形态的机构而存在。正式学校在相当程度上也被变形(训练中心，为了

---

① 在现代日语中，当在大学升学考试的语境里使用"浪人"一词时，它仅仅具有中文的"高考复读生"一词的含义。——译者注

"适应",变成好的劳动者,而不是学习者)和倒置了("反教育",学生被社会化为不去问问题和不去学习某些科目,比如外语;参见第七章)。这样的变形和倒置促使多种机构出现,这些机构作为补充,帮助正式教育提高学生通过考试的概率。它们是学习塾(补习学校)(现在被文部省官方承认了)、家庭教师和升学考试补习学校。另外,还有完全商业化的"语言学校",这是为那些真正想学习英语的人而设立的(日本的某种民族迷恋;参见第七章)。因此,升学考试在日本是庞大产业。私营企业界吞掉了这些蔓延于正式学校教育机构之外的教育需求。

对于那些少量的学生,如果他们的家庭能够负担起平行教育制度的花费(补习学校、备考学校、家庭教师),或者他们正好适合于日本教育-考试制度里占主导地位的某一考试类型,那么这个选拔过程也许不是那么费力和令人焦躁。但是,对于大多数学生来说,它并不是一次愉快的经历。对于大多数来说,在一个一次定终身的考试中,为了获得高分的考试准备如同走进了"考试地狱"一样。很多人说,日本考试战争带来的焦虑和挫折感仅限于那些意欲考取名牌大学的学生。事实并非如此。一些很懒的学生告诉我,当他们参加那些层次很低的大学的入学考试时,也会感到非常紧张。虽然教育抱负较高的学生感受到的压力较大,但是环绕考试而生的不安弥漫于整个教育制度体系。换句话说,相当多的低抱负、低学术能力的学生可能忍受更长时期的心理紧张。理解这一点对理解日本的教育文化非常重要。而且,大学入学考试的"回拨效应"(考试压力)不仅对为考入大学竞争的普通高中的学生有影响,就是对不准备升入大学的职业高中的学生也有影响。

升入某些大学和确保就业之间具有密切联系,这在很多社会都一定程度存在,但在日本,升入大学和就业前景的联系特别强,以至于创生出特别的经历。[5] 虽然这对于那些目标是升入名牌国立大学或私立大学的考生来说关系重大,但是对于那些眼睛仅仅盯在层次居中或偏下的大学的学生来说,这几乎是如同负重般的痛苦考验。

国家在教室里的显灵:考试、官方凝视和"能力"

我尝试把日本经济民族国家主义的教育-考试体制的不同侧面联系起来:(1)官方凝视;(2)指导;(3)知识;(4)盘问者和被盘问者的互动;(5)考试。这里,我想通过重新思考官方凝视的含义以及导入世间这一日本词汇进行集中讨论。世间是一个最能反映官方凝视内涵的词语(世间有多种翻译,可以翻译为"世界"、"公众"、"社区"、"人民"、"社会")。对该词实际在日常生活中如何使用仔细地进行语境分析,揭示出这个普通词语的含义是观察他者的世界,是某种无处不在的社会幽灵,它一直盯着别人在看。杉本把世间定义为"想象出来的社会共同体,它具有规范的力量,这种力量可以赞成或不赞成和制裁个人行为……作为媒介性的社会网络,世间在很多日本人心中的形象是最大的社会互动单元,但它不意味着血缘关系"(Sugimoto, 1997:255)。勒布拉(Lebra)把世间描述为"社区的周围世界,包括邻居、亲人、同事和其他重要他人,他们的观点常常被认为非常重要"(1984:338)。但是,不管它施加的直接压力如何(如学校、办公室、工厂、家庭和社区里),我们不应该忘记压力的最终之源是国家和它的资本主义盟友。世间最能反映出官方凝视的内涵,一种强有力的福柯式的规范化扫描(1979),它影响个体,并一直审视个体的行为和存在。特别是,世间通过盘问者和被盘问者的互动发挥影响。更具体地说,个体在考试中,感受到国家出现在教室里的可视化压力。尽管所有社会都使用权威性凝视,以让社会成员安于其位和举止符合要求,但是有时候,这种视觉压力太过强大。比如,日本有个提供通信咨询服务的机构,叫青少年邮箱(Teens Post),它接受来自被问题困扰的少年的信件。按照这个机构的负责人的观点,孩子们被迫去呈现乐观的状态。但是,当孩子们如此表现出来的时候,这种乐观实际是假象。孩子们说"我觉得我快要被人们的眼神杀死了"或者"我觉得墙壁似乎有眼睛,我被它注视着"("必须'正常'的压力毁坏了孩子们的生活",1997)。

世间被用作规范化凝视,在教育-考试制度体系里,扫描、筛选、选拔和分流学生(中村1996年的专著的第六章"世间看重的大学的价值在这儿")。但是,在教室里,世间转化成心理的内化(自我监控)。在考试中,规范化凝视判断一个学生的"能力"。但是,这种"能力"是一种特殊的能力,或者说叫做适合于考试的知识形式。如此一来,这种能力成为教育和国家经济的纽带。当然,经济力量形塑知识形式和知识形式服务于就业目的并非日本所独有的现象,但是这种知识形成以偏差值或"标准分数"的形式出现就过于极端了。大学被按照考生的平均偏差值分等,所有相关信息都公开出版,被考生阅读。然后,考生仔细考虑自己的偏差值和成功通过某所大学入学考试的可能性。这种特殊的高校评价方式确立并强化了大学的金字塔结构。当然,偏差值是否和如何反映一所大学的教学质量,这一点并不清晰。但是,非常明显的是,这样的大学等级结构影响到大学教育和它的知识生产,这个影响一直下探到学前教育阶段。制度性连锁反应已经达到如此程度,被深入讨论的升学考试的缺点竟然无法改革,因为它们已经成了小学和初中阶段的备考的组成部分。

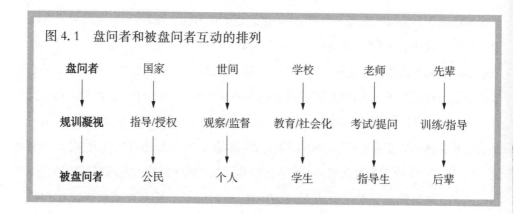

图 4.1　盘问者和被盘问者互动的排列

既然我已经解释了建构日本宏观课程和官方凝视的宏观意识形态和制度力量，在下一章我将分析特殊的价值观、知识形式和学习风格，而这些构成了大学生的思想基础。我还将分析这些规范是如何在规训他们日常生活的行为中显现出来的。

注释

1 有很多专著研究日本的管理指导（如 Shindo, 1992；Shindo, 1984；Yakushiji, 1989）。
2 对于"学业水平测试"，参见堀尾（Horio, 1988：180—87）。
3 这就是为什么在"传统（前工业）"的环境里，单一主导的和文化身份的概念几乎没有任何意义"（Gellner, 1983：12）。
4 以文部省大学升学考试中心的考试为基础，加上 32 万考生和他们的考试成绩的数据库，个体学生能够通过互联网预测自己通过大学升学考试的几率（"互联网提供大学升学考试的几率"，1997）。
5 参见冈野对从学校到职场的移行的研究（Okano, 1993）。

第五章　静默之教：学生冷淡的社会心理学

文部省应该培养和让学生掌握独立思考的技能。文部省的不公正态度和无趣创造了一国的无趣的国民。

——一位 21 岁的日本女大学生

当学习变成单调的训练，当学习变成纯粹的考试准备，当课堂参与让位于仪式性检阅，当考试变成教义问答，当重要的考试琐碎化为了问答比赛，当学术变成文凭主义，会发生什么呢？知识被分割成大量的信息碎片，这些碎片仅仅适用于填写答题纸，填写表格，向官方权威证实个体已经经历了消化大量信息的痛苦的洗礼。对来自低层次大学的大量日本学生来说，教育经历不仅单调乏味，而且使人不安、痛苦和烦恼。

在这一章里，我探索了国家/资本的联结过度在大学前阶段催生的个体的社会心理机制。这里必须强调的是，这种过度的压力并非所有学校的所有学生都经历过。我的意图不是想证明，所有学生都养成了反学校教育的负面态度。但是，我在高校里遇见的冷淡，其程度之深必须被解释清楚。在这一章里，我把分析集中在大量日本学生的学习风格是如何为日本考试导向的学校教育所塑造的。我还会简单地分析学校教育如何在个体的生命周期里发挥纪律控制阶段的功能。

凝视和指导的结果

上一章研究的凝视和指导的规训性结果是什么？最近，日本媒体开始直指低年级的"课堂崩坏"。在这些课堂里，即使最富有经验的老师也无法让年轻人安静地坐下来。他们随意离开教室,攻击其他人。教室活动常常中断,因为学生的走动、互相交头接耳或不服从指挥。一个报告说,79 位教师中有 13 位(8 位小学教师和 5 位中学教师)认为他们自己的课堂完全崩坏。另有 22 位报告说,他们知道本校存在课堂崩坏的现象。在 66 位没有经历过课堂完全崩坏的教师中,半数的老师说,他们害怕将来自己的课堂也会崩坏("学校纪律崩溃:专门集中谈论课堂混乱",1999)。[1] 没有约束的学生"在课堂上谈话,当教师讲话时拒绝安静地听讲,甚至做出突然走动或站到课桌上的举动。他们还容易烦恼。比如,当分发印刷材料时,一位坐在后排的孩子等不及了,就开始叫喊"(Kobayashi,1998b)。"脆弱"是常常被用来描绘孩子的一个词语。日本中央教育审议会的木村勉说,"日本孩子看起来无精打采的。他们的缺点是不能控制自己的感情,容易被伤害"("心灵教育",1998)。

当他们长大后,常常用 kireru(突然发作)来描述自己突然发脾气和对他人发泄。一位心理咨询师说,"老师提问,然后学生回答'我不知道'或无话可说,这样的反应应该被看做是无言的抵抗"(Kobayashi,1998b)。[2] 实际上,"不说话是一种生存技能"(Yoneyama,1999:69)。[3] "学生们常常感到受愚弄。他们拥有的教育体系把他们逼进体系里,但在体系内他们没有任何选择权,也没有参与投入。他们常常被教会需要思考的东西,而不是如何独立思考。"("教育改良不是没有希望",1998)。精神压力、考试制度体系和妈妈们都应该为这个问题负责(Furusawa 和 Mitsuda,1999)。

《教学设计》是一本面向教师的杂志。它的编辑上条春男(Haruo Kamijo)说,课堂崩坏"是全国性的现象,并呈现增加趋势"。它有可能从小学一年级的第一学期开始,尽管有报道说,某些幼儿园的课堂也失去了控制。有些人把这问题看作是"拒绝成为课堂一部分"。但是,有从教经历的记者荻原直村(Naoki Ogi)认为这个观点容易引起误解:"我认为,首先是没有课堂存在。过去的十月份,在学期开始六个月后,[1]我们观察到一些课堂,这些课堂的学生仍然不知道上课铃响后他们应该坐下……他们中的一些人(学生)视我们(教师)为便利店的雇员。"一位观察者说,"现在,父母真不知道如何与别人打交道,这可能成为孩子课堂行为的影响因素"(Kobayashi,1998b)。一篇社论说在中小学校里"正像《黑板丛林》[2]描写的高中一样,日本现在面临着令人担心的纪律崩溃"("日本和《黑板丛林》",1999)。这有点夸张,但是它确实显示出了一个教育问

---

① 日本学校的新学年从 4 月 1 日开始。——译者注
② 《黑板丛林》是 20 世纪 50 年代的一部美国电影,主题是师生对立。在这部电影中,"校园暴力"首次成为好莱坞电影讨论的话题。电影讲述了本来应该用来传道授业的校园变成了充满暴力的原始丛林的故事。——译者注

题。该问题一直延续到大学,就像我们看到的那样。尽管课堂崩坏在大学里的扩散程度如何尚存异议,但是无论如何,有些日本学生无规则、粗鲁、无纪律和行为野蛮,与海外媒体中描写的日本教育的理想情况完全相反。许多学生未必尽心尽力去学习:"高年级学生要么因为厌烦而睡觉、看漫画书或交头接耳聊天,要么因为紧张而不能以本已知道正确的礼貌和尊敬的方式行事,要么两者兼具。有些高年级学生为强迫性社会参与而感到特别恼怒、泄气和异化。"(George,1995:59)一位在日本女子高中任教的外国人为学生的动机水平之低而吃惊:"当他五年前第一次来这儿的时候,他发现学生来上课不带课本。"现在,他们"有约在身"(Kobayahsi,1998c)。一些学生仅仅是不想上课(Yoneyama,1999)。一位学生说,"问题在于,他们不知道如何表达自己。他们也是人,他们不去上课的原因是不能忍受我们生活于其中的腐朽社会和腐朽的学校教育制度体系"。而且,"我讨厌那些用分数判断我们的老师,尤其是那些仅仅把注意力集中到平均分以上的学生的老师"。一位女学生说,她的很多朋友都"直接无视老师的存在"("几个坏鸡蛋未必搞坏整个教室",1998)。

学生冷淡的社会心理学

要分清寡言少语、不情愿、固执和抵抗之间的区别并不总是很容易的事情。但是,最让我受挫的经历是,当我提问时,大学生拒绝回答,或者常常以别人听不见的方式来回答。当我私下里问那些和我已经很熟悉的大学生,为什么他们会"假装不知道",为什么不在课堂上回答问题,或者拒绝说话,他们通常会说"我们害怕犯错误","我见到教师就害怕","思考太难了","我过于神经紧张了","我感到紧张不安"。其他学生解释说,在教室之中是"特别紧张的状况"或者有一种"奇怪的氛围"。有些学生会对在课堂上回答问题的同学反感:"一个回答问题的人不是让别人愉快的人";"回答问题的学生厚颜无耻"。一位学生说,"我很后悔,我知道答案但没有回答"。他们还说,他们非常担心如果自己回答了,别的学生会说他们在炫耀(或者自己会感到窘迫,如果自己的答案是错误的)。我很快就知道了,当赞扬学生的学习时,要分外小心。每当我这样做时,他们就会畏缩不前。他们明显意识到其他学生可能因此看轻、嘲笑甚至欺负他们。非常有趣的是,一位学生告诉我"我们害怕优秀的人"。尽管对此可以解释为"学生之间一致性的舆论压力过重"。

但是,对于他们不愿意说话的原因,最通常的解释是,他们"内向"和害怕"与众不同":"我不想因犯错误而与众不同","我们害怕在公众场合讲话"。[4] 对于"内向",我的理解是,一些学生对自己的能力没有什么自信,以至于难为情和感到不如其他学生。但是,"害怕与众不同"的解释具有讽刺性。因为我从未听到过,尽管有些学生被老师点到名字时会盯着老师不作任何回答,而事实上,这些行为看起来愚蠢,并会惹恼高动机的学生和浪费时间,因而让该类学生"与众不同",但是这些学生从不担心此类行为的"与众不同"。内向和害怕"与众不同"不是行为的真正原因,解释学生的行为还需要另外寻找原因。

两类学习风格

本部分以一个思想实验开始。给一群人一张地图,把他们分成两组。组 A 被告知去学习地图,然后将测验他们对地图坐标的掌握程度,并要求尽可能精确地再现坐标。组 B 也被告知去学习地图,但要求他们写一篇关于地图呈现的地形的论文。现在,请仔细想一想,两组将会使用什么样的不同策略。组 A 的成员可能集中于地图的坐标或坐标点,而忽略没有被坐标呈现的地区。组 B 的成员尽管不会忽视坐标,但可能尝试去学习坐标间的地区的知识,为了在描述地图时有足够的智力材料可用。

这个类比的目的是让大家注意两类不同的学习或知识获取的策略。这两类策略我们都会根据自己的目的而使用。我把组 A 的学习风格叫做"闭合知识",把组 B 的学习风格叫做"开放知识"。我的观点是,日本学生接受了更多的闭合知识的训练,被元课程所社会化,与教育、学校教育和班级实践联系起来。元课程让学生认为知识本身没有价值或不是目的,而是朝向通过考试和确保就业的一个步骤。为了在"考试体系中获得好成绩,日本学生对顺从和无批判有既定的兴趣"(Yoneyama,1999:146)。学校教育不是学习,而是一种为了考试的专门训练。这样,考试不是学校教育的一部分,而是学校教育的目标。就像堀尾指出的那样,

在考试中,快速反应的能力是智力优秀的一种表现。然而,这种能力以记忆能力和反应速度为中心。记忆能力和反应能力仅仅是广泛的人类能力的一部分。当这些能力被过分强调时,结果就是人们缺少创造性和好奇心(1988:305)。

另一位观察者说,"甚至在得到鼓励激发时,学生的提问也非常少,在日本的高中里,好奇心、清晰性和观点表达仍然不是教育的一部分"(George,1995:19)。"问题在于,学生没有被训练去表达他们的观点。有时候,他们被告知不表达观点是明智的。他们觉得与别人不一致很困难"("开发辩论能力",1998),尽管观点相同可能是一个非常不舒服的经历。一位能讲英语的学生害怕如果他用英语说些什么,别的学生会认为他在炫耀:"这个男孩认为,如果他在班里公开表达自己的观点,这有可能使他被孤立。"("害怕与众不同的习惯必须改变,一位教授在朗文研讨会上说",1997)

这里有必要强调一下,闭合知识和开放知识的获取策略不是互相排斥的,而是一个认知过程的不同侧面。所以,任何学习行为都要同时使用两者。还要强调的一点是,学生们能够和确实在使用开放知识获取策略(特别是不在教室里的时候)。但是,由于正式学校教育体系中的某种训练和强大的感情联结,他们形成了高度的依靠闭合知识策略的倾向。换句话说,对闭合知识策略的依赖具有文脉性,即使用在教室里和考试中。对于学生来说,更为具体和重要的是,闭合知识策略运用在考试的准备和实际参加中。进入名牌大学的学生精心计算出如何去利用闭合知识策略和教育-考试制度体系,以对自己最有利。但是,因为一系列的原因——缺乏记忆能力、不感兴趣、冷淡——相当多的学生不能或不去利用这种制度体系要求的思维策略(图5.1)。

图5.1 知识获取的模式

闭合的	←------ 知识获取 ------→	开放的
碎片化信息		有关联的信息
"填空"		"写句子"
分散的事实		相关的事实
生成公式		形成模式
创建列表		创建网络
图上的"点"		图上的"面"
具体化		抽象化
训练		学习
如何反应		如何思考
"记忆"		"批判性思考"
任意事实		关联事实
目标:再生产知识		目标:操纵知识

当然，所有国家的学生为了参加和通过考试都必须学习，但是在这些国家里，学习的目标一般是通向考试之外的别处。可是，在日本整个学习的核心似乎就是为了考试，只有那些容易和很方便地被测量的知识才得到重视。闭合知识获取策略既是教学方法，也是某种教学方法的产品，这些教育方法完全为国家主义和资本主义的利益所控制。它既是学校教育经历的手段也是目的，既是"如何做"也是"做的目标"。驱动闭合知识获取学习风格占据主导地位的是"能力的官方意识形态"（Horio, 1988: 338）。这应该被描述为"单向学术能力的美化"。这种"能力主义"已经成为歧视的基本原理（Horio, 1988: 324）。"在这种形式里，在观念形态上，官方的能力建构已经和考试体系结合在一起，而学校教育已经被简化为分配人类能力和素养的机构"（Horio, 1988: 356）。这种体制的影响深远："为了实现适合工业需要的能力发展目标，政府政策寻找进入日本人民生活内部的入口，并把所有人类价值都化为劳动力资源。"（Horio, 1988: 337）

有些大学在入学考试中使用小论文作为考试方式。最近，有些教育者强调更多地使用开放知识考试形式的重要性。但是，日本的政治-经济精英喜欢闭合知识考试的影响，因为闭合知识考试更容易标示和处理大量学生在教育-考试体制中的不同的行进过程。检查和修正开放知识考试的结果要花费太长时间，而且过于复杂。从日本政治-经济精英的视点来看，在选拔最聪明学生的过程中，闭合知识获得策略的考试是最为理性化的、方便的、公正的、平等的。但是，它的结果对开放的或创造性的真正的学习有害。

驱使学生变得冷淡的社会心理动力机制

为了理解许多日本学生的心理机制和学习风格，需要注意日本学校文化的两个侧面，这两个侧面为日本政治-经济环境所建构。第一个侧面是对用于考试目的的闭合知识获得风格的强调，最终导致学生动机下降和冷淡，它反过来成为真正的学习的阻碍。因此，没有为批判性和探索性思维提供足够的时间，一个学习缺陷被纵容发展。当谈论学生时，"学生不能独立思考"从教授们那儿听到的最为普通的评论。甚至在大学前的教育阶段，学生也被称为"没主体"（缺乏主观性）："冷淡的、被动的、无聊的、低能量的、不愿思考或做决断以及主动行为的。"（Yoneyama, 1999: 9）因为有些学生没有被教育为了学习而学习，所以他们尽管高中毕业却没有养成良好的学习习惯。归根结底,不是所有的学习都要和通过考试捆绑在一起。这一点常常被忽视,造成个人智力发展上的严重缺陷。如果在学习过程中,年轻的心灵不被允许在一定程度上闲情漫步,它们就不能够发现通向知识王国的不同路径。不被允许偏离"学习课程"(学习指导要领)和发现自己的能力,学生对自己的能力失去了信心,获得了令人心烦的被动性。尽管从班级管理的角度来说,这种被动性有好处,但是它对批判性思维却是灾难性的打击。如果智力漫步得不到鼓励,学习就不叫做学习了。"教育的本来含义是培育和滋养人类的所有可能性,但是颇具讽刺意义地,现在却转化为大大缩减这种可能性的范围的工具。"(Horio, 1988:322)

日本学校文化值得提及的第二个侧面是它教育学生"融入"和"从众"。这相应地决定了行为中的"过度自我监控"的社会心理机制。[5] 每一个人都在自我监视。演员、说谎者、江湖医生、诈骗者、神经紧张的男性求婚者是自我监视尤甚的例子。然而,如果过于极端化,自我监视有可能变为学习的阻碍。

在日本,自我监视本身是社会凝视(世间)内化的过程。它与被权威人物(如父母、教师、其他学校官员、未来的雇主)注视的社会化经历相联系。用一位学生的话来说,世间是"无形陌生人的世界"。用另一位学生的话来说,"世间是无形的,但它管理人民"。对于相当多的人来说,世间与在学校和公司被仔细地注视的状态,避开不良行为、谣言和流言蜚语以及"常识"(常识承载强烈的道德色彩,是关于适当行为的知识)相联系。一些学生向我诉说"世间的严格性"。一位学生说"世间让我思考'我想知道别人怎么看我'。"一些年轻妇女把世间与逼迫结婚的压力联系在一起。另外一些人把它与成为"日本人"联系起来:因为世间的原因,"我们日本人没有个性"。用一位学生的话来说,世间意味着"关于别人怎么看你和你自己怎么看你自己"。不管这些世间的描述如何具有直观性,我们不要忘记,世间的最终的源泉是经济民族国家主义和实施它的诸多项目的社会结构。从学生的观点来看,虽然自我表达总是一定程度地被控制,但是在学生俱乐部活动、欢庆节日、体育运动和其他教室外的活动中,自我表达允许和容忍多彩多姿。

为什么过度的自我监视变得如此明显?在自我表达方面,学生真的缺乏经验和练习吗?当然不是。但是,学校文化已经构建了一种隐性课程,它虽然没有完全消灭自我表达,但是却鼓励太多的自我监视。"统合'个人进入政体'需要至少同时在两个方面得到理解:让下属说不出话——把他们压迫至哑;主动获取下属的同意。"(Corrigan 和 Sayer, 1985:198)自我监视占据了主导地位,因为一种隐形教育纲领控制着学生,告诉他们犯错是不被允许的。一般不允许学生犯错误的经常是父母和社会。学生很敏感地察觉到这种思维。过分自我监视不是教育学的问题,而是政治问题,根植于日本国家主义和资本主义结构的课程体系之中,这种课程主要是社会化学生,使之成为高效的工人(成为学习者是次要目标)。但是在教室里,过度自我监视影响学术能力,因为它不鼓励智力探索、接受批判的勇气、来自他人的有价值的反馈和包容不同观点的自信。学生被训练对行为和话语进行不断的自我检查,以至于达到习惯性地自我盘问的程度。

  过度自我监视在感情上要求苛刻,它的苦涩的果实是动机下降、士气低落和冷淡。不管怎么说,学习的基本前提是动机。如果动机缺失,学习不可能发生。在一个"效率高动机低"的学校教育制度体系里,这种现象并不令人吃惊。因为学生在教室里已经泄气了,学习变成了沉重的、无趣的任务,课堂参与成为痛苦。问题不在于学生缺少能力,而是学生不善于学习。背后的原因不是能力而是态度,不是智能而是对学术感情上的拒绝。置身于教室是如此令人厌烦,以至于学生只学习最少的东西,或者他们认为能让老师满意的东西。学生们喜欢的最后一件事在教室里也受到挑战。学习在某个方面被仪式化,甚至是戏剧化了。"只要我上课时间达到最低要求,我就能够通过考试",或者,"只要我参加考试,教师就会让我通过而不管我考得如何差劲",或者"只要我上交作业,不管我做得如何差劲,教师总会给我及格的分数"。教授常常把学生描写成懒惰的、心不在焉的、暮气沉沉的、无精打采的、漠不关心的。一些同事注意到,学生们尽管坐在教室里,但就是不听教师讲课。

  这两个侧面构成了学生冷淡的社会心理互动机制——强调闭合知识获得和过度自我监视——对学生的学习构成了压倒性的双重打击。这两个方面互相强化和互相支持,创造出一个恶性循环,这个恶性循环建构了被动性和顺从,二者在高等教育层次不断积聚(参见图5.2)。

  理解许多日本学生在教室中的沉默和屡被关注的被动性的最好方法是,理解他们如何被社会化,只专注闭合知识学习风格和过度自我监视自己的行为。下面,我将详细说明上面提及的一些观点。

图 5.2 驱使学生变得冷淡的社会心理机制

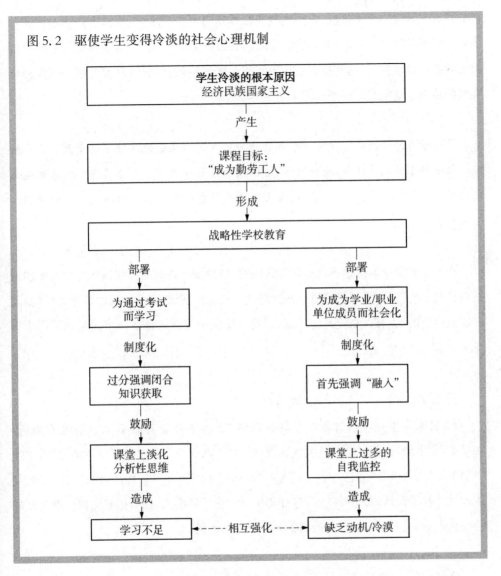

日本学生的认知风格：对考试中心的教育体制的反应

过分强调闭合知识学习产生了一个明确的学习风格。图 5.2 列出了一些核心词语，概括了日本学生的学习风格和思维习惯的特征。这些特征不仅常为非日本人教育者，也为日本人教育者所引用。当然，这些特征不可能在所有时刻适用于所有学生。在不同高校之间，一定会有一些变化；在个人之间，一定会存在一些例外。而且，这些特征具有文脉性。也就是说,它们在教室里体现得最为显著。另外,也必须考虑到其他一些因素,比如年龄、性别和地区。不过,在最一般的意义上,这些特征似乎具有较大的效度。总而言之,这些特征是社会经济制度建构教育过程,并形成强力的系列化实践的结果。这些实践逐渐耗竭了学生的学术激情:

> 学校教育的效果是它改变一个人的能力的方式以及它做这件事的**意愿**。这个效果不仅依赖于该人学什么,或如何学,还依赖于他**为什么**学。这是区分学校教育是真正的教育,还是仅仅是一个给证书、发文凭的赋予资格的过场(Dore,1976:8;加粗为原文所加)。

在列出和简单地描述了日本学生认知的主要特征,再加上一些我认为与当前的讨论有关的其他特征之后,我提供一些针对这些特征的解释,既有严肃的也有虚假的,既有貌似可信的,也有大众流行的。最后,我以提供一些这些特征产生的基本原因作为结尾。

日本学生的认知风格的主要特征

1. 日本学生在学习过程中呈现被动性,扮演了接受者而不是主动者的角色。在日本,学生的角色就是去听、吸收和保持信息。就像很多日本同事所说的那样,学生习惯于被"用勺子喂"信息。学习变成了"被动的知识或技术再生产,而这些已经被其他人设计好了"(Horio 1988:3),这样学生就误会了标准的目的,把它们视作没有目的的任意规则,而不是目标指向的事物。一位观察者说,

> 他们学会了很好地倾听和快速思考,但不是表达他们的观点。发言和写作都没有得到鼓励。推断、辩论、解释相对主义没有进入教室。思想被以倾向于记忆和客观问题解决的形式来衡量。很少有正式课程对人文艺术类的创造性感兴趣(Rohlen,1983:316)。

一直被观察、被监视、被注视、被放在盘问者/被盘问者的二分空间里,一个人变得被动一点都不奇怪。其结果是,许多学生用负面眼光看待教室。总之,在一些学校,学生被社会化以适应"沉默的教育"。[6]"日本的教育被设计为让学生变得沉默","日本学

生中的异化现象更可能以负面形式出现,如缺席、沉默、不执行。对于日本学生来说,能说会道和能够到学校上课与学校存在的前提相矛盾"(Yoneyama, 1999: 86)。

"被动性"是另一个时常听到的关于日本学生的词语。但是像"内向"一样,它有可能把人引入歧途。被动是主动(不需要刺激而行动)的对立面,通常意味着,如果不被要求,就不行动或不参与。被动的学生看起来有点缺乏动机,但是实际上他们有一定程度的反应性,有时候他们需要的是参与学习过程的邀请。不过在日本,性质远超"被动性"的问题学生不在少数,他们是如此缺少动机,以至于对他们来说,最好的描述是无反应性。也就是说,他们拒绝反应或参与课堂,无视提问和请求。

2. 日本学生喜欢机械记忆。如果面对的知识为不容易记忆的、非刻板正规的、缺乏清晰外在形态的事实,好像会感到特别不舒服。日本学生在国际测量中的成绩一直很好,他们在考试中也表现突出,这不值得大惊小怪,因为在某种意义上,这正是他们被训练去做的事情。[7]

但如果测量去评价下面的内容,比如说,作出结论的能力、从事实中进行抽象的能力、把抽象连接起来的能力、组织思想成文的能力、用另一种语言表达自己的能力,或提问的能力,测量就会揭示出日本教育制度体系的缺陷所在(van Wolferen, 1989: 83)。

虽然有些日本教育的赞扬者认为,全面记忆事实能够确保信息深深地扎根在学生的心里,但是这种记忆强调的是有限的、界限明晰的、描述清楚的知识碎片,而不是可比较的、可对照的、与其他知识领域互相联系的知识。"对所学知识进行思考得不到推奖,仅仅知道这些知识就够了。"(Cutts, 1997: 48)

过度强调记忆对高等教育有害。在教室里,学生很难进行推理、辩论、推测、联结、演绎、假设、下结论、猜测,也难以忍受模糊性。一位同事说,在他任教的英语课堂上,他让学生发言,虽然他反复告诉学生要准备但不要背诵发言,但他们总是背诵为了发言而准备的小论文。就像自动马达一样,他们会说出来,但是并没有意识到机械地从口中发出来的词语的意义。我的同事注意到,当一位学生发言时,学生们(发言者的同学)畏缩地围着写就的书面发言稿,紧张地阅读发言稿,检查发言与发言稿的一致性。我的同事说,不管他如何解释发言的目的(练习在公共场合自发地说话),学生们就是不能改掉已经深入骨髓的记忆习惯,一直不能把握这项练习的核心点。

3. 日本学生存在自我表达的困难。"内向"常常被作为学生不能或不愿意自我表达的借口。在一个推崇谦逊和自制文化的社会里,这个描述似乎有道理。但是,学生之所以如此行为是因为他们"内向"的解释正是在日本普遍流行的"神话观点"中的一个。其他类似的文化故事有,比如,"日本具有文化同质性"、"日本是一个小国"、"日本与其他国家不同,是单一语言国家"。像其他"神话观点"一样,广泛流传的"内向学生"观点确实有一丝符合真实之处。大部分学生(不是全部)可能相对比较高冷,至少与北美学生相比是如此(常常是北美教师做这样的比较)。但是,"内向学生"的观点还包含大量的误解、误导和被歪曲的思维。

许多教师,尤其是非日本人教师,常常把高冷(或沉默)与勉强(或反抗)混为一谈。换句话说,他们把无反应和勉强的人认作具有反应性和宜人性。一个人可能既高冷,也具有反应性、宜人性和行为礼貌,这是日本礼貌规范的理想典型。但是,一部分日本学生把谦逊的定义扩展至在大学课堂里保持令人不快的沉默。在大学课堂里,所有人都是平等的,他们应该自我表达。"内向"状态不应该包括忽视学习、不上课、打断教师讲话、嘲笑教师。[8] 对于有些学生来说,沉默已经转化为攻击性反抗。这样的行为不是来自于过多的应为方式训练,它们来自于一种恐惧。他们害怕在别人面前展示真实的自己会给自己带来危险。在最根本上,这种现象是政治问题,而不是教育问题。图 5.3 说明了高冷、谦逊、安静与无反应、沉默、(有时候为)特别粗鲁之间的不同。

图 5.3 反应性/宜人性和无反应性/抵抗性的连续体

反应性/宜人性   **无反应性/抵抗性**

高冷 ◄------- 沉默 -------- 勉强 -------- 反抗 -------► 粗鲁

这个连续体与经常听到的乐观/悲观的二分类相一致。乐观的内在含义有:协作的、激情的、投入的、愿意参与的、对其他人感兴趣的、反应性(参考服从、温顺的含义)。悲观的表面意思是"阴沉",内在含义有:不协作的、无激情的、意气消沉的、疏远的、对他人不感兴趣的、无反应性。

消极反应这个现象在很多次调查中都出现过,如果有一个词能够准确反映消极反应的含义,那么这个词一定是 hikkomi-jian(腼腆、孤僻、勉强、迟疑、内向)。就字面意思理解,它意味着"退入个人的思维世界",被定义为"不能在别人面前积极行为的性格或态度"(Matsumura, 1988：2,036)。用一位女学生的话来说,它意味着"内向和害怕"。当我问及"他们害怕什么",我被告知：

实际上,我也不能确定。但是,"害怕"这个词与 hikkomi-jian 的形象相符合。我可以想象出他们害怕的可能原因：害怕犯错误,害怕在班里过于与众不同,害怕被直视,害怕被听到,害怕行为失当。总之,他们害怕与他们有关的某些事情出错而被注意到。

4. 日本学生不喜欢与众不同。 当然,事实并不总是如此。当描述日本社会时,这已经变成了文化习语("出头的钉子被锤子砸")。应该注意到,确实在某些场合,学生把与众不同看得很重要。但一般来说,在被社会化要沉默之后,日本学生尽可能努力去融入身边的群体。他们受到的教育要求维护"一致性"。这个一致性是一剂强力的文化处方,它由令人窒息的"平等主义"(即标准化)和"差异即偏差"的观点所驱动。正如矢山所说,文部省相信,任何人都没有他/她个人的兴趣和观点(Yayama, 1993：219)。

有些孩子擅长数学,有些孩子擅长体育和音乐。在大部分场合,校园霸凌、学校暴力和班级崩坏源自所有孩子都相同的前提假设……我们必须清洗战后"平等主义"的残余,这在我们的学校教育制度体系中随处可见("教育使日本落后",1999)。

有人说,这种平等主义的思维带来了"个性的缺失"(Yayama, 1993：217)。这里要注意文部大臣町村(Machimura)的观点,他相信学校应该促进每一名学生的潜能的发展。他警告说,平等追求"已经过头了"("町村警告自由太多",1998)。从大部分学生的角度来看,那些回答问题、积极发言和主动参与到课堂教学中的学生将被蔑视,因为他们引起了教室里的其他学生间的"不和谐"。其他学生更喜欢沉默,有时候还难以管教。虽然有时候被问及个人观点、个体领悟、原创思想,但是来自同伴的压力阻碍了他们说出这些。"从众压力并不仅仅自上而下,更多的是来自下方(来自同班同学)。这使得学生只要停留在学校高墙之内,就不可能避免成为'与其他人一样的人'或抵抗成为'普通人'。"(Yoneyama, 1999：181)

5. **日本学生似乎喜欢"二者择一"的考试形式**。这个特点与上述第二点罗列的他们喜欢容易记忆的事实有关联。事实要么对要么错,或真或假。因为必然存在一个明确的正确答案,所以多项选择题成为最受欢迎的考试形式。小论文、学期论文和解释说明等考试形式,由于没有按照"要么/要么"的形式,似乎让学生感到压力很大。还需要一提的是,在日本的教育制度体系里,写作练习见不到。因为偏向于使用客观性考试,它们似乎发挥不了很大作用。"要么/要么"考试形式鼓励学生针对问题,提供最低限和简单的反应,不鼓励花费大量时间在一个想法上或反应的独创性上。下面是一个大学的实际升学面试考试场面的节录:

问题:请谈谈对日本的认识。

答案:日本有富士山。

问题:对于东京,你都知道哪些东西?

答案:它有很多电车和公共汽车。

问题:你为什么想去澳大利亚?

答案:去看考拉熊。

问题:你怎么看美国?美国人?

答案:它很大。美国人有枪。美国人体格高大。美国人有游泳池和棒球场。

对于很多学生来说,与"要么/要么"方式相关的感觉是,只有很小的空间允许多样的数据解读、中立的方法路径,或者至少对一个问题的多侧面的分析。学生面对的问题常常不仅是通过客观调查得来的信息,还有社会关注的问题,而它需要价值判断。因此,历史人物或新闻中的人物常常被简单地断定为"好"或"坏"。名人的性格或独特的侧面常常被淡化,或者说几乎不允许带有细微差别的不同解释。

6. **日本学生常常对抽象缺乏关注**。确实,他们为什么要对抽象分析和模式认知感兴趣?他们已经被教育和被社会化,认为只有一个正确答案。因此,他们期望教育者提供给他们非常具体、特定类型的信息,而不是宽泛的、可以适用于不同场合的概念。在教室内(在教室之外,学生重新被激活),学生很难操纵、再述和总结信息。根据文部省实施的一项学术测量的结果来看,"在试卷的推理和表达部分,中等学校的学生的分数特别低"("研究:学生被教给记忆固定的知识模式,不擅长回答测量推理能力的问题",1997)。

7. 日本学生对考试高度关注。学生必须关注考试,因为所有的人生发展在很大程度上都依赖考试中的表现。鉴于我迄今为止的分析方向,提及学生对考试的关注多少显得有点多余。总之,整个教育制度体系就是由一系列考试构成的。这些考试就像跨栏,学生必须成功跨越并移到更高的等级去。竞争非常惨烈,几乎没有第二次机会。

为什么日本学生会是这样:偏颇和虚假解释

上述的思维习惯怎样才能被合理解释?这里,我将列出日本学生之所以拥有上述特征的几种解释。这些解释经常出现在媒体上、流行文章里和学术文献里。就像我们将要看到的那样,其中的很多解释仅仅具有部分合理性,不能完全解释许多日本学生身上出现的认知风格。而且,这些特征是一些更为基本的因素作用的产物。这些因素根植于政治-经济结构中。我下面列出了一些理论,这些理论解释日本学生为什么会是这个样子。在这个意义上,我列出的这些理论仅能被看作是一些虚假解释。

1. 有关许多日本学生拥有特定知识加工习惯的最普通的解释可能是,他们在机械记忆上花费了大量时间。

反驳:尽管机械记忆鼓励某种知识加工类型,但是在这个解释中,更宽泛的学习环境没有得到分析,而它在解释学习风格时不能够被忽视:学生最终记忆了大量信息,因为这是应对他们必须参加的考试的最有效的方法。

日本升学考试强调掌握科学原理和事实、数学逻辑、大量社会科学资料,以及具备最低限的语言技能和在巨大压力下气定神闲的能力。考试问题是简短回答/客观题型。在答案的"对"与"错"上,公立学校体系和补习学校之间存在高度一致性。人文相对主义在整个教育过程中都被忘记了(Rohlen, 1977: 210)[9]。

2. 与机械记忆理论相关的主题是,因为花费了大量时间来掌握日语中的汉字,学生容易把所有学习都简单地看成记忆。

反驳:这个理论好像根植于一个西方色彩浓厚的假设之上。该假设认为,因为与西方拼音文字相比,日语中有更多的书写元素,因此日语的书写体系对学生而言形成特殊的问题。[10] 这个问题如此严重,以至于其他科目的学习策略也被歪曲。但是,掌握大量汉字在一定程度上会伤害所有学习似乎是缺乏证据的假设。确实,如果这个主张包含一点真实在内的话,那么需要掌握更多汉字的中国学生,将永远无法完成学校教育。

3. **课堂是教师中心的**。信息流是单向的,从教师到学生。学生没有一点疑问,从教师那儿全盘接受知识。这鼓励学生的被动性,而不鼓励更主动的、学生中心的教学形式。确实,"在日本学校里,学生对教师犯下的罪行是提问、呈现不同的观点、解释个人立场的行为。所有这些行为都被认为是'回嘴'和反叛行为"(Yoneyama, 1999: 113)。

反驳:虽然不能否认年复一年的教师中心的课堂对日本学生有影响,但是这个解释是不完整的,因为没有解释为什么课堂是教师中心的(参见第三章和第四章)。

4. **教师/学生关系是等级制的**。这一点与上面刚刚分析过的那一点有关系。作为上级,教师不仅仅被置于班级社会互动的中心,他们还被置于等级制的最高点。很显然,教师不仅仅是教育者,他或她是需要学生尊重和顺从的教师。确实,日本存在很强的传统,不鼓励学生质疑指导老师。这样学生就不被鼓励主动参与和探索技能。这样一来,教师的言语就被视作不受质疑的真理。

反驳:根据我自己的观察,对教师/学生等级关系描绘的流行画像相当理念化和夸张。[11] 然而,值得指出的是,在日本,不考虑给予教师的上级的地位,师生关系还应该包含信任和忠诚的感情纽带,这是二者一生关系的基础。这样的感情因素能够软化等级制的教师/学生关系的线条分明的棱角。

有些教师向我指出过,感情化教师/学生关系是建立对学生的控制的方式。如果学生感到他们与一位教师之间存在感情上的纽带,他们就更不容易行为不良。同时,这样的感情纽带还能够让学生接受教师的温情。确实,从对我自己在大学所教科目评价的反思中,我得知很多学生评价老师是根据老师和蔼可亲的程度,而与他们是否是高效的教育者无关。

5. **课堂是授课为中心的**。相应地,留给讨论、观点共享、对课堂的自发贡献的时间就很少。其结果是不仅培养出了被动性的学生,还培养出了这样的个体——他们没有受到足够的自我表达和形成自洽性议论的训练。这就生出了一些常见的问题:"为什么学生不能够静静地、认真地听别人讲不得不讲的知识?为什么他们不能用语言准确地表达他们的感情?"("摘要",1998)

反驳:在班级环境里,授课中心的教学是影响因素,它对学生的学习习惯有影响,但是还不足以作为解释它的原因。它不能解释日本学生对学习的基本态度,也不能解释为什么日本教师采取授课中心的教学方式(参见第三章和第四章)。

6. **另一个语言学的解释是日本语言具有某种独特性,它与"独特的日本文化"的理论体系相联系**。与日本文化一样,日本语言与其他语言(尤其是西方语言)不同,它不具有"分析性"和"逻辑性"。因此日本人很难获得,或者至少表达,依靠分析方法的思想。尽管它们善于表达虚空和感人的情绪,但是却不熟于辩论和争论。日本语言缺乏直接性、明确性和逻辑结构,虽然不直接、迂回、感情的细微差别是美妙但神秘的语言的美学特征。

反驳:"非逻辑性日本语言"理论的问题在于,它根本不符合事实。日语完全不是比其他语言更"独特"或"缺少逻辑性"。与其他语言一样,日语是一种特别灵活的社会交流工具,可用来表达无限多的意义,既包括逻辑性的,也包括非逻辑性的。而且,另一个有关"非逻辑性日本语言"理论的问题(与日本人如何思维相关)是,不管怎么说,日本学生以数学和科学能力强而著称于世,这些领域要求高度精确性和分析方法。

7. **另一个对日本存在某种独特学习风格的解释是日本是"内向"的民族**。

反驳:这是把结果和原因、描述和解释混淆的典型例子。内向,作为日本"耻辱文化"的一部分,常常与"民族性"的观点相联系。关键在于,沉默的学生不单是"内向"。另外,就像上面已经解释的那样,不管这个解释正确与否,仅仅这一个理论不能解释典型的日本课堂里存在的所有独特的认知风格。

8. 日本老师同样（至少不亚于其他国家的老师）对学生的个性和性格感兴趣，就像对学生的智力、分析能力和创造潜能感兴趣一样。被日本老师用来描述学生的最多的词句是乐观、协作、善待他人、尊敬长者、勤奋、坚韧和健康。这些关注点构建了一个隐性课程，这个课程鼓励学生让自己以勤奋而不是高智力、努力工作而不是有天分的形象出现在世人面前。这个课程传递给学生的信息似乎是，你的社会性格与你在学校里学到的知识如果不是更重要，那也至少是同等重要的。在考试中，这个隐性课程教给学生的是，重要的不是你从考试中学到的"东西"，而是你"怎样"考试。这就是坚韧和恒心变得重要的原因所在。[12] 一位非日本人的JET（日本交流和教学）项目的参加者说，"我的经历是，他们不怎么强调教育。似乎管理者更感兴趣于培养模范公民，让学生为社会做好准备——未必是进入好的高中或大学，而是在一个连续的阶段里，让他们为生活的下一阶段做准备"(Takagi, 1993)。

反驳：日本学校强调道德性格而不是智力的这个解释包含很多真实成分。但是这个解释无法回答这个问题：为什么日本学生以他们在用的方法去学习知识？所以，我们必须再问：为什么他们强调"性格"而不是智力？

日本学生的认知风格的产生之源

当讨论日本学生何以如此行事之时，时常有一种赘述的感觉。尽管不少日本人可能给出上述虚假解释，但是毫不奇怪的是，另外一些日本人却深知这种独特的知识获得风格根植于日本的教育制度体系之中：他们认为，这个学习风格产生于为政治-经济制度所管控的教育制度体系。该体系过分强调把考试作为淘汰不符合要求的劳动者的手段。与上述模糊的文化主义理论和半瓶子水式的回答不同，这个解释戳中了日本学习风格的根源。如果学习风格的定义已经明确，那么我们应该调查它的历史背景和寻找支持这种学习风格的社会政治环境的特征。

日本现在的教育制度的基础是明治时期奠定的。当时，日本开始了快速的现代化。现代化的内在驱动力是与西方霸权的竞争。第二次世界大战的失败带来美军占领时期的重大改革和教育制度体系中的超级国家原则的清除。然而，日本教育制度体系仍然为国家管理的技术主义的教育观所控制，该教育观与强力的企业利益结合在一起。同时，它还为社会经济的达尔文主义所驱使。文化控制的观点，比如"内向"和对处于权位者的顺从,让那些教育管理者的利益合法化。国家机器、经济利益和社会规范合力培养出服从而高效的工人。记忆力和心理忍耐力是在日本职业社会成功所必需的。为了淘汰那些缺乏记忆能力和心理忍耐力的人,教育制度体系沿着精致的考试机制而建构,发挥着评价和配置个体于社会的适当位置的功能。过分强调记忆的结果是让学生关心:

不是掌握,而是对掌握的资格认定。他确实获得了知识,但是不是为了知识本身而获得知识,不是为了今后在现实生活环境中应用知识而获得知识,而是为了在一次考试中再生知识这个唯一的目的。学习和再生仍然是另外一个目的的手段。这个目的是获得一个资格,该资格是通往一个具有变现价值的工作的通行证,是社会地位,是经济收入。如果教育是学习**做**一份工作,则资格是学习如何**获得**一份工作(Dore,1976:8 加粗为原文所加)。

鉴于日本政治-经济和教育制度的目的,日本学生采取如此方式处理知识信息就一点儿也不令人吃惊。这样一来,"无助于通过考试的任何学习活动都被贬低,对考试成功无关紧要的科目都被贬低"(Dore,1976:61)就一点儿不让人吃惊了。就像在很多典型的日本教室里实际发生的那样,日本学生发展出一种特殊的认知策略,这种策略非常具有理性反应性。他们的学习习惯、预备技巧和学习态度非常适合考试中心的教育制度体系。在日本事实确实如此,仅仅参加考试这件事本身对日本学生理解知识获得和学习的方式就有巨大影响。这是因为环绕考试过程的紧张、害怕和挫折感让学生社会化,使他们相信自己一生中仅有很少的选择机会。所有这些情绪会积累并在臭名昭著的"考试地狱"季里被放大。大学升学考试正是在"考试地狱"季举行。

日本学生的认知策略在特别的课堂实践、教学技巧和学习策略的影响下形成。这些影响因素已经在上面提到过,它们都在起作用,互相强化,建构了某种特定的学习模式。这个知识获得风格未必是以一种显在的方式传授的,它是经过数年的浸润而获得的心理机制。我不是想说,这种认知风格一定适用于很多日本现实。恰恰相反,我认为这种特殊的个人信息管理方式具有环境依存性。换句话说,存在一个特殊的环境,即考试和课堂参与,在这个环境里,这种认知风格容易显示出来。这种思维习惯在何种程度上适用于其他社会环境尚是值得讨论的问题。

作为这一节的总结,这里指出为课堂实践所鼓励的学生认识到的知识的特征。这些特征如下：(1)它是"系列"事实；(2)作为系列列表，它由不同的知识片段构成；(3)存在统一原理和基本模式。这些原理和模式赋予不同的信息片段以目的、整体性格和其他重要意义。但是这些抽象知识与掌握知识列表相比，居于次要地位。知识掌握通过记忆知识列表进行。知识列表要尽可能长而全面。这与堀尾对战前的知识观的总结相一致：

> 琐屑的知识片段被互相孤立化，被看作不同的智力领悟。没有尝试去培养能够统一这个不一致的认识环境的独立思想家。相应地，知识不具有鲜活性，不是日常生活和实践的内在驱动力。知识是抽象出来的，是对某种特定要求和实用主义动机的反应。(Horio, 1988: 98)

过分强调形式化学习，就没有机会在学生中间培养学习可以是快乐体验、为了学习而学习的观念。毕竟，学习的最终目的是就业，而不是学习。这种学习风格导致的单调乏味钝化了学生的学习激情。缺乏来自同伴的缄默的支持，很少有学生展现主动学习的兴趣。[13] 这是因为过分强调"资格获得"的学校教育让教育变得"仪式化，单调烦闷，弥漫着焦虑和厌倦，破坏了好奇心和想象力。总之，学校教育是反教育的"(Dore, 1976: ix)。[14] 那么，到了高等教育阶段，学校教育变成仿真教育也就不足为怪。

学校教育作为控制体制和规训生活周期

许多日本人的生活周期可以划分为三个主要时期：(1)规训时期。在这一阶段，官方凝视高度集中，特别是在幼儿园、小学和中学里。但是其他环境也被国家统治了，比如家庭(例如，"教育妈妈")和其他与国家/社会有某种联系的组织。[15] (2)反规训时期。这一时期，官方凝视相对不集中，特别是在大学生活里(大约37%的学生进入大学，其他的进入职业学校学习)。(3)再规训时期。这一时期，在就业、结婚和养育孩子的成人世界中官方凝视重新高度集中(图5.4)。[16]

当然，这三个时期的周期循环也在其他工业化社会里不同程度地存在着，未必仅仅是日本所独有，尽管在日本，三个时期之间界限分明。然而，这个共通性不应该阻碍我们理解这个周期循环在日本社会里的显著性和独特意义——学生对学习的态度的明显不同。比如，成人和终身教育项目特别少。在规训时期，学生为考试焦虑高度驱动。在反规训时期,学生动机降低,对学习不感兴趣,于是真正的学习活动就徒有空名了(参见第八章)。在再规训时期,他们重新有了高动机,准备好好工作(参见第九章)。

图 5.4　日本学生的规训周期

(1) 规训时期	(2) 反规训时期	(3) 再规训时期
官方凝视高度集中 幼儿园,小学,中学	官方凝视不集中 大学生活	官方凝视再集中 成年生活,就业

规训时期

在这个最初时期,官方对整个规训时期的凝视形塑了主观的/身体化的基础(惯习),其后的时期与此相对照和比较。在学校里,"指导"、道德教育和一套核心价值观结合起来建构了规范的可视性的边界,确保"人间关系"、"常识"和日常仪式与日本国家和公司主导的项目相联系。因此,日常行为、学术活动和职业选择都被罗织到"指导"的控制之下。维持规范的可视性边界的一个行为是"学校秘密报告"(日语原文为内审书)。在"学校秘密报告"中教师记录下他们对学生的看法,描述学生的基本性格。一般说来,学生和他们的父母看不到这些报告。在学生通过教育-考试制度体系的过程中,"学校秘密报告"会被仔细检查。

学生的态度中让我吃惊的一个方面是,他们把道德素质和考试中的表现紧密联系在一起。有些学生抱怨他们的优质学习很少得到赞扬,但是如果他们在学业上表现不佳或没有遵守学校的细枝末节的规则,却总是得到批评。一位老师说,学生"拼命吸引老师的注意"。"管理主义是不正常的一种情形,它阻碍独立和自治精神的成长"(Yayama, 1993:217)。

罗伦(Rohlen, 1983:316)认为,"日本学校传授按键反应式的时空感,这未必不像军队"。但是,不是所有学校都是功能良好的模范教育机构,里面是一群举止得体、顺从、守规矩、急切地等待接受教育的孩子,有些学校特别混乱。但是,即使在这些学校里,学生的经历——至少在某种程度上——也是规范他们行为的社会化力量。社会语言实践和典礼的重复与详尽规则化一起起作用,产生仪式化的身体和心理。这些实践确立了模式化的心理习惯,这些习惯将持续一生。比如,向教师鞠躬(而且常常向高年级学生),穿着被仔细检查的校服,在组织活动中实施的对身体的细致入微的其他管理(比如,在学校典礼中,要求男学生两腿稍微岔开一些,挺胸,两手置于膝上;要求女生闭腿,双手紧扣置于大腿上)。[17] 规训还通过强调"团体生活"、箴言和"人间关系"的情绪化(通过操作罪恶感、羞耻感和卑微感)而确立。规训在体育运动中变得特别残酷,强调"不惜一切代价获得胜利"(有些同学抱怨偶尔会被体罚)。一位同学告诉我,当他向父母抱怨受到教练的残酷对待时,他的父母命令他去努力("坚持不懈"),父母告诉他,"这是学校生活的一部分"。个体社会政治化的过程——被标号、被组织、被统一、被检测、被筛选、被淘汰——在规训阶段如此盛行,以至于学生被社会化成这样的人:他们的行为就像被权威人物区隔和计划出来的一样,有些学生甚至被与同辈群体隔离开来。这样的结果是,学生学会了尊重权威界限,并理解有朝一日变成"服从型"劳动者的重要意义。

强烈的凝视和持续不停的指导把社会结构切片化、区分化和原子化,还导致"利己主义"和"内敛化"。在最糟糕的情况下,这会滋生对权威人物的怀疑、不信任、愤世嫉俗。这"被反映在学生们的服饰上。孩子们认为被社会强迫去穿校服——尽管如此,校服通过小饰件,如纽扣、别针、鞋带和领结把他们和别人区分开来。谨慎地陈述着细微的不同,为那些希望被视作处于不同状态的人"(Holden, 1994: 207)。[18]

虽然规训确实培养出优秀劳动者(正像罗伦所言:"学生首先被训练成有耐心、坚韧的劳动者,优秀的倾听者,专注于细节和正确形式的人。"(Rohlen, 1983: 269)),但是要记住,这样的学校教育的基本目的不是学习,而是训练举止得体、勤奋和高效的劳动者。用一位高中教师的话来说:"这个制度的目的是把每一个学生放到社会上属于他自己的一个位置。每一个学生在他自己的班级,每一个人在社会上的属于他自己的小盒子里。"正如我后文要讨论的那样,虽然学校霸凌、暴力和学业落后是积聚起来的官方凝视的压力的最显著后果,[19] 但是,当学生进入大学后,还有其他细微的后果会显示出来(参见第八章和第九章)。

我以迈克尔·霍夫曼(Michael Hoffman)的叙述来结束本章。他不是日本人,他决定让他的儿子从一个日本学校退学。

初级中学的第一年既是结尾也是开端。因为很显然,它代表少年时代的结束和青年时代的开始。在日本,我觉得在一个更为不祥的意义上,它也同样真实:初中的第一年是教育的结束和其他某种东西的开始——一个没有名字的过程,因为大部分人仍然认为它是教育……当然,这完全取决于你用教育一词指代什么。如果教育意味着有意识和精细地塑造个体并将其置于巨大、非私人化社会中的某一个位置,那么我丝毫不怀疑,日本教育正是这样一种事业。如果教育意味着唤醒智力上的好奇心、学习的快乐,这个世界真奇妙值得一辈子去探索的观点而不是经济动机——日本教育恰恰没有做到这一点(Hoffman, 1997)。

霍夫曼意识到,普通学生有可能在中学读了两年书,"而没有完整读过一本小书和写过一篇完整的小论文"(1997)。

注释

1 另请参见"破碎的课堂"(1999);"十六个县在研究'课堂崩坏'问题"(1999);"崩坏的背后:处于战争区的教师和学生"(Ito, 1999)。
2 "学生不再以明显对立的形式来反抗不意味着他们不反抗。"(Yoneyama, 1999: 54)
3 要注意米山的专著的整个题目是"沉默"与"反抗"(Yoneyama, 1999)。她写道,"日本教育……就像一个堡垒,由很多层沉默守护着,其结果是压制了教师、学生、家长和其他人的批判意识"(Yoneyama, 1999: 22)。而且,还有"数个检查层在日本高校之内和之外,包括学生、家长、教师、图书馆员,甚至整个社区的所说或所做"(Yoneyama, 1999: 69)。
4 然而,应该注意到,有些学生认为与众不同很重要。确实,有时候,在某些地方,在某些场合,"突出"和"炫耀"受到鼓励(参见 Sato, 1991)。
5 如果"自我"被区分为主动的"主我"和被动的"宾我"进行分析,自我监视就能被理解(参见 Jaynes, 1976: 62—63)。当一个人是他自己的时候,"主我"和"宾我"能够被认为是融合的(呈现的自我)。但是,当一个人不是他自己的时候,比如,扮演、撒谎、欺骗,"主我"和"宾我"是分离的,因为前者是被精心监视的,并管理着后者(表演出来的自我)(参见戈夫曼"表演者成为自己的观众;他成为同剧的表演者和观看者"(Goffman, 1959: 80—81))。在日本,"主我"和"宾我"的互动与核心价值观,比如外交辞令(公开陈述的原则)和真实想法(个人的内心观点)、外界("外边")和自家("里面")、前头(前面)和后头(后面)以及高度的仪式化相联系(McVeigh, 1997a)。
6 虽然这儿我不继续追究这件事,但是至少需要提及在"沉默的呼喊"和"沉默的共谋"之间的联系。"沉默的呼喊"通过"拒绝到校症"来显现(参见 Lock, 1987, 1988)。"拒绝到校症"是下述行为的特征:一些孩子宣称身体不适或模糊不清的不安感而因此不去上学。
7 是否日本学生在国际测量中的好成就都应该归功于日本的学校教育尚在商榷余地。正如市川所说,"日本学生取得惊人的学业成绩可能是因为校外补习学校或者家庭教师的指导"(Ichikawa, 1986: 248)。北村写道,如果日本没有"双元"教育结构,日本社会的教育目标不可能实现。"双元"教育机构的一元是"正式"教育机构,另一元是"非正式"教育机构(预备、补习和各种职业学校)。两者互相依存和互相支持。
8 参见戈夫曼:"愠怒、嘀咕、反语、戏谑、讥讽会让一个人展示出他自己的某些东西处于事发当时的限制之外和事发当时相适应的合理角色之外"(Goffman, 1990: 107)。
9 参见岛原(Shimahara, 1978)中等学校里为了升学考试的社会化的讨论。另参见比彻姆(Beauchamp, 1987)和弗罗斯特(Frost, 1981)。
10 在东洋汉字标准里,学生被要求掌握 1850 个汉字和两张 50 音图。
11 被夸张的还有,教师给予学生的"爱"。报道说——我怀疑不是很多——高中教师把学生比作"外星人、笨蛋、海蜇、野狗、幼虫、长期未洗的耳后污垢、发疯的毛球、海鸥粪"(Leigh, 1992)。
12 在很多社会情景里,努力都是核心价值观。对它与教育环境的关系的论述,请参见杜克(Duke, 1986: 121—47)和辛格尔顿(Singleton,1993)。对它在日本社会里发挥的整体作用的论述,请参见阿玛鲁玛(Amaruma, 1987)。

13 在世纪之交,一位日本教育者警告说,如果过分强调记忆,学生将会失去他们天生的内在能力。其结果是"他们的想象力几乎不被利用"。随着竞争本能的增长,"他们的热爱自然地、本能地萎缩,与此相反,令人不安的对其他学生的敌意却发展了"(引自 Amano, 1990: vii—ix)。

14 多尔简洁地叙述了日本教育制度的反教育性:(1)因为雇主关心的是学生进入了哪所大学而不是学生在大学里做了什么,所以总的来说,大学教育的价值大为降低。(2)在其后的青年期,有高水平的焦虑和压力,这些来自于高度竞争性的入学考试。(3)存在巨大的经济代价,代价来自于补习学校,为了参加考试的青年人的特别出版物、考试前一年的考试指导、学业辅导等。(4)存在着巨大的"机会不平等"。因为富裕的家长转而依靠私立中学和小学(程度相对轻一些),让他们的孩子进入好(国立)大学的机会最大化(Dore, 1976:49,插入语为原文所有)。(5)对高中课程具有"毁坏性影响"。这是由于高中课程专注于让学生为升学考试做准备。(6)文凭主义越强烈,"学校就越成为社会流动的唯一渠道",其结果是走向社会成功的其他渠道就消失了(Dore, 1976:76,加粗为原文所加)。

15 关于日本学校教育,有价值的研究专著包括本-阿里(Ben-Ari, 1997);布科克(Boocock, 1989,1991);康德特(Conduit, 1996);杜克(Duke, 1986);亨德里(Hendry, 1986);路易斯(Lewis, 1984,1989,1995);匹克(Peak, 1989,1991);罗伦(Rohlen, 1983);西泽(Shields, 1993,编著);辛格尔顿(Singleton, 1967)。我个人认为,最近对日本大学前的学校教育最成熟的研究是米山的研究(Yoneyama, 1999)。

16 参见麦克维(McVeigh, 1997d,2000a),分析了这个规训周期如何统一化、脱统一化和再统一化个体。

17 不是所有学生都喜欢这个特别的行为。一个学生认为向教师鞠躬是"荒唐的"。需要补充的一点是,传统上有九种不同的鞠躬仪式:守礼、目礼(注目礼)、试礼、壮行礼、接种礼、守家礼、总守礼、守乡礼、合唱礼(由于过于细致,这里无法给每一种下一个定义)。在我问过的学生中,仅有少数听说过全部九种。

18 参见麦克维(McVeigh, 2000a)。在这篇文章中,我分析了校服,以及学生如何通过物质文化象征性地表达抵抗。

19 想一想另一个经常听到的观点:"在日本,学校暴力的真正原因不仅是规则对孩子的过分限制,还有社会对孩子的过分保护。"(Sato, 1998)另参见文部省报告"警告父母过分保护和干涉孩子的生活"("礼貌教育应该从家庭开始",1998)。

第六章　仿真型日本高等教育

> 毫无疑问,最大的问题是,相当多的学生误解了到大学读书的意义。而且,大学倾向于容忍这种误会。
>
> ——一位日本一年级女大学生

因为在仿真学术里几乎没有实质性教育内容,管理者和教授发现很容易免除真正的教育实践,以最低标准为教学目标,忽视选择运营学校最优方法的困难性。数量优于质量、合算优于标准、管理方便优于学术成效。在一些情况下,管理者就抛弃了所有的关心教与学的假面具。在另外一些情况下,我们说着两种话语体系,一方面赞美教育质量的价值,另一方面却发布一些政策,这些政策反而摧毁了有用的课堂实践。除了产生双重思想之外,仿真教育似乎创造出一种氛围,在这种氛围里,人们逐渐相信自己的华丽辞藻。[1]

大学里的仿真教育

在这一章里,我将分析日本大学的仿真教育如何容易导致矛盾的政策和大学运营(尽管精英大学这方面要少一些)。我提供了一些仿真教育带来的结果的具体事例。在本章结束,我总结了"仪式补偿法则":一个机构变得越仿真,相关的典礼和活动就变得越仪式化和越详细繁杂。

"好心办错事"①

一位非日本人同事曾给我看过一个书写潦草的便条（用英语写成）。便条上警告他说如果他"不提升教学质量"，他将被解雇。便条上说，学生在他所授课程的学习中应该感到"乐趣"和"不应该学得太多"。就像这位同事向我解释的那样，他在课程中确立了合理的标准，"捣乱者"和"枯木"（没有什么原因，但很少上课的学生）应该放弃本课程的学习。这样一来，他就可以只教那些确实希望选修这门课的学生。大学管理者认为这个规则不可接受。就像大学管理者向他解释的那样，问题在于他"对学生不够友好"。这个便条还说，他这样是"好心办错事"（他们评价同事的行为："就像那种以诚实的方式撒谎"一样）。一个人可能会疑惑，让学生"不要学得太多"怎么去"提升"教师的教学质量。这个便条说出了大学推崇的分等政策：30%应该得到A，50%应该得到B，20%得到C。虽然这个数字没有被加进去，但他可以让"5%的学生不及格"。"以一种漂亮的方式缩小班级规模"解释了仿真教育如何生出了互相矛盾的双重思想。

仿真教育的非逻辑体现在官方的政策里，比如"既然学生质量差，教师就应该教得好一些，工作努力一些，但是不要考察学生的能力，因为他们会抱怨"。一位教授被要求不要给学生布置"太多的作业"，因为"他们有兼职工作，交通不便，还有其他课程。学生的家庭作业太多了。课堂教学应该活泼有趣"。许多大学管理者，因为担心招生竞争，所以强调要让学生"开心"和"过得愉快"。满意和满足来自于完成了有挑战性和有价值的课程——并非来自于"过得很愉快"——这一点对很多管理者来说，似乎都很陌生。

"把学习弄得容易一些"对于认真的学生来说，是件令人沮丧的事情。如果教授们抱怨"所有事情对学生来说，都太难了"，那么学生们就会指出"日本人教师从不为难我们，不鼓励我们做任何真正有趣的事情"。②"教授让学生做很多作业，因为他们不知道如何教学。另外，学生也不愿做任何严肃的事情。"有位学生评价说："他们对待我们如同孩子。当他们发给我们带有迪士尼人物头像的演讲比赛获奖证书的时候，我们怎么将它们当真？"而且，学生们告诉我，他们无所顾忌地抄袭，因为预计到教师不会阅读他们所写的文章。一位同学抱怨说，"我参加过很多令人沮丧的课程"，"教授点名之后，

---

① 原文为"to dumb down in a good sense"。"dumb down"是一个成语，原意为"因解释过头而毁掉了某事"。结合语境，这里应该是指"因把大学教育搞得过分简单，而让大学教育变得毫无价值"。"in a good sense"可能包含两个方面的内在含义：日本的大学这样做的本来用意是好的；作者在这儿从好的侧面去理解日本大学的这个行为。综合起来考虑，译者把这句话翻译为"好心办错事"。——译者注

学生们开始睡觉或与朋友聊天,这对真正想学习的同学来说,实在是令人讨厌的事。但是,问题的真正的关键是,教授们自身并没有注意到自己的课堂是多么单调"。另一位同学说:

我有次问一位教授一个问题,这个问题与该教授所授课程相关。我很为教授的话感到吃惊。教授说"如果你有什么问题,不必担心,因为在考试时你可以把我上课时讲的照抄上去"。然后,"在学习中重要的就是,到你的课堂来上课",我自言自语。

说句公道话,也有教授为他的同事们辩护。"当他们太'严格'(即坚持最低学术标准)时,他们将会被学生和管理者关注。如果他们无所事事,则通常不会被关注。"

"让学生动起来"

很容易理解,为什么那么多的学生缺乏动机。日本高等教育功能不全仅仅是恶化了学生的冷淡程度,更为重要的是,日本社会也不怎么重视高等教育。社会传递的这个信息被大学生从各个渠道获得(年长的同学会把高等教育的空虚传递给后辈,父母会迷恋于资格而不是教育,公司文化的需求)。而且,尽管现在充满了"自由"和被像成人一样对待的期望,大学生们发现,进入大学之后,很少有人把他们视作真正的大学生或者成人(就这一点而论),在大学生活的诸多基本方面,他们没有任何选择。

比如,在很多大学,学生不能改变专业或研究室①。在较大的学部,不允许学生选修本系内的本专业之外的课程(虽然现在很多学部已经放宽了这个管理规定)。而且,直至最近,改变所在大学也是困难的,因为学部不允许学分转换。需要指出的是,学分转换制度现在仍然有限(到1994年,260所大学参加了这个项目)。到现在,大学仍然要收取学分转换费(一学分12 500日元)(Katsukata, 1997)。[3] 许多学生和管理者习惯于把大学视作自给自足的、文凭主义化的、学校教育的终点站,而没有理解学分转换制度的重要性(参见"制度化的原子化")。虽然走向自由和灵活的高等教育制度的很多障碍已经被1990年代初期的改革所排除,管理制度的繁琐仍然阻碍着真正教育的发展。学生们很快就知道,规则是大学里的文秘工作人员和管理人员用心中的方便原则

---

① 在日本的大学里,研究室的前面往往冠以"××"研究室。"××"是教师(大多数是副教授以上职称)的姓名。研究室是讲座制的基本形式。传统上,讲座制是日本高校(尤其是研究型大学)的学术和教学的基本单位。不仅研究生,本科生(尤其是到了高年级)也要隶属于某一个研究室。——译者注

写就的。

大学不仅阻止教授让学生得到应得的不及格和规训,而且有时还阻碍高动机学生去学习。比如,有些认真学习的学生想选修我为二年级学生开设的"日本文化",但是却被告知因为是四年级学生,所以不能选修(一位学生无视这个规定,直接来听课了,当然她无法得到相应学分)。这样的阻碍学习的现象并非是有意识的反教育的政策引起的,而仅仅是管理者的无意之举。每年都有学生离开大学到职业培训学校去追求他们的兴趣或为了进入排名更高的大学。整个高等教育的某些部分喧闹不休,完全不顾高等教育了。

至于学生经常陈述的,他们有"选修某个科目的自由"(与高中相对照),由于每学期有 12 至 15 门课(每门课每周约需要 1 个半小时),学生只能接触到课程的皮毛。

即使那些高动机的学生也缺乏大学前的教育,这些教育有关评判性写作和有条理的思维,这是哪怕最低水准的大学教育也需要的。但是,在教授会议上很少讨论学生的学术水平低,或者以下更重要的事实。学生的低劣的大学前教育已经大大降低了他们的士气,以至于他们不能在班级里站起来和无法集中注意力(更不要说学习了)。尽管他们不讨论真正的教育,却讨论空洞的陈词滥调,这些陈词滥调与仿真教育有关。他们无休无止地讨论如何"让学生体验学习的乐趣",如何打造"有吸引力的课堂",如何积极引导、启发学生(反应,反应能力),如何让"学生采取行动"。他们还召开临时会议,讨论如何"增强学生团体的积极性"。详细的会议备忘录劝告教师要:"想尽方法,至少为我们学校带来一个更好的考生","想尽方法,至少毕业一位更优秀的学生","在点名和打分时,对所有学生要公平一致","尽最大努力让学生感受到学习的内在愉悦","通过小测验和问卷检查学生的理解程度"。还有很多讨论涉及运用正确的方式——计划、方法、日程表、方案、新点子——去让学生动起来。要注意到,很少有关于教室里实际发生的情况的讨论(正如一位教授告诉我的那样,只有你和上帝才知道教室里发生了什么)。因为缺少协调和对前提条件的理解,制度化的原子化就发生了。①

尽管很难推及所有,但是不止一位教授说过,在较好的大学里,管理者相对宽宏大量;在较差的高校里,管理者就比较严格(管理教师,记录学生的课堂出勤,要求学生穿

---

① "原子化"指现代社会里,个体越来越不依靠他人或社会而存在,从正面意义说,越来越独立;从反面意义说,越来越孤立。"制度化"指现代社会里,个体越来越被组织为正式机构的一份子,个体的行为和活动变得越来越服从于机构和组织的目的和要求。制度化的原子化生动地表达了在日本仿真高等教育制度里,个体教育者与机构的教育行为和目的的实质不一致和形式相一致。个体教育者、具体教育机构和整体制度体系之间,也存在着类似的矛盾。——译者注

校服等)。有些大学的氛围和高中一样(尽管最差的高中也由考试体制提供了一些存在的意义):存在着"固定班级的教室"。学生被组织成不同的群体,必须与相同的学生一起参加课堂学习。学生升级不是按照能力而是按照学年。[4] 为了仿真学校精神,学生必须参加"人造节日"、运动会和其他活动。

  仔细思考"让学生动起来",这是我多次听到过的一句话语。很难理解这个表达的真正内涵。一般而言,它似乎意味着教育者应该在某种程度上装配、凑足或补偿学生所缺的那部分。有时候,它似乎意味着努力去激发学习上的智力兴趣(修辞学的)。在另外一些时候,它似乎意味着让学生满意的政策(不是作业,而是"虚有其表"的授课、简单测试等)(实际上与上述修辞学的相对)。但是,更多的时候,按照后一种"让学生动起来"的定义,底线是"让学生高兴"。当然,如果被问到这件事,很多个体(如大学教授、管理者、家长、雇主、学生本人)都知道,在这种情况下,学习不可能被激发。这仅仅是大学的管理体制发誓去努力让学生高兴而已。

  一件轶事说明大学管理者在追求"让学生动起来"时,遵循了一个多么奇怪、矛盾的逻辑。一位同事一次告诉我,一位老教授,很显然是出于管理层的授意,请求这位同事让他做课程的"助教"。我的同事对得到这样的帮助不感兴趣。于是,这位老教授向我的同事解释说,他想帮助我的同事在课堂上"让学生动起来"。我的同事认为,真正的问题是他保持了课堂的学术标准。他还被要求停止布置家庭作业,因为那是四年级的课程,学生们"太忙"。该同事还说,大学管理者相信,"激励"那些不来上课的学生的学习动机是教育者的责任。

  另外一个关于大学政策矛盾的伤心例子是另一位同事告诉我的。她告诉我,在她的大学里,管理者强调让学生感到"受欢迎"和校园生活充满"激励性"如何重要。但是我的同事还告诉我,当她试图去运营一个武术俱乐部时她是如何进退两难。她被大学的学生办公室告知,大学不接受运动垫的捐赠,尽管她能够获得这样的捐赠(她是一个合气道馆的学员,这个合气道馆的主人愿意捐赠一个运动垫)。各种借口都出来了:俱乐部的书面文件不符合要求;大学不相信合气道馆的主人;大学管理者还含蓄地表达出担心我的同事把这个运动垫转为私用。还有一个例子是,一年后,几位学生来找这位同事,希望学习空手道。尽管她自愿贡献业余时间去教授,但是她被学生办公室明确告知,不能会见这些学生,因为学生们需要申请。申请过程花费了一年多,最后变成了一个被学生办公室"认定"的俱乐部。学生们非常恼火,毕竟他们只能在大学待四年,为什么申请成立一个俱乐部就需要一年多?

下面也是一些大学管理者如何看待学生的例子。一位同事说,当他通知大学管理办公室,在他的课堂里,由于椅子不够,一些学生被迫站着听课,他被告知,告诉学生要忍受几个星期,直到一个新的附楼完工为止。

在某些大学里,政策是学生应该被接收(一位教授激动地咒骂道,她教的有些学生有听力障碍,她不知道"为什么他们能够在学校教育体系里走得如此之远")。其中,部分大学的申请和录取比例为1∶1(因此出现了一句谚语"只要参加考试,就录取你")。正是那些学术水平差的学生经常惹出麻烦,这一点也不令人惊奇。实际上,大学管理者担心的是,如果他们大学强化学术标准或太严厉的言论传开,潜在的学生可能被吓跑了(虽然有些教师确实表达了对通过降低学术标准来吸引学生这一竞争措施的担忧)。人们可以预见这种态度对一个高校的教学质量的影响。其他一些大学管理者无论如何尽量不去冒犯学生,因为学生们有可能会不鼓励他们的朋友或亲戚报考自己所在的大学。这种想法会达到荒唐的程度。比如,在一所大学里,一群学生一连很多次,每周都在同一天发出火警,最后大学管理者伏击抓住了肇事者。但是,他们很简单就被释放了,仅仅被要求就他们的行为"道歉"。在同一所大学里,一位管理者让吵闹的学生离开房间,当时正在为一群学生举行毕业仪式。然而吵闹的学生并没有离开,继续在大厅里吵闹,并且把门敞开。当这位管理者去把门关上时,学生走进房间,把这位管理者拖出来,不断地把他撞在墙上。然后,由于一些学生继续并威胁了这位管理者的人身安全,一位教师不得不上前说情。被攻击的管理者如此痛苦,以至于第二天请了病假。体检之后,他被告知他的左肩和右锁骨被撞伤,全部治愈需要十天。最终的决定是,由于学生正在办理毕业手续,难以实施惩罚。第二天,在毕业晚会上,大学校长和学部主任走向肇事学生并接受了学生的道歉。在教授会上,学生的道歉被报告为肇事者已经"反省"他们自己的所作所为。

仿真分等和学位

尽管在教室里学生不能做任何具有教育实质的事情,但是至少能够让他们显得好像在做。这是神秘仿真实践的目的。我们把这种教育实践叫做"纸面教育":实质性地保证所有学生毕业(特别是四年制大学和两年制短期大学的学生)。有无数的填表、做列表、签名、盖章、标日期、修正。总体来说,都是纸面工作。其中的一些纸面工作与作假有关,比如,为了让学生毕业,教授或管理者改变记录以显示学生确实达到了出勤要求,尽管这不符合事实。[5] 当然,有人可能会说,这样的文书和证明到处都有,这里以此为中心来讨论有点小题大做了。但是,我发现值得注意的是,纸面工作的主要目的不是去记录学业成绩或者保持精确记录,而是仿真实际教育的发生。因为教室里的实际教育如此之少,所以整个纸面工作就必须仪式化地进行,为了确保至少看起来学习行为发生了,不仅是一个形式化的问题。纸面教育是官方许可的作假,是制度化的记录篡改的形式,目的是避开教育评价、质量和内容的问题。很少有人考虑分数实际上代表着什么(确实,媒体常常要求严格评分制度,参见"让大学认真计数",1997;"国立大学被要求严格评分制度、秋季入学",1998)。在一位教授描绘的所谓的"共产主义教育"中,某所大学的教师被要求给予所有学生相同的分数。要注意到,一些学校很明显有两套成绩单:一套是学生的实际成绩,一套是修改过的成绩。修改过的成绩单排除了很多不及格和出勤过少的课程,这份成绩单将被交给未来的雇主。

课堂出勤的意义

一天我刚刚上完课,准备离开,一位平素非常内向的学生没有举手就大喊到"点名",此举意在提醒我忘记了点名。如果在课堂上被问及自己的意见,学生们会眼神呆滞或咕噜出几个词。但是当话题是有关课堂出勤的时候,他们就变得话特别多了。这是大学里仿真教育的意义所在的最好例证。很难去描述学生、教授和管理者(有时候也包括父母)关心出勤的真正用心,但是,这个关心能够被如下的事实来解释。在很多大学,分数分等和评价实际上已经为学生的课堂出勤记录所代替(或其他奇怪的评价方法,诸如教授使用身体强壮程度去选拔演讲比赛的参加者)。由于很多大学管理者不鼓励学习和学生评价,所以很难根据学术成绩来评价学生。这样一来,其他的评价方法就变得必要了。因为坐在课堂里仿真了学校教育的最基本的要素(身体地),所以"课堂出勤"就被用来仿真教育了。这个仿真就产生了一个逻辑,该逻辑的内涵是,只要学生课堂出勤达到最低限度(通常是整个课程的三分之二),他的这门课程就应该及格。至于考试成绩、学期论文的质量和课堂参与程度都没有必要影响他通过教育-考试制度体系的最后阶段。

学生很少注意本用于促进学习的真正的课堂教学实践。但是如果他们想毕业,他们会担心学分,学分的高低根据参与高度仪式化的"出勤"实践的程度。仅仅"出现在教室里"(即不必记笔记或学习任何东西)取代了真正的学习。因此,如果我们把课堂出勤视作必须按时参与和完成的实践,那么它就变成了某种补偿性的仪式化(参见我在本章部分对"仪式补偿法则"的讨论)。但是应该指出的是,不管大学的规则如何,很多学生有着极低的课堂出勤率。在某所大学里,一半以上的学生处于学业延期状态。这意味着至少有两门课程没有达到课堂出勤的最低标准。很明显,当面对糟糕的课堂出勤率记录时,很多大学管理者和教师对此视而不见。

在有些大学里,教授被要求定期呈交有关翘课学生的报告。然后大学通知学生的监护人。在某所大学里,教师被要求向管理方呈交翘课者的姓名,然后这个名单将被转给"班级主教室"的主管教师。理论上,课程主讲教师应该会同"班级主教室"主管教师讨论翘课同学的行为。一些"班级主教室"主管教师会给学生找借口(不管他们翘课如何厉害),尽管另外一些也许会建议教授对翘课学生要严厉一些。还有一些主管教师会让授课教师自己决定如何处置翘课同学。在某所大学,一位同事被建议"对很坏的学生严一些,但对聪明的女学生要温和一些"。

尽管很多大学非常担心学生的课堂出勤,但是很令人吃惊的是,它们却较少担心教师的课堂出勤。确实,很多大学的纪律特别松懈,允许教授取消大量课程。但另外一些学校则比较严格,要求教授补课。还有些学校要求教授付钱给临时代课的教师。一位教授评论说:"可以允许翘课很多的学生课程及格。但是对于一位教授来说,即使有合理的借口,比如参加学术会议,也必须以书面形式解释为什么缺席,并要补课。谁被像孩子一样对待?"

对出勤的过度执着是驱使纸面教育出现的一个因素。很多大学有出勤规则(虽然这未必意味着它们得到了强化实施和学生遵守规则)。必须完成相当多的纸面工作,以保持课堂出勤记录。如果课堂规模很大,在40人至300人之间,每周监控学生的出勤就变成了非常吓人的任务。特别是很多学生在出勤上会做手脚(让朋友代为点名,点名之后再溜出去,后来再宣称教授漏喊了他的名字等)。而且,因为很多教授根据出勤来打分,所以出勤记录就变得特别重要。教师会抱怨"记录学生的出勤情况是让人非常讨厌的事情"(在有些大学里,他们会因此抱怨管理者,因为管理者为学生的不良表现所困扰,会对教授在这方面提出过分的要求)。不过,有一些故事说,有些教授可能被这每周必做的工作消磨尽了士气,就会放弃做出勤记录,而开始假造出勤记录,并不指出任何学生出勤的问题。这就让他们避免与管理者打交道,因为管理者会警觉起来,如果缺席问题达到临界程度。

与翘课相关的是迟到。如果不严厉责备,很多学生就会迟到。许多教授对此视而不见,或厌倦了不断训斥那些打断他们课堂授课的学生。教授们放弃和无视迟到学生。但是管理者不能容忍学生在场面隆重的典礼上迟到（比如开学典礼、毕业典礼等）。在有些典礼上，如果大学校长或其他重要人物正在讲话，在讲堂的门口就会安排一些辅助人员。这些辅助人员不允许迟到的学生入场，直到这个讲话结束为止。在校长讲话中间让迟到者进入不仅有违礼节，而且也让现实玷污了当前的戏剧效果。尽管如此，让迟到学生进入教室或在讲堂外的大厅里疯跑也不是太引人关注的事情。

被转型的机构：大学成为就业代办处

任何地方的学校（在任何层次）都是社会的雇佣制度体系的一部分和人才储蓄池，帮助学生完成从学校到职场的转型，有助于把学生配置到社会经济的等级制度里。但是至少在理念上，学校在帮助劳动力结构再生产的同时，要维持作为学习场所的制度一致性。如果学校失去了它们的学术理念，学校就变成其他东西了。

毫无疑问，任何地方的高校都要有助于就业，但是问题在于它们在这方面做到何种程度。在日本，大学已经变成了这样的学校，仅仅是劳动力分等和配置的中心机构。作为转型机构，大学的主要性质是就业代办处。为了补充这个基本功能，它们还作为人才储藏的设施，在过了等待期后，把劳动者分流进职业市场（参见 Refsing, 1992）。请注意霍尔的观察：

> 如果一位西方人在日本校园里停留时间长一些，他或她将感受到普通日本学生的学术的、体育的和社会的努力较少地集中于美国人所谓的个人发展和表达上，而是集中于社会关系网的建设上。这个关系网指向毕业后的工作，而且该工作以受雇于著名企业为佳。（Hall, 1998: 91）

关于制度的转型化有很多的例子。大学设有专门机构，该机构致力于帮助毕业生找工作。在教授会上，对多少学生在找工作、多少已经找好、日本经济预测的讨论总是议程的中心议题。给四年级大学生打分数（在两年制短期大学里是二年级学生）常常会出现问题，因为有时候不及格会让学生无法毕业（即收到毕业文凭），相应地无法得到一份工作，因为"没有纸质文凭"＝"工作障碍"。因此，在很多学校，在给四年级学生一个不及格分数时，教授要先问大学的就业管理办公室："这个学生找到工作了？"接着，教授被问道："这位同学出勤时间达到最低要求了？"（通常是课程数量的三分之二）。如果答案是"是"，那么，教授应该把分数变为及格。偶尔，也许是因为良心发现，厌倦了这个制度化的作假；也许是不喜欢某个学生,反对参加这个制度仿真游戏,有些教授拒绝让学生通过。如此的真实复位和个人原则回归通常被教育-就业制度体系视作不受欢迎的行为。

在有些大学,存在这样一个非官方的政策：三年级和四年级(在短期大学里是第二学年的上半学期)的学生不必学习(忙于找工作)。特别是当他们找到了工作后,占主流的认识是,既然已经帮助他们顺利通过了这个制度体系,现在对他们就应该放手不管了(即不用施加学业压力了)。还应该注意到,传统上,三年级和四年级的学生要加入研究室,接受社会联系广泛的教授的指导。学生加入这个教授的研究室,是因为

图 6.1 考试评分方式

期中考试

| 如果学生来参加考试 | 评价分为A、B、C或D（不及格） |
| 如果学生没有来参加考试 | 给"I",表示未完成 |

期末考试

| 如果学生来参加考试 | 如果通过了考试,给分数为A、B或C |

或者

如果考试失败→ 如果是第一学年→ 给D

或者

如果是第二学年→ 如果是因为出勤不足,不给重考,给表示不及格的D

或者

允许重考（R）

| 如果学生没来参加考试 | 给"I",允许补考 |

或者

如果是因为出勤不足,不允许补考,给表示不及格的D

或者

如果因为不可避免的环境因素,不让补考,评价为A、B、C或使用其他的评价方式

相信这些教授能够利用人脉帮助他们找到好工作,而不是对该研究室所从事的研究题目感兴趣。再次说明一下,这在任何社会里都是存在的,但是在日本的社会经济秩序里,这被过度强化了。

为了确保大学的管理机制不会阻碍自己的作假行为,继续把想象的资格魔法化,而这个资格是教育-就业制度体系需要的,必须建立一套遁词的结构体系。这样一来,大学就建立了一套复杂的补考制度和重考制度。注意力重点放在"出勤率不足"和学生实际没有参加考试两方面。在很多大学,学生不来参加考试(比如,在某所大学,超过10%的学生不参加考试或忽视了提交期终报告)。图6.1是一所两年制短期大学教授会上正常分发的议事录,它详细地解释了考试-打分制度体系。

制度化原子化

历史地审视,大学教师一直嚷嚷着保护"学术自治"和"学术独立"的重要性。但是仔细分析揭示出,听起来如此高贵的词汇背后掩盖着大学之间和大学之内的宗派主义、孤立和原子化。[6] 矢山讽刺地说,"大学自治"维护了无效教学(Yayama,1993:202)。确实,很多日本教授批评日本的高等教育机构就像封建采邑、小王国一样运营,有自己的规则、程序和制度文化(参见"不同大学的信息公布",1999)。[7] 就像斯库帕指出的那样,很多大学和相关的利益群体为维持现实地位而争斗,不愿意要更多的"大学自治"。实际上,如果被给予更多的自由,他们倾向于向文部省请示该做什么(Schoppa,1991a:164—65)。[8]

这种情形被归因于和导致了原子化和"学术宗派主义",其中"弥漫着个人主义和特殊主义"(Clark,1979:219)。这样的原子化鼓励老教授"拖进"(自己所在的学部)和晋升忠诚的下级教师,不鼓励老教授聘用不熟悉的人。因此最普通的聘用方式是通过关系,尽管决定是管理橡皮图章的委员会作出的(这会有程度的变化:有些大学对选拔程序要求较严)。结果是,"如此之多的教授在自己的母校工作是突出特征"(Hall,1998:91)。有人估计说,至少一半的教师在母校工作(Sugiyama 和 Yamagishi,1996:205)。新教师的招聘很少公开进行,缺乏竞争(尽管最近几年,有些大学已经让选拔程序变得公开了一些)。研究常常根据资金赞助者既定的计划来进行。在大多数大学,"终身教职"开始于新教师入职的那一天,大部分薪金机制建立在年龄的基础上。职业生涯往往只围绕着一个机构(Cummings 和 Amano,1979:131)。"终身教职"是企业界白领阶层雇佣制度的学术等价物(近来文部省建议大学采取"有限终身教职")。实际上,如果一个教师到一所新大学工作,他常常被要求从原大学获得一份"不愿离职的请求",以呈交给他的"新雇主"。"一小撮中坚管理者可能会坚定地与大学同命运,但是大部分教授仅仅把大学看作开展日常工作和领薪水的地方。"(Cummings 和 Amano, 1979:133)虽然存在着一些变化,但是大部分教授要承担每周6 至 12 节课,以及本校的一些委员会的繁重工作,还有一些最低限度的管理任务。

虽然很多教师不会为了更好的职位而离开所在的大学,但是有些教师确实这样做。

对于未来有潜力的学者来说,规模小且质量差的大学犹如蓄水池或中转站。一旦前者充分发展了他的潜能,后者就将失去富有学术生产力的教师。相应地,规模小且质量差的大学就很难提升学术标准。在成熟教师不断离去的情况下,这些大学可能充斥着不为主要大学欢迎的老教授和尚未成熟的青年教师(Shimbori, 1979:153)。

严重依靠"兼职教师"让大学原子化的程度更严重。在有些大学,"兼职教师"是教员的构成主体。在战后,兼职教师很常见。不像正式教师,兼职教师没有退休制度、保险和福利,他们通常也没有其他待遇(如办公室空间、秘书支持、研究特权等)。许多兼职教师抱怨工作过多。虽然被免除了大部分管理的责任,但是他们抱怨他们得到的工资报酬比全职同事要少很多(参见 Busch, 1997 和 Fukushina, 1996)。

结果可想而知:严重的制度混乱,客观性和标准的匮乏扼杀了良性竞争、高质量教学和创新性学术研究。一位观察者抱怨,在日本,研究不可能有进展,因为"'乡村心性'——小团体或部落心性,不鼓励不服从行为——根植于日本社会的各个角落"(Ikawa, 1997)。文部省确实审查大学教师的文凭(同时记录出版和研究业绩),但是并没有确立规则表明大学教师需要什么样的文凭。

与高等教育机构的原子化相适应,大学的教育者和管理者看待知识和信息的观点也很奇特:它们不是被共享和公有化的,而是由某个学者或个人所"拥有"的。一些教授认为通过教学,他们在给予学生一件礼物(一位同事如此形容),特别是在四年制大学的教研室里,因为指导教师和学生的关系被认为具有特殊的意义。在一个有着中立性公共领域和公民社会、表面开放的国度里,这个知识的私有财产观对信息流通具有重大影响。

至于图书馆,它是知识的储存和传播之地,理应开放、易于使用、促进信息的扩散。

与此相反，很多日本大学的图书馆是封闭的、很难使用的，有时候似乎其目的是限制知识的扩散。比如，相当多的大学图书馆平日晚上很早就关门了，星期天关门，星期六仅早上开门。馆际互借，虽然不是没听说过，但是不普遍。当然，有一些例外。不仅对学生而言，即使对一些资深研究者来说，使用图书馆也是一件令人头痛的事情，因为对图书馆的目的有着奇怪的理解，即使在最好的大学里也是如此。我常常感觉到，图书馆之所以正常运营仅仅是为了管理人员的方便，而非为了学术目的。一位同事抱怨说，他所在大学的图书管理员拒绝把图书置于预约状态，"因为那样工作量太大了"。另一位同事抱怨说，他所在大学的图书馆没有馆际互借制度，因为不想被麻烦。馆际互借制度确实在日本不发达，这在号称"信息化社会"的日本来说，令人惊奇。另外，很多教授从图书馆借书但是从不归还，而是在自己的办公室建设了一个私人的图书馆，就此牺牲了学生和同事的阅读机会。

　　封建采邑心性即使在大学内也可以看见。如此一来，学部和系科被看作自给自足的单元，与广泛的学术界极少联系。"不仅大学互相之间孤立、少联系，不同大学之间的人员交流和人事流动也很少发生，在一个校区之内，不同学部、系科和专业也是互相孤立的。"(Shinbori 1981：240)制度化原子化达到荒唐的程度。一位同事告诉我，他所在的大学建造了一个装饰豪华的带有健身馆的设施。该设施距离主校区不远，但是仅有一小部分教员(毫不令人惊奇，体育教员在其中)被鼓励去使用该设施。我的同事被告知，关于这个设施，要尽可能使之"处于保密状态"，以免被其他教员"过分使用"，更不要说让学生去使用这些设施了。也许这样的态度解释了一个大学里内部流传的议事录上的词语："价值和谐。尽管外边冷风嗖嗖，屋内依然温暖如春。同时，让局部私利处于控制之中。"更不用说，尽管学生交流项目的报告热情洋溢，但是关于国际上被孤立的抱怨仍然很多。

　　另一个原子化的例子是，大型大学、学部和系科运营自己的入学考试，互相之间常常缺乏有效的沟通。"在日本，学生申请大学中的某一系科，入学率在不同系科之间不同，因为招生名额是分配给大学里的每一个系科的。"(Mosk 和 Nakata，1992：52)

　　理想状态的理论是，高等教育的目的应该以教室里发生的事情为核心。但是，在整个制度变形/倒置之外，大学内部也会发生下位制度结构的变形/倒置。比如，很多大学不是尽力去让教室成为制度部件的中心，反而是让管理办公室或秘书办公室成为大学的中心。于是，教室成为管理的延伸部分，成为维持营利事业的附属物。在私立大学，政策和关键决策要么取决于理事会，要么取决于强权独断的高级管理者(如校长)。在前一种情况里,理事会可能会被一小撮人把持,这些人与某一家族有密切关系,该家族的相关人员已经管理了这所大学很多年。[9] 在后一种情况里,一些大学由某一个体微观管理,其结果可想而知。在另外一些大学里,关键决策由所谓的秘书人员作出。这些人员常常作出重要的管理和人事决策,然后就此决策向管理高层"提出建议"。[10]

尽管高等教育机构预设的目的可能是去服务利他的公共事业,但是很多私立高等教育机构仅仅醉心于提高大学的社会地位、名气、某一特定家族的权力或利润……私人所有者的动机仅仅是为小家庭或所有者群体增加个人回报,而非生产知识和丰富文化(Kempner 和 Makino,1993:190)。

彭佩尔注意到,虽然从营利的角度来看,私立大学算不上成功,但是他们确实"按照营利机构的模式在操作"(Pempel,1973:84)。这一点儿也不惊奇,当大学被迫变化或者试图"改革"时,课堂(扩展来说,还有学生)是第一个受害者。

制度化原子化容易导致腐败——在原子化的制度里,自我监控最低,目标不清晰,一只手不知道另一只手在做什么。偶尔会出现一些媒体文章,诸如"明治大学检查橄榄球队的财务:大量花费无法说明缘由(1997)"、"财政资助作假,学校虚假报告净利润 1.5 亿(1996)"、"教授宣称宣传活动有污蔑中伤(1998)"。特别是医学和牙医学部素有腐败的坏名声(比如"名古屋大学突然调查行贿受贿行为",1998;"大学校长因丑闻而辞职",1998;"医学部教授承认接受了制药公司的贿赂",1998;"医学部入学招生有不正嫌疑",1998;"医学部学生'不合格':负责招生的官员承认录取资格是买来的",1997)。有时候,其他问题也会被曝光(比如,"几次夜里袭击事件发生之后,大学开始巡逻",1998;"警察:在早稻田争端中,左翼分子窃听电话",1998),性骚扰和性攻击(更不要说歧视了)最近成为了新闻。报道说,仅仅 6.6% 的四年制大学采取了阻止性骚扰的防范机制,8% 的两年制短期大学采取了防范机制("大学很少应对性骚扰",1998;"在反对性骚扰的战斗中,大学落在后面",1998)。

霍顿报告过一个 1995 年的案件。在北陆大学,一个学生被拘禁了 6 至 8 个小时,直到他"承认"散发了批评这个大学的传单为止。"大学雇员用开除、列入黑名单等威胁该学生,学生的父母被喊到学校去道歉。"该生曾在一次演讲比赛中讲述了此事件(该生在比赛中获胜),但记录此次演讲的磁带录音被抹去了(Holden,1997)。当地媒体还报道了同一个大学的一个鬼把戏。这个花招涉及一个体育运动设施,与文部省有关。"虚假的建设计划被一个皮包公司呈送给文部省审批。该皮包公司为大学管理者创建。一旦文部省审批通过,该大学就能获得日本私立学校设施协会的资金补助。这批资金就用来从上述公司购买土地和建设服务"(Holden, 1997: 4)。还是在北陆大学,教师和管理人员中的工会成员的名誉在大学的布告栏里被损害,布告栏本来是用于通知学生有关课程信息的;奖金减少而没有任何解释;房间被装上窃听器;校长被一辆车跟踪(Holden, 1997: 3—6)。"工会遇到棘手问题了。愤世嫉俗者余下能够做的事情就只有疑惑了。他们疑惑在紧闭的房门之后、在负责监视教育的权威当局与私立大学之间发生的事情,与管理银行、保健和建筑业的政府部门背后发生的事情在多大程度上有所不同"(Holden, 1997: 6)。[11]

研究与出版

在日本,很多研究不是在大学里,而是在私人企业、公司的实验室或企业附设的研究中心(虽然有大量的研究和学术团体)。确实,大学的研究水准被企业界忽视了(Yayama, 1993: 199)。[12] 人们常常宣称,日本研究者强于应用研究,而弱于理论研究。许多批评者认为,这个现象的背后是缺乏优良的研究设施:

日本高校的科研工作者长期抱怨他们被忽视了。当他们到海外去参观他们的同行时,国内的实验室和研究设施的不良状况有力地说明了,这个社会是如何以大学研究为代价来发展商用的科学的。最近,由日本科学审议会负责的一个调查表明,大部分大学实验室规模较小、肮脏、危险,还有潜在的易于发生火灾的区域。("日本科学新闻简报", 1993)

在学科内也似乎存在相当程度的原子化,其结果是形成"学术宗派",这常常被批评为近亲繁殖。毕竟,"教授常常首先把自己视作大学的一员,然后才把自己看作专门领域里的专家群体的一员"(Cummings 和 Amano, 1979: 131)。有些学会"易于成为某个特定大学的扩张体,这个大学是这些专家接受训练的地方"。同时,"学会的领导或主席往往是永远不变的,而执行委员会的成员往往从领导带过的学生中选出"。因此,这些"专门学会几乎没有独立于从学会领导所在的高水平大学放射出来的社会关系网络"(Cummings 和 Amano, 1979: 131)。

如果说这样的学会有什么优点,那就是它们的民主精神。尽可能把学会成员的参与最大化。这在资金扩散的范围上表现出来,也能够在学会出版物上表现出来。"在接受论文稿件时非常平等——不依据审稿人的判断,而完全依据论文的质量。在财力许可范围内,编辑接收并出版所有的投稿论文。"如果某人的论文在某年没有被出版,那么,下一年该人自动获得优先出版的权利(Cummings 和 Amano,1979:138)。

虽然日本学术出版呈现活泼景象,但是其出版物的质量参差不齐。大部分教授把大学内的期刊作为研究成果出版发表的场所。在这些期刊上,他们的论文极少受到同行专家的评阅,而且常常得到稿费。卡明斯和天野发现,"这些大学刊物出现过早,往往抑制了专业学会和期刊的发展"(Cummings 和 Amano,1979:130)。缺少学术评价不仅是学术上的事,还带来直接和现实的后果。比如,据消息灵通人士说,博士学生无法从他们自己的错误中学习。"我相信实行同行评价几乎是完全不可能的,不仅在我的医院里,在其他大学的医院里也一样。"(Aita,1999)对于很多教授来说,"商业性的媒体至少与学术期刊一样,是一个令人满意的出版场所——他们的表达能力面对极大挑战,读者群更广泛,而且在很多时候,他们会得到稿酬(按页数)"(Cummings 和 Amano,1979:140)。当然,有些教授就此成为媒体评论家和明星教授。①

"自我评价"

一般而言,绝大多数大学不依靠学生评价、大学内部监管、专业认证组织来控制质量。在这种情况下,大学没有优质教学的外在动力也不令人惊奇。然而,国家试图通过刺激大学确立自我检查和自我评价的机制提升质量,以此作为自我革新和自我改革的手段(比如,"建设新型大学的方针"(文部省,1991))。从 1990 年代初起,少数大学第一次导入了评价项目。然而,有些人把现在的自我评价制度描述为"仅具形式"("专家推荐大学监测团体",1998)(尽管统计数据有所差异,有些人报告说,仅仅 38 所大学有自我评价项目(Naito,1994))。[13] 在 1993 年,拥有 70% 的会员校的日本大学认证协会为了提升现在的自我评价的质量,导入了"多重评价系统"。这被视作"有时候是自我服务和专断的"("不断开展的大学'自我检查'",1992)。然而,这类评价的效果值得严重怀疑,同时还产生了一些恐惧。特别是根据国家的建议,日本的"终身教职"将为合同制所替代,评价结果(尤其是由学生来评价时)将与重新签订合同和晋升联系在一

---

① 这里的"明星"一词,在本来意义上使用,与教授本人的学术能力和教学能力无关,仅仅是说,该教授在大众媒体上像电影明星一样出名。——译者注

起(参见 Ryan，1998)。而且,很多教授抵制这类评价,宣称学生不具有评价他们的教学质量的资质。可以预见,对任何类型的评价都将会有抵制,因为真正的标准会消灭大学的仿真氛围,揭露它们的变形和倒置的真面目。

然而,在一些没有官方评价项目的学校里,个体教育者实施自己的课堂评价,或被管理者鼓励去这样做。课堂评价之外,有些教育者还鼓吹系科评价、学部评价和机构评价。这些评价在理想状态下应该由外部机构或组织来实施(应该强调的是,最好没有文部省的参与)。私立大学协会已经表达了发起这样的评价项目的兴趣。可是在1998年,有报告说,"国家准备创设一个机构,该机构将对所有大学的质量进行评级……通过评价学部的课程和教师"。这个项目产生于企业界对理工科的经济竞争力的担心的压力,主要涉及经团联(经济组织联合会)、通产省("让大学计算成果",1997;"政府创设评级机构来评价大学质量",1998)。这些改革最初的目的似乎是为积累资本设计方法,未必是提高学术质量。而且这还是一个例子,说明不管官方如何宣称大学应该独立和自治(修辞上),但是实际上国家坚持做一个好事者,因为是文部省总管所有的改革项目。

难以理解的10万留学生目标

一个显示完全实现国家项目的难度如何之大的问题是"外国留学生计划",该计划意图到2000年为日本带来10万留学生。在1995年,留学生(主要是来自亚洲国家)总数达至高峰,为54 000人。不管文部省和其他国家官员的诚心诚意多么明显,在实施阶段,该项目面临很多问题的考验("越来越少的外国留学生逼迫政府反思项目",1996),同时很多人开始批评项目缺乏灵活性(例如,Goto, 1998)。

在管理上的问题之外(还应该注意到,1990年代后期的亚洲经济下滑),在大学里面和地方层次,收容外国留学生还有很多基础性的障碍。真正的问题是"当很多日本人在面对大量亚洲留学生的时候展示出来的显而易见的偏见……他们在寻找住处时面临的困难尤其厉害,来自房地产中介和房主的歧视是他们(亚洲学生)主要的抱怨之一"("外国留学生在哪里",1998)。还有一个问题是"外国留学生区隔"与"大部分日本本科生不愿或(无能力)去穿透我们-他们的壁障以及'我与外国人之间存在文化冲突'的心理立场,即使经过了四年的日常生活的交流"(Hall, 1998:141—42)。一位中国留学生说,"很难和日本学生进行一次有意义的对话……他们从不会让你知道他们心里在想什么"(Hall, 199:142)。当然,这并不总是事实,但这位中国留学生的观点很好地概括了很多非日本学生的感受。根据一位教留学生的日本人教师的观点，因为种族的身体外观，日本学生不愿意与来自亚洲的外国留学生混在一起："许多亚洲学生看起来像日本人，日本学生更喜欢与美国人或其他外形完全不同的外国人在一起。而且，和这些人在一起还能练习英语。"（"文部省设置专家小组去回应学生的关心"，1997）许多人得出结论说，许多亚洲学生来日本是因为被日本所吸引，但是回国后就对日本感到很失望。在一篇题为"更多的外国学生进行和平、民间草根交流"的文章中，一位经过太平洋战争的老兵叹息道："我注意到了日本社会的封闭性。"在加贺县，愿意接收外国留学生住几天的家庭非常少。这位老兵相信，"和平来自于民间草根的交流"（Yoneyama，1998）。

这样的问题并不仅局限于非日本人学生："为什么这里的教授对待国际学者就像对待教学工作之外的负担一样？在一所日本著名大学里度过的两年留学生活没有带给我任何东西，除了挫折和忧伤。"（"日本奖学金项目的评价在降低"，1998）

但是，也有一些亮点存在。越来越多的大学在努力招收更多的非日本人学生。招收外国留学生和归国日本人的日本高水平国立大学有：东京大学、筑波大学、京都大学、九州大学、东北大学、大阪大学、名古屋大学、东京工业大学、千叶大学、一桥大学、广岛大学。私立大学有：早稻田大学、日本大学、拓殖大学、庆应大学、大东文化大学、上智大学、亚细亚大学、法正大学、明治大学、近畿大学。其他招收较大规模非日本人学生的大学有：圣心大学、专修大学、千叶工业大学、东海大学、手冢山大学、多摩大学、关西学院大学、京都产业大学、京都精华大学、甲南大学、成蹊大学、跡見大学、追手门学院、学习院大学、手塚山大学、樱美林大学、大手前大学、神奈川大学、关西外大、关西大学、关西国际大学、京都橘女子大学、东京外大、京都外国语大学。作为一个积极信号，一些大学对亚洲学生展现出特别的和值得尊敬的姿态：同志社大学和中央大学最近向在日朝鲜人补发了学位，这些人在战争期间是学生，但是因为强制征兵而退学。

当国家官员和大学管理者无视现存问题的严重性：如何认真对待那些已经在日本的外国留学生，让更多的外国学生到日本和确立更多的国际学生交换项目的仿真性变得特别明显。[14]霍尔说中了这些项目的要害。他写道，存在两个基本问题：第一，"日本人倾向于强调短期留学项目的噱头效果"。一位评论家在一个有关改革争论的仿真性的论述里，写道"我们应该针对最基本的问题，而不是打补丁做技术修补"（Nishigawa，1997）。一篇社论同意这个观点，该社论认为增加奖学金、更好的研究设施和宿舍、课程改革仅仅是"权宜之计"。第二，霍尔注意到日本官员"喜欢创造新的或超凡的项目,而不是让留学生直接到日本的主要高校里去学习"(Hall,1998:148,加粗强调为原文所加)。这样的问题源于对现实的仿真方式。有时候,促进跨文化交流的尝试以流于表面而结束。霍尔还注意到,当组织活动和聚会,意在打破交流障碍时,日本大学管理者"把所有外国人聚拢起来,让他们与'处理外国人事务'的日本人员一起,觉得更舒服一些"(Hall,1998:142)。[15]

然而,毫无疑问,一些教员展现出了大量的努力和真诚,献身于提升大学的质量。想一想一位日本副教授,骑着滑板、穿着T恤、染着棕发上学校,他把这作为增强大学里外国学生、日本学生和日本教授之间的理解的方式。他让自己如此招摇,"希望人们很容易地把他当做学生和教授之间的中介"。他把自己视作"人类广告牌"(还要注意到,大学管理者最初持负面观点,把他看作"加利福尼亚装扮")("大学副教授骑滑板以促进文化交流",1998)。当然,当努力去促进跨文化交流时,任何人都不应该受到阻碍。对于这样的人,正确的评价应该是,他们的心情是合情合理的。但是人们不禁疑问,如此戏剧化的东西是否能够真正促进国际理解。

结语:仪式补偿法则

真实丑陋,谎言美丽。当制度无法以期望的方式发挥功能时,它们的徽章和图像变得更有吸引力和得到更多的注意。我把这种现象称为"仪式补偿法则":一个制度(或实践)变得越仿真化,它的相关的典礼和活动就变得越仪式化和详细化(参见McVeigh,1996,1997a)。为了说明这个原则,就让我们想一想大学的仪式化的场合,比如开学典礼和新生入学教育活动、毕业典礼、聚会、欢乐节和其他活动。这些活动抢去了真正的大学教育的风头,并补偿了大学缺乏真正教育的客观现实。不管这样的典礼或活动对于学校功能发挥来说,具有多少重要的象征性的意义和影响,它们不构成学习。结果就是,蛋糕上的冰淇淋被吃掉了而不是蛋糕被吃掉了;封面被阅读了而不是书本的内容被阅读了;冒出的烟被误认为是火。

最显著的补偿性仪式化的例子是学校典礼。许多日本大学花费大量时间和经费在学校行事和典礼上,比如入学典礼、毕业典礼和毕业聚会。还应注意到,一些大学非常在意物理外形和设施。这涉及仪式补偿法则的一个亚种,可以将其称作"装饰法则":一个制度变得越仿真,它的物理设施就变得越详尽和精美(还有它的名称)。在有关新设系科和专业的会议上,大部分精力都放在了命名上(名称),而不是店铺的内容上（现实），只是店铺的前门标记和广告（表现形式）（为了吸引学生）。因为生源下降，"大学忙不迭地以难以想象的方式吸引潜在学生。随便看一眼它们的宣传小册子，小册子裹满虚饰和奢华的表象，你就能明白它们不仅提供学习的乐趣，而且提供实际能力，这个能力将帮助你四年后获得更好的职业"（"日本大学教育乱七八糟"，1993）。比如，有些大学购买计算机以吸引学生和适应日本的"信息化社会"（参见"在大学名上冠以'信息'一词最近变得时髦"（Ogawa, 1994））。但是，就是这些大学却经常缺少足够的工作人员去开设计算机相关的课程和承担计算机设施的维护工作。

另外一个补偿性仪式化的例子是教授会议。所有大学的教授会议的所有部分都展现出补偿性仪式化的元素。教授会议比任何事情都承载更多的补偿性载荷。在很多大学，教授会议以其冗长和琐碎而臭名昭著。许多教授抱怨说，这些教授会议仅仅是给既定的决策盖图章。这些决策已经被大学管理者、由一小撮有影响的教授把控的小型委员会，或各种背后的阴谋诡计所决定了。[16] 补偿性仪式化的程度在不同大学有所不同，变化程度取决于仿真的数量。但是，有些影响因素值得关注。就事件本身而言，自由地使用纸张、议事录和材料在任何会议上都极为平常，但是在教授会议上，使用大量的纸质材料的目的常常看起来就是为了让所有人感受到他们似乎在参加意义重大的决策。会议主席花费数小时详细地朗读细枝末节，而这些本来可以简单地让与会教师来读，或者投入教师的信箱里让教师自行阅读。

在教授会议上，担任领导的大学教授会讨论高标准、预习和复习的必要性。然而，同样这一批人，却对教授上课迟到、早退、不如实报告几乎从未出勤的学生数等行为视而不见。问题之所以越来越严重，正是因为学生们深刻意识到环绕在他们周围的制度的虚伪性。一位教授在会议上抱怨规则实施的不连续性："如果仅有部分教授训诫学生，这不起作用。我们必须齐心协力给予学生指导。"另一位教授，因为厌倦了这一套套的玄虚之词，恳求道："为什么不在《学生指南》里强调这些规则？"

不是所有的管理者都利用教授会议作为议决方式，而且，在有些大学的教授会议上，一旦讨论开始就会变得异常热烈。但是，正如一位教授所言，教授会议通常是"浪费时间"。而且，教授会议提供给啰嗦的教授长篇大论的机会。教授们常常满口陈词滥调，散布所在党派的纲领，以此行为向当权者示好。真相只有在会议结束后，当教授们确认到说真话没有危险时才被承认。

作为本章的结束，我在这儿列出一些在大学里的修辞和现实之间非连接的例子（表6.1）。

表 6.1　大学的修辞和现实之间的非连接举例

理　想	现　实
• 给予考试不及格的同学重考的机会	• 必须使重考的同学及格
• 保持高标准	• 不让学生考试不及格
• 大学提供高质量的教育	• 大学表现得像职业介绍所
• 小班教学	• 大班授课
• 教授表现出对教学的兴趣	• 教授上课迟到，忘记课程，几乎不提前准备课程，使用旧的讲义
• 大学的主体是学生	• 大学的主体是行政管理者或教授
• 大学是教与学的场所	• 大学是营利的场所（私立学校）
• 将学生看作成年人	• 将学生看作未成年人
• 把学生看作学习者	• 将学生看作是愚笨的
• 学生上大学	• 一些同学同时在职业学校和大学学习
• "学习你想学习的内容"	• 出于行政人员的方便而设计刚性的规则和课程内容

注释

1 一所新设大学的管理者告诉我，尽管入学率下降，大学也拒绝做广告，因为"它们不会计算从这项投资中能赚回多少钱"。另外，"著名大学都不做广告，为什么我们要做？"
2 一位学生主动告诉我一番有趣的话："日本人教师认为容易的，我们认为很难。他们认为很难的，我们认为很容易。"
3 参加学分互换项目的国立大学免除这项费用（"大学学分转换变得容易了"，1996）。
4 当然，不是所有大学都按照学年升级。比如，东京大学有筛选升级制度。在完成了一般教育之后，学生可以选择一个专业。但是，根据他们的分数等级，他们有可能被该专业选择或被该专业淘汰。
5 修改官方记录不限于大学。据报道，在医学案件中，相当多的医学记录被篡改。据一个消息源说，这仅仅是"冰山的一角"，有些事故可能永远难见天日（Aita, 1999）。
6 我在这儿仅仅提供了简单的分析，"大学自治"的历史和含义需要很详细的关注。但是在战争年代，很多日本教授为支持日本的战争而努力。如果意识到这一点就很有启发意义。当然也有例外。开始于 1920 年代晚期，一直持续到 1930 年代晚期，日本大学里的一系列的整肃扼杀了自由和反对的观点，集中表现在 1937 年至 1993 年①间，在帝国东京大学里对左派的整肃（Marshall, 1994：126）。
7 这样的想法不限于大学。媒体批评大学前教育机构"封闭"，有"隐藏信息的倾向"，是"神圣领域"，不"虚心听取外界批评"（Wataguchi, 1996：24）。这被戏称为"把学校作为神圣领域的理论"（Wataguchi, 1996：26）。
8 值得关注的是，在新建成的大学里，"教师权威通常受限"（Tomoda 和 Ehara, 1979）。
9 在战前的体制里，学部按照"讲座制"来组织。该制度的残余在国立大学里仍然清晰可见。对于新设立的大学来说，"学科专业制度"构成了组织基础（Amano, 1979：34）
10 我回想起一位秘书。他在一次委员会会议的开始让大学的学部主任和校长停止说话："我一点钟有个会议，请让我先

---

① 此处疑为 1939 年。——译者注

讲。"后者当时正在对话之中。
11 工会组织化的进程因前理事长的儿子升为副校长而大大加速。"他从前是国会议员的秘书。除去在北陆大学接受的教育之外,他没有任何学术管理的经验。"(Holden, 1997: 3)
12 霍尔评价道,"在日本,信息在很大程度上是私人财产,被严密地保护着。总之,尽管日本研究者可以在美国高校里自由行走,这些高校与美国的国家目标的相关度最高,但是美国人发现,与日本国家利益密切相关的高校对外界特别封闭"(Hall, 1998: 130)。
13 有证据表明,事情会发生变化。一位日本高等教育的观察家在1990年写道,教师评价"在日本是不可想象的"(Becker, 1990: 437)。
14 参见霍尔专著中的章节"转瞬即逝:科学研究者和外国留学生"(Hall, 1998: 148)。
15 "集中于短期项目,日本人似乎忘记,在这被六星期费用全免的日本旅行惊呆的数百名外国人中,有三两名也许会长期献身于与日本有关的事业;而且,那些从事与日本有关的商业、法律、学术或记者人士最终将感到惊慌和不满,会与这个或那个卡特尔式的(思想的)壁障发生冲突"(Hall, 1998: 148)。
16 对大学内部组织的研究,参见友田和江原(Tomoda 和 Ehara, 1979),江原(Ehara, 1998)。

第七章　根据西方文化自我定位东方文化:"英语"和"外国人"如何让日本大学生找到民族归属感

> 拙劣的外语教与学的方式一直被维持着(虽然无需赘言是在无意识的状态下)。其目的就像仅仅是为了说服千千万万的日本人,让他们相信自己与外国人不同。
>
> ——别府(Befu, 1983)

仿真英语教育:把英语与现实世界分离

在这一章里,我分析"他物"——特别是英语和外国人的出现——如何具有讽刺意味地建构了学生的民族身份。日本性是强有力的意识形态,它内嵌于一系列的制度之中,把英语和非日本人教师转化成某种社会实践和群体,这些实践和群体强化了日本人的身份(而不是把他们置于真正的"其他"的知识形式和实体的位置)。我分析了英语如何被肢解,重组成为奇形怪状的事物,该事物与语言交流几乎没有任何关系,全部用于参加严格的考试。听起来令人啼笑皆非,正是这样的英语展示了个体的日本性。这种误构的结果是,学生最终进入了仿真式英语学习的状态。在这一章里,我还分析了"外国教师"的含义,他们是来到日本的外部者,身上负载着他者的知识。在本章的最后一节,我简单分析了设立于日本本土的"外国的大学"。在讨论上述问题之前,首先有必要理解英语在日本社会里担当的重要角色及其与"国际化"的关联。

在进一步分析之前,有一个防止误解的说明:在日本,有一部分人确实在学英语,而且其中的某些人学得相当好。与大多数相比,这些人是例外,而且常常来自于精英学校。不过,英语帮助建构了日本人身份(作为语言他者),我的这一理论具有普遍的意义。

国际化的内在含义

　　许多人认为,日本在保存根植于旧时代的"独特"文化遗产的同时,成功地实现了现代化。然而,这仅仅是民族自豪感。日本并没有某种内在的文化特征,这种文化特征能够说明人们主观所认为的日本的"现代性和传统的平衡"。很多人强烈地尝试去对照自民族和他民族。这种对照典型而清晰地把普通人、物质文化、食物、饮食习惯、服装,尤其是语言分为不相兼容的两类:日本的和非日本的。从日本内部来看,"丰富多样的其他国家的语言和文化常常被简单聚拢为一类,那就是非我们、外部者、陌生者——彼岸或'那边'。世界变成了我们和他们的二分选择。"(Law,1995:216)一些人认为,应该经常提醒大学生注意这种被人们所信仰的永恒的差异。关西外国语大学的校长就持这种观点。他认为教育的一个重要功能就是让学生"知道并理解日本文化和外国文化的差异"("鼓励年轻梦想家",1998)。

　　如果明显的民族主义和把世界民族划分为本质迥异的几类不符合时代要求(特别是在国际舞台上,需要提倡"世界和平"和"跨文化理解"),那么,"国际化"就符合时代潮流。因此,将民族主义轻描淡写的最好方法是,不断地谈论和仿真民族主义的对立面——国际化。"'国际化'一词在大学的宣传品的每一页上出现的频度让人吃惊,看起来好像大学整日想的就是英语技能。大学的语言课程几乎无一例外地炫耀,它们有大量的口语课。"("日本教育乱七八糟",1993)对于很多人(当然不是全部)来说,日本社会的"国际化"实际上是民族主义的一种形式,紧密地与作为日本人/我们/内部者和非日本人/他者/外部者的二分法息息相关。其结果是,"作为日本人"和作为国际人常常被拿来对比,好像在互相定义对方。因此,有关"国际化"和第二语言习得的教育往往是在强化"我们/他们"的思维方式。由于非日本人有时会辅助这个自我定位建构,日本性的建构变得更为复杂了。

　　在日本,实体化自己的身份可被称作自我东方主义或内化的东方主义。这让他者身份的实体化(成为他者的过程)变得相对容易,反过来也一样。实体化孕育出清晰标记、持续和不变的类别。对"西方"的实体化和异域化,或西方化,是自我东方化的另一面。西方化被迫服务于自我东方化。其内在机制的基石常常带有种族的色彩(比如,"白人性" = 外国他者)。鲍德里亚(Baudrillard,1993)认为,国际化仿真包含以下过程:

1. "国际化"意味着协作和促进跨文化理解("镜像是真实的反映")。

2. "国际化"被用于把注意力从民族化趋势上移开和在全球化市场上获得政治-经济优势。"国际化"实践出人想象地强化了自我东方主义、西方主义和民族主义("伪装和歪曲真实的镜像和/或掩盖真实缺位的镜像")。在一篇题为"口头上的国际化"的文章中,木口(Kiguchi, 1999)把"国际化"称为表象(假象)①的一种形式。

3. 越追求和实践"国际化","国际化"越遥远和越表面化,越和真正的国际化相脱离,结果就变成了某种程度的自我东方化/西方化的幻象和对主题公园式的世界观察("与真实没有任何关系的镜像;它完全是它自己的模拟物")。霍尔认为国际化是"非常反国际化的"②,"是持续的、焦虑的自我保护而不是新生地、外向地参与到身外的世界中去"(Hall, 1988:173)。

仿真国际化的宏大项目的典型例子是对英语的全国性痴迷。这对建构、合法化和强化自我东方化/西方化的机制不可或缺(McVeigh, 1997a)。[1] 英语课堂教学,本来是学习外语的时间,但是却变成了学生体验个体的日本性的机会。这是因为英语"与自我定义、民族身份和日本的世界位置等重要问题紧密地捆绑在一起"(Stanlaw, 1992:67)。运用英语构建日本民族主义可以视为比利格(Billig)的"平常民族主义"的一个例子:

一个已经确立的民族③的公民不会每天有意识地决定民族的存续。另一方面,一个民族的再生产不会如魔法般奇妙地产生。它需要日常实践,而不是有意识的选择和集体想象行为。(1995:95)

在日本,学习英语在某种程度上成为一个社会情结,常常被解释为是沿着教育-考试阶梯向上移动和就业所必需的。关于日本的英语教育引人注目的一点是,尽管英语学习的兴趣强烈(有初中学习课程、高中学习课程和大学学习课程,除此之外,还有无数的商业化的英语学校、公司培训课程和个人辅导),但是极少有日本人接近习得了这

---

① 作者使用的日语为"立前"(tatemae)。在这里,这个日语词语翻译为中文的"表象"。作者对"立前"的英语注释为"pretense"。在这里,这个英语词语可以翻译为"假象"。二者之间略有细微差别。——译者注
② 前一个国际化为"internationalism",后一个国际化为"cosmopolitan"。后一个"国际化"翻译为中文的"天下一家"似乎更为合适。对于后词,揣摩其义,约等同于中国古代的"大同"思想。——译者注
③ 原词为"nation",一般翻译为"国家"。它与"state"的区别是,"nation"偏重于国民国家,"state"偏重于政治国家。这里,更接近原意的翻译应为"国族"。但是,在中文里,"国族"一词没有得到普遍使用,所以这里仍然翻译为民族。——译者注

门语言。这里以托福(Test of English as a Foreign Language，TOFEL)考试的成绩为例来说明。在1993年，有报告说，"在不比日本享有特别优越的英语学习环境的亚洲国家和地区里，日本的托福成绩比较低，低于中国的531，韩国的504和越南的511"("日本获得优异成绩的托福考试参加者，考试成绩仅仅位列第149位"，1993)。四年后，又有报告说，日本学生的托福考试分数在30年间没有提升，"尽管参加托福考试的其他亚洲国家的考生的成绩明显提升"("公司领导哀叹：日本需要英语课程"，1997)。另外，日本托福考试参考者往往位于这个排名的最低位。人们预测，一旦写作成为托福考试的构成部分之后，日本人的成绩将会更低(Yoshida，1997)。尽管英语考试分数不断下降，但是大学生却在仿真英语教育上花费了大量的时间和精力(下面将给出一些例子)。这让人不禁这样想，如果国家和公司认为外语与科学和工程一样重要，那么英语教育就将同样重要。

甚至国家①也处于英语狂热之中。JET项目(Japan Exchange and Teaching，由文部省、外务省和总务省管理)是这种狂热被制度化的例子。该项目每年聘请4 500多名非日本人英语助教(assistant English teachers，AETs；有些是"国际关系协力者"，即CIRs)，其中很多人没有经过正规的教师教育培训。该项目的目的是让学生"国际化"。不管该项目的效果如何，它已经被批评为仅仅是装饰门面，意在凸显一个"正在国际化的"日本的形象。² 很多AETs抱怨说，他们没有得到较多的指导，也没有被有效地使用在教室里，而是被用作"活的收录机"，或者完全被日本人教师所忽视(Kobayashi，1998b)。有些参加者抱怨说，自己仅仅是"表演者"。一位参加者报告说，"我熟悉的很多CIRs把这个工作比作'米老鼠'的工作"。这是因为JETs项目的人员常常被逼迫去扮演圣诞老人和在各种舞台表演中即兴表演。"几个月前，他们突然在一个幼儿园里找到我，把我打扮成'月野兔'②。"("能飞的参与者就会变成星星"，1999)在一个学会上发表的论文指出了这个项目的一些问题，具体如下："AETs不知道他们应该扮演的角色；日本人教师说，他们太忙，没有时间做把AETs吸收进来的课程计划；日本人教师尽量避开AETs；AETs被要求不要向日本人教师说英语，因为这会让日本人教师尴尬。"(Kobayashi，1998d)一个调查发现，82%的AETs只有20多岁，9%的AETs拥有硕士学位，绝大多数没有语言教育训练的学术背景。³ 72%的声称经历过歧视。"绝大

---

① 这里指中央政府。
② 月野兔是武内直子原著的日本动漫《美少女战士》中的主人公，可以变身成为水手月亮(Sailor Moon)。——译者注

多数 AETs……对日本的英语教育抱有负面看法。认为日本英语教育'一般'、'较差'和'很差'的合计有74%。"(Suzuki,1998)

为了进一步深化对日本英语教育的分析,我把日本的英语分为三类:(1)真正的英语;(2)日本化的英语;(3)奇妙英语。为了理解这三种英语的含义,我把它们放在鲍德里亚的"拟象顺序"的理论框架里分析,并把他的四步过程简化为三步:反映、挪用和变形/仿真(Baudrillard,1993)。

1. 反映:真正的英语

作为知识形式,"真正的英语"代表着世界上的事物,并为非日本人所使用以进行交流。在这三种英语形式中,这是问题最少的一种形式。英语就是一系列语言符号,这些符号构成了对"基础现实的反映"。这样,教日本学生学习英语的目的就是让他们获得英语语言能力。一个随附的目标是使学生"国际化",通过向学生提供学习关于外人(外国人,即非日本人,他们被认为都说英语)和对付外人的交际工具。

2. 挪用:日本化的英语

也许你听说过,教育"真正"的用于交流的英语不是日本语言教学的根本目的(虽然也有一些例外)。英语被国家教育制度和资本主义秩序挪用和压模以服务它们自己的目的。[4] 官方对英语的挪用"掩盖和颠覆了基本的现实"(英语作为交际工具),也"掩盖了基本现实的缺位"(真正的英语教育)。意识形态对英语的捕虏的结果是,英语就变得与它最初的人际交流的知识实践几乎没有关系。[5] 它变成了非交流性的。劳(Law)认为,随着岁月流逝,日本英语教育的这个特征渐渐积聚了三个目的:

三个意识形态源于三个不同的历史时刻:"英语作为古典语言"产生于明治时期;"英语作为日本语的倒象"主要出现在战前的民族主义时代;"英语是一系列专制规则"最适于战后的重建时期(1995:218)。

在明治时期,英语作为"古典语言","常常被视作单向交流的渠道,即接受西方观念,而不是把日本观念传播到外部世界去"(Law,1995:214)。英语与"构建当时西方主要国家,如英国和美国,知识和技术的获得途径"密切相关(Law,1995:214)。"简而言之,英语学习是国家需要的反映。"(Miyoshi,1993:276)在明治时期,"阅读和解释"方法得到强调(这个方法中,合乎语法的翻译是主要目标,句子是基本单位,精确性被强调,语言教学采用演绎的方式,学生的母语被作为教学的媒介和参照系)。这种方法反映出,

这是早期欧洲的古典解释学的传统。实际上,它来自于解读古代中国经典教材的方法,这种方法在日本已经有几百年的历史了。最明显的形式是三阶段法。第一阶段,对目标句子逐字逐字地翻译,然后重新排列获得的单词,最后按照日本句法重构……这反映了一种经典认识,因为它重视对被翻译教材的重要内容的理解,而不是掌握语言符号本身,同时,因为它主要关心的是观念从外国向本国的单向传递(Law,1995:215)。

与过去一样,现在,英语从属于国家官僚机制和公司文化。它们通过教育和雇佣制度来选拔和淘汰学生。特别是特定的教育实践,如根据语法翻译的方法,轻视说/听,尤其是强调考试过关,所有这些都把英语变为对学生问询、选拔和分等的知识实践的形式。英语失去了交流的目的,转变成为一种高度专业化的书面语言。它被称为考试英语。在日本英语课堂上教的英语与英语母语者所说的英语几乎没有任何关系。它主要是用作考试知识,把学生引导进劳动市场。如此一来,英语教育就仿真出了一个新的现实。

另一个有关英语仿真的是它转化为"外部者的知识":"一个重要的、当然意想不到的结果是,在学习英语和其他外语中的辛苦经历让日本人认为,日语和他们正在学习的外语之间横亘着一条不可逾越的鸿沟,这就更让他们相信日本人与他者的区别。"(Befu,1983:242)英语发挥了语言他者、镜像,并因此界定日本人身份的功能(Miller,1982)。在劳的语言体系里,英语成为日语的倒象。

劳甚至主张,"在日本教授英语有可能常常发挥了间接的、代替性的母语教育的功能"(Law,1995:215)。[6] 这是通过传统的、按照语法进行翻译的方式完成的。这种方法是:

把外语内容精确地翻译出来;注意力最初仅仅集中在外语的编码上;这个方法的

重点是日语版的再编码。在翻译课的结尾,学生得到用日文写就的内容,以供他们思考和复习。翻译考试的准备就简化为记忆这个再编码的版本;最初的外文版本将大部分被丢掉;最有效的教育内容可能被大大地局限于训练学生的母语(Law, 1995:216)。

另外一些研究者注意到英语学习和日语学习之间的关系。戈萨奇写道,日本教师承认英语阅读课是为了教授学生日语(Gorsuch, 1998)。在一所开设英语课的小学里①,一位日本教师说,"我相信英语学习将帮助学生学习日语"(参见那须的专著(Nasu, 1998))。

英语还被转化为一套专制规则,用于测量学生的顺从和能力达成。在日本学校里,教授英语已经变成了"一套复杂的形式化规则,与在交际情境下的工具价值相分离。在教学程序上,这一点更为明显"(Law, 1995:217)。因此,考试英语"常常具有如下特征:规则越不具有生成性,就越容易成为考试题。考试英语强烈偏好能够条分缕析的语言条目,而不是发散性的课文,偏好周边形式而非核心形式,偏好语言知识而非语言能力"(Law, 1995:217)。

一点也不令人吃惊的是,有些获得了真正英语的学生被喊作外国人(这个词含有贬义),或者受到欺凌,因为拥有英语能力标志着缺乏基本的真实(日本人身份)。这样一来,对于一些学生来说,学习英语会污染,至少会威胁他们的种族文化和民族身份。

一些人把英语能力视作某种"离经叛道",它威胁一个人的日本性。具有优秀英语能力的日本人可能被排斥,或激起别人的嫉妒和仇恨(虽然会因为拥有权力而受到钦佩)。[7] 这样的情绪不仅限于学校内。有报道说,"一些政府官员开始追问他们称之为总理大臣的宫泽喜一(Kiichi Miyazawa)迷恋英语的事情"。宫泽因为在一次美国访问中使用了英语受到批判:"宫泽坚持说英语,让同行的政府官员感到不舒服,有这个必要吗?""狭隘的爱国主义"没有必要,但是"一个国家的领导人应该尊重本国的语言、文化和传统"(Saito, 1993)。

对于"归国者"的态度也一样。归国者是指跟随派遣到外国工作的父母,长期在海外生活,现在回国学习的学生(参见 Goodman, 1993;另参见 White, 1992)。虽然不是

---

① 以前,日本小学阶段的学校普遍不开设英语课。自20世纪末和本世纪初,日本小学阶段开设英语课的学校开始出现,并逐渐增多。——译者注

直接与英语能力有关,但是"在海外"可能就让人怀疑他们的日本性。"我看到过很多归国者,他们拼命地努力遵守日本的生活规则,但仍然被批评,被不公正地对待。"("归国者忧伤曲,"1997)一位庆应大学的三年级本科生获得了演讲比赛的第一名,他如此评价归国者:

甚至当他们回到日本后,他们还尽最大可能地贬低日本,似乎没有意识到他们理想中(原文如此)的国家也有同样的缺陷。他们拒绝与日本有关的任何事物。更糟糕的是,他们否认自己是这个国家的公民这一事实。难道他们是客观的、国际化的人民吗……这样的人应该努力服务于提升日本而不应该是抱怨日本如何冷淡("'男女共学'演讲比赛者质疑归国者的优势",1991)

不仅仅是大学生认为学习英语引起日本性的丧失,大阪大学的教授森住守(Morizumi Mamoru)也指出"英语是鼓励大学生'不去思考'的学科",担心英语学习会削弱日本人身份定位,因为学生改变他们的社会语言表达方式,以适应英语的意义。而且,他相信听觉形式的训练是在"取笑学生"。所以,"自我解放的时机到了。现在不应该像殖民地时代那样,人们模仿殖民者。除非英语国家的人们也这样学习,否则我们不会拥有平等关系。我们有自己的身份。我们不想出卖自己的灵魂"。教授森住守还"担心学习英语可能给予学习者以优越感"(参见 Kobayashi, 1998e)。[8] 同样的情绪也出现在一位美国教授(他声称日本的语言测试不科学,提倡进行试验测试)和一位日本教育者的交谈中。这位日本教育者认为这个建议充满了"西方的测试价值观"和"文化帝国主义"(Yoshida, 1996a),并声称试验测试"不是日本测试文化的组成部分"(Yoshida, 1996b)。

为了解释日本英语教师(JTEs)头上的"污名",一位日本教育者发现,日本人感觉这些教师"过于自信"。而且,他们"在他们的思维方式上,可能过于逻辑化"。他们获得的这个思维方式是"通过英语学习获得的,并且让同事疏远他们,使他们自己被排除在教师社会之外"。还有一个理论说,英语教师热爱西方文化,讨厌日本文化。结果就是他们对日本传统和习惯没有表示出尊敬。对于群体导向的日本人来说,他们也太独立和个体主义。还有一个理论说,他们有点狂妄自大,就因为熟练掌握了英语(Wada, 1995)。木口写道,当她试图在她的高中里导入真正的英语的时候,"我被像罪犯一样对待,因为在一个会议上,我被认为在其他老师面前显得'自我'"(Kiguchi, 1999: 10)。

日本人不被期待去了解英语,他们在试图使用英语时所犯下的错误都会变成笑料。在一封读者来信中,一位读者抱怨一个机智问答节目。该节目包含"最搞笑的英语"环节。在这个环节中,"一位英语母语者请求路人就某个指定主题谈谈他们的经历,同时要求他们用英语回答。我感到惋惜的是,节目邀请到的日本专家大肆嘲笑被访的日本人"。认真或很好的回答都被抹去了,仅仅留下"特别好笑"的回答(例如,咯咯傻笑的、结巴的、有些混乱的)("羞辱不是幽默",1998)。另一个电视节目"京先(Kyosen)不能使用的英语"(大桥京先(Kyosen Ohashi)是一位能同时使用两种语言的电视人物)也是同样的设计。把英语与幽默联系起来也是大学前教育中常用的方法。有一位来自加拿大的英语教师就因为能够"说笑话"和"非常有趣"而受到学生的喜爱:"'我行为乖张,那么,他们就看着我,好像在说**这小伙子真奇怪**'。这有助于学生缩小与他的距离,不害怕与他说话。他认为学生在他的班级里不必害羞。"(参见Matsuzawa,1998)

大学里的仿真英语

学生的英语能力低下源于大学前的训练。人们一直在议论从语法翻译向更富有交流性的英语教学方法转换的必要性。[9] 然而,即使那些年轻的日本教师,尽管在国外学习并且能够讲英语,但也不得不仰仗语法翻译方法进行教学,因为考试要求这样的知识生产形式。这个结果源于"回冲效应":大学入学考试的回答要求构建了中等教育体系和教学方法。JET项目中的一位美国AET说:

有一天,团队老师告诉我,我不需要来学校工作,因为他将"教学,教学,再教学"。这意味着我在教室里的时间不等于教学,而是别的低于教学的东西——更像乐趣,而不是严肃的和学术的东西。日本老师想说的是他们必须教学生英语,以便学生能够通过考试,但是我的任务是让他们欢愉,努力让他们对英语感兴趣。

然而,值得注意的是,正像马尔维(Mulvey)所说,虽然大学入学考试可能会通过回冲效应引发问题,但是绝大多数学生学习的英语与大学入学考试英语没有关系。因此,"在绝大多数高中里,标准化阅读和理解策略没有被传授"。确实,相当多的学生不会使用词典,不认识罗马字母;即使经过了六年约1 000小时的学习,学生仍然不能理解"接近真正英语的内容"(Mulvey,1999:132)。

如果大学前阶段的英语教学不忍回视（就绝大部分而言，确实如此），那么，正式大学阶段的英语教育如此奇怪，带着倒转、仿真的观念和实践，最终糟蹋了英语学习：

- 雇用的英语教学人员是不能说英语的日本人。
- 雇用的英语教学人员尽管不是日本人，但是不能说英语，仅仅是看起来像"外国人"（比如，"白人"）。
- 雇用的非日本人员工没有相应资格；[10] 非日本人假装是"英语教授"（许多人"假装会说一门外语可能会侥幸成功，成为一名教师"——"教授英语成为诈骗"，1997）。
- 日本大学管理者也作假，说上述之人为"英语教授"；"会话课程"人数在50—100人之间，每周只有一次。
- 没有分班考试，所有水平的学生都在一个班级。
- 把学生推进下一个级别，尽管他们还没有掌握基础知识。
- 讨论使用分班考试的目的不是提高学生的英语能力，而是吸引潜在的学生的注意。
- 学生非常不喜欢英语但却选择英语作为专业："有些学生甚至告诉我他们'讨厌英语'。如果学生对专业有这样的态度，你不必吃惊，因为他们在大学生涯的大部分时光中，都是睡眼惺忪的。"（"课堂打盹者"，1999）
- 学生拒绝用英语交谈，但接着就抱怨班级里没有对话："绝大多数学生来到教室，却没有带来任何问题。"他们课外不进行任何自学。他们认为每周一次被动地坐在教室里就是所有的要求。然后，当他们学业上没有任何进步的时候，却厚着脸皮责怪老师（"贪求利润的英语产业"，1997）。
- 在英语课堂上，学生用日语回答问题（或当教师用英语提问时，他们却询问是否可以用日语回答）。
- 学生害怕说英语，因为他们可能会因此而被嘲笑。
- 在英语演讲比赛中，日本人教师为学生撰写演讲稿（或者教师修改程度比较高，以至于等同于教师撰写）。
- 我听说，在一个两年制的短期大学里，解雇了一批英语教师，因为他们没有"提升"该校的英语专业的质量（他们不够"年轻和新鲜"）。

毫无疑问,学生获得了假想状态的英语学习观。许多学生告诉我,他们"喜欢英语",想"全身心地学习英语"。确实,他们会解释说,他们进入大学学习是因为"喜欢外国人和外国"(对于大部分学生来说,一个假设是,所有"外国人"——通常似乎意味着"白人"——都说英语)。但是,正是同样一批学生,他们会翘课,不做家庭作业,在课堂之外也不会接触英语(比如,英语资源,诸如电影、书籍、杂志、录音机、母语为英语的对话者,这些资源在日本很容易得到)。尽管他们大学前接受过六年的英语教育,他们仍然用日语讨论对英语学习的兴趣。仿真的另一个例子是,在英-日辞典里,英语词条使用片假名书写。这样,日本化的英语代替了正确拼写和发音的英语。在这个爱丽丝漫游仙境般的语言世界里,英语的"and"变成了 ando,"bread"变成了 burēdo,"car"变成了 kā,"is"变成了 eezu,"not"变成了 notto。

加顿曾经评价过英语专业的"制度僵化":"在日本,有多少大学拥有综合和统合的专业,而不仅仅是课程名称的表面化的集合?"(Gatton, 1998:29)。他继续评价道:

> TOEIC(国际交流英语测试)、Eigo hentei(英语检定,日本官方认可的英语测试)、私营语言学校、家教市场、海外留学市场的火爆成功不应该至少部分地归功于消费者对客观和可展示的语言学习进步有需求,但该需求却被传统教育项目所无视这一事实吗?(Gatton, 1998:29)

有些大学的管理者试图去提升他们的英语专业的质量,但是受到来自教师的抵抗。这并非异常情况,如果你听说过,一位教授负责一年级英语会话课程的教学工作却从未用过口语,而且,考试也仅包括面试,在面试中,学生仅被问几个简单的问题。虽然在很多语言学专业里,有关改革的讨论在修辞层次上一直存在,但是在现实层次上,阻碍改革的借口也一直存在:比如,"我们学校废除了语言课程的评价,因为管理者抱怨这样做占用了一天课堂教学的时间,这是在浪费时间"。对提升英语专业教学质量的讨论多种多样,从显而易见的问题(学生应该被激发学习动机)到特别不现实的问题(在第一学期,学生应该掌握应对英语的就业面试的技巧)。在一个英语系内传阅的备忘录里,教师被告知"尽管结对和小组学习是理想方式,能够帮助学生学习,但是,在现实中,学生必须被强迫尽可能地说话"(加粗为作者的强调)。一些教师相信儿童故事非常有用,他们假定由于课程内容"简单",用来表达内容的英语就必须简单。在这种情况下,缺少英语能力就和不成熟混淆了,结果是侮辱了已经是成人的大学生的智力。

下面是一个大学发给学生的备忘录,名为"新生指导建议"。它提出的一些建议是针对典型的语言教师在教室里都会遇到的情况。

* * *

所有课程:

1. 每周应该带教材上课。

2. 努力最重要。愿意去努力。不要担心使用英语犯错误。在绝大部分场合,使用英语回答,有很多答案。用你知道的答案去交流。

3. 仔细听教师讲课。

4. 当某人说话时,不要和另外的人说话。即使用日语说也会被认为是不礼貌的。

5. 尽可能快速回答。如果你回答得很慢,整个课堂就会有厌倦的氛围。如果你不知道答案,赶快说"对不起,我不知道"。

6. 外国老师星期一或星期五在学校,或两天都在,请向老师确认。

7. 如果缺席,请在下一次课时及时上交家庭作业。请询问你的同学或老师是否有家庭作业。

8. 为下节课做好准备,以免在你和教师之间有任何误解发生。

9. 对自己有自信。

英语会话课程:

1. 在英语会话课上,**你**应该说得最多,而不是老师说得最多。

2. 在上课之前,做好英语会话练习的准备。课堂时间应该用于会话而不是用于准备。

3. 课堂参与和交流意愿是你的成绩的重要组成部分。

4. 大声地说出来,你在说英语时就会感觉更自在。

5. 缺席零容忍,因为对于会话课程,你需要参与,以便于实际练习。

6. 当教师讲话时,请直视他/她。当你的会话伙伴讲话时,请直视他/她。当你的同学讲话时,请直视他们。

7. 在班级里要主动,不要被动。

8. 要积极,不要消极。

9. 在英语会话中,要感到愉悦。在所有的课堂活动中都尽最大努力。

* * *

入学考试常常是大学改革的标靶。大学教师时常主张考试应该指向"真实"和"交流"英语,这样的考试使用口语面试和听力理解的方式。但是,正如一位观察家所言,一些大学害怕使用这样的考试方式:"学生没有为这类考试做好准备,他们将不会参加这个大学的这类升学考试。因此,从管理者的角度来看,他们仅仅担心学生不来参加升学考试。"(Brown,1998:26)。有些改革尝试似乎仅仅是把事情搞得更糟:

学校打算让学生在学期末参加 TOEIC 考试,以测量学业进步。许多教师强烈反对这个设想。他们认为,这样一来,英语专业将沦落成为考试作准备的专业,就像初中和高中的现在的课程一样。

有些大学把课程转包给私营企业,这些企业专门经营课外英语教学活动的课程教学。有趣的是,我看到这些课程里的学生(他们必须多付费)也展示出冷淡、沉默和翘课的特征,就像他们在正课中的表现一样。在有些大学,私营企业也运营学校的正课。尽管存在教师没有能力教学,引进"新鲜的外国面孔"用来吸引学生(因为这些企业经常轮换他们的授课老师),财政因素(引进这些企业的费用要远远低于雇用"真正"的母语为英语的教授),教学辅助(私营企业处理管理杂务),便利(私营企业为这些外国人更新签证)等客观事实,但是引进私营企业来传授专业知识这一点说明大学没有完成它们的使命。这是制度上的失败。这些私营企业的雇员未必是受过专门训练的教师,也未必有高等教育层次的学术经验。有位教授说:"我现在最想知道的就是文部省的官员在哪儿。他们让大学忙于无意义的表格和纸面工作或完全与教育无关的事情而浪费时间。但是当谈到真正的教学的标准和资格时,他们却顾左右而言他了。太装模作样了。"

不管采取什么样的改革措施——导入新教材,在不同班级使用同样教材,雇用"外国人"教师,客居外国家庭,建立友好学校,JET 项目,"乐趣和游戏"方法——如果大学前阶段的教育没有改革,事情将不会有任何改善。为了让这样的改革发生,最高决策层必须有所变化。当然,这不是说,交换留学项目、更好的教材、海外旅行不能促进外语习得(对某些学生,确实能够起作用);而是说,单靠这些措施不能让大多数学生获益,同时,只有在大学前阶段能够打下更好的基础,这些措施才能够发挥积极作用。一位同事这样说:"在他们没有学会用日语进行学习之前,怎么能期望他们学习英语呢?"

人们批评文部省最近的英语学习指导大纲,怀疑文部省官员的真实用意。熊部直光(Naomitsu Kumabe)(东京大妻女子大学的英语学教授)说,"向熟知数年的同班同学做自我介绍的方法让学生感到自己是傻瓜,基于一个不存在的地图指出方向毫无意义,当对销售人员说话时仅仅使用最常用的词汇不过是'随便看看'"。他认为,这样的课堂教学对学生来说是侮辱(参见 Negishi, 1999)。一位十七岁的学生抱怨说,"每周一次一个小时或两个小时的口头交流(课程)能够做什么?我们觉得那仅仅是做做样子"(参见 Negishi, 1999)。

一位学生对英语学习特别感兴趣,她批评她所在学校提供的糟糕的英语课程和对英语学习的态度:

我认为这所大学缺少活力。这儿没有积极主动的人。我们学校的课堂教学单调乏味。我非常讨厌学校里学习的无趣。许多学生无故旷课,但这是因为课堂教学乏味。如果我每周都去上课并且尽可能认真听英语科教授的授课,那么我将来就无法找到与英语有关的工作。这所大学有很多英语课程,但是这些课程没有用处。我很快就要毕业了,但我一点儿也不为从这所大学毕业而感到自豪。我觉得在这所大学里学习就是浪费时间。

不管什么样的策略被导入课堂,学生都将集中精力于记忆和在辞典里查阅最简单的句子的意义,逐字逐句地,就像解释古代的象形文字。一位教师说:"所有的东西都在阻碍教学。"课堂之外的所有学习就意味着在辞典里查词。他们是否已经知道这些句子的意思无关紧要(我怀疑他们有时候知道),重要的是假装他们不知道。甚至优秀的学生也依赖令人厌恶的记忆方式。

在由非日本人教师任教的外语课堂上,假装学生不知道正在发生的事情的特点更为明显。以我自己在课堂上用来衡量学生英语水平的自我介绍为例吧。我会向学生提问一系列简单的问题(比如,姓名、出生地、爱好、旅行经历),然后继续问下一个学生。但是,即使多次听到同样的问题,每一位学生当轮到自己时,就会不情愿地站起来,针对问题的回答混乱,把本来应该是简单、毫无痛苦的经历变成了冗长、令人疲倦的痛苦的试炼。人们可能会认为他们不能理解这些简单的问题(尽管已经听到同样的问题向同班同学重复了多次),但我个人对此持怀疑态度。一个更合理的解释是,他们感觉到他们必须装作自己不理解。在回答简单问题时装出无能状更为社会所赞许。一个著名大学的客座教授叙述过一件小事:在强迫学生到教室前面做自我介绍后(他们坐在座位上拒绝做自我介绍),"有些不能回答最简单的问题,并跑回座位"。另外一个例子也说明了这一点:

> 一位日本教师提到,在会话和辩论课的第一天,当他开始用英语说话时,学生大为吃惊。他认为这是因为学生期待会话课使用日语来进行。我想,这是日本学生在外国面孔前表现自己的通常方式。假装无知,吃惊等(日本人英语教授)。

> "新来的英语助教在课堂里将要经历的第一件事就是死寂般的沉默……你问学生一个简单的问题,却得不到任何回答。你发现一个事实,即使一个简单的问题,也需要整个班级来商量答案。"这位教师给出了当他提问"典型的班级会有多少学生"时的可能回答的例子:"整个班级讨论,然后得出一致答案。最终,一位学生说:'40……'。恳求回答这件事非常困难。"("学生,英语助教发表对交流差异的看法",1998)。一位非日本人教师解释说:

> 和在日本非常重要。很多学生不想破坏或惊扰它。所以,我们教师不得不告诉他们:"当我不同意你的时候,我仍然喜欢你,只是不同意你的观点。"有时候,人们认为观点和其人是一回事。我们教他们把这两者分开。你们可能在某些方面不一致,但你们仍然是亲密朋友("发展辩论能力",1998)。

即使在那些熟练地掌握了英语的教授(有很多这样的教授)中间,当面对这门外语时,也有一种劣等的复杂情感。一些教授英语的日本人教授,不管他们的英语多么好(其中一些教授的英语特别好),但对自己的英语都缺乏自信。在一些场合,有些教授私下向我请教英语考试的问题,因为这些教授不想让考试委员会的其他成员知道他对自己拟就的考题没有十足的把握。

"新鲜的外国面孔"

在吃惊于学生的学业水平低之外——"我在西班牙的私立学校教过的即使15岁

的学生也比我在日本教过的几乎所有的大学生的水平要高"(Hartley, 1997：7)——教授英语的非日本人教授还常常报告与日本人教员之间的"文化冲突"。[11] 不止一位说过,日本人教师"暗中破坏"外国人教师的教学,因为日本人教师允许学生"在课堂上睡觉、聊天、犯错误"和无视最基本的纪律。一些外国人教师抱怨日本人教职员工不鼓励学生挑战自我,还有一些人说日本人教师和管理者没有意识到日本大学生的学业准备是如何之差,反而对非日本人教师提出过分的要求:

尽管学生报告说,由母语为英语的教师任教的课程非常有趣,但是日本人教师更喜欢学生报告他们在课堂上学到了知识。我直率地说,由于学生在课堂上如此反对学习,很难评价学生学到了什么知识。课堂生动有趣似乎是他们(学生)排在最优先的东西。对于课堂教学,管理者想要的和学生想要的之间有冲突。管理者似乎没有考虑,或者说至少忽视了学生群体的需求和意愿(美国人英语教师)。

教学期待和学习期待也不同:

学生被要求呈交用日语写成的演讲稿。日本人教师会帮助学生把日语翻译为英语。这种方法与母语为英语的外国人教师的做法完全不同。他们认为学生应该用英语撰写演讲稿。因为他们的写作能力如此之低,这就是特别困难的任务。他们无法在家里独立完成这个作业。(美国人英语教师)

在一个两年制短期大学里,日本人教师和非日本人教师之间的差异特别明显。以至于在学期之初的新生教育里设有一个专门环节"让学生熟悉非日本人教师的课堂教学,以对非日本人教师的课堂教育预先有一些认知,同时,外国人教师也要对学生的学习行为有充分的了解"。这被描述为"让学生克服对外国人教师的恐惧"的举措。一位日本人教授说,"我们能教英语,但是我们无法让日本学生适应外国人"(West, 1991)。一位日本人说,"我确确实实地感到日本人从心底里不想接受外国人和外国文化。这是日本人觉得英语如此难学的原因"("英语恐惧症阻碍学习",1988)。

下述是一位非日本人的叙述。他受一个公司的委托,从英语能力的角度去评价一位雇员对海外工作的适应能力。当用日语提问时,这位员工是"沉着、自信和热切……但是,轮到我提问时,他的神情就变了,双颊通红,下嘴唇颤抖,语速变缓,声音低沉,犹豫不决。他的左腿在桌子下似乎因不舒服而摇动"(West，1991)。当然，不是所有的日本人说英语时都会"脸红、结结巴巴、流汗且颤抖"(West，1991)，但我们必须追问，为什么会出现这样的反应。

　　这样的情绪反应似乎根源于大学前的社会化：一位学生向我解释说："在我们到京都的修学旅行中，我们学校的学生定下了一条规则：一定要与一位外国观光者讲话。虽然我们害怕与他们讲话，但是我们尝试了。这样，我们就能够应付外国人了。"在一所女子高中任教的一位外国人教师认为："一名女学生第一次见到外国老师的时候，多多少少都会害怕或胆怯。"因此，"我的主要目标是消除学生对英语的恐惧。对于实用英语，在这个国家里存在着害怕或害羞"（参见 Kobayashi，1998c）。一位观察家写到，JET 项目最重要的功能是"让这些全新的、没有受过任何影响的年轻人接触外国人。除去让他们直接面对这些鬼怪（未知的外国人）并且意识到这些鬼怪也像他们一样有血有肉之外，绝对没有更好的方法让他们除去心中的偏见了"（Kahl，1997）。

　　在有些学校，有报告说，日本人员工热心收集外国人教师在他们的课堂上做什么。我从很多非日本人教授那儿得知，日本人员工会偷偷摸摸地收集学生对外国人教师的看法和评价（在绝大多数日本大学里，正式课堂评价没有被采用）。还有一些关于日本人教授和管理者偷偷检查外国人教授的故事。"听起来像间谍行为，是对我的专业嫉妒"，一位非日本人教授怒斥道。在另一所两年制短期大学里，课堂评价确实在使用，但非日本人员工从未被允许查看结果，尽管日本人员工可以这样做。一位非日本人教授说她曾经建议过：

　　如果日本人教师对我们的教学如此感兴趣，那么也许我们能够实施一个同行观察项目。我说，我会更高兴去观察日本教师的课堂，去看一看他们是如何教学的，去发现他们做了什么与我们如此不同的事情，以致他们认为学生与我们有矛盾。但是，我认为与我们相比，日本人教师和学生之间更有矛盾。我认为，如果母语为英语的教师得到学生的评价结果，他们会更好地理解学生如何看待他们的所有教师。

　　还应该注意到，一些非日本人教师编造了不少借口。在讨论他的日本学生英语水平如何低时，一位来自美国的教师毫无表情地寻找借口说，因为他不说日语，也不懂日本文化，所以，学生们有充分的权利不学习目标语言。

3. 变形和仿真：奇妙英语

把英语围绕国家和公司的目标的需要加以改造大大改变了英语。作为一个学术课程，它仿真生出新的现实。其结果是，它"不再与任何现实有关系"，"纯粹是它自己的伪装"。把英语从它在现实世界的落脚点分离出来，它作为伪装物，就开始与实际使用的力量对抗，语义上空洞化和表面化。

因为已经倾倒出了它原有的意义，英语就能够吸引形形色色的希望、期待和欲望，也就是说，它易于导向幻想，特别是对那些绝望地逃离日语化英语的无聊限制的学生来说。因此，很多人倾向于浪漫化、理想化和神秘化他者的英语。那么，当他们遇到真实的英语时，特别是当通过一位非日本人的"母语"教师为中介时，一些学生感到震惊、失望，甚至对班级实践存有敌意和抵抗。有些学生抵抗任教的外语教师。比如，在一次布置英语作业时，一位英语教师让一名学生用英语书写自己的名字。这位学生自言自语地嘟囔道："但是，我是日本人，为什么我需要用英语写？"另一位学生在回答"为什么学习英语？"的提问时，很显然，面对他者的语言，激发了典型的民族化体验，他以一种不合逻辑的方式来回答："因为是在日本，所以我们有武士、寿司、艺者、美丽的富士山——日本的最高峰——天麸罗①和秋叶原（东京电器商店街）。"另一位学生回答同样的问题时，告诉我日本如何安全（这位学生经常在她的作业上画日本、美国和英国的国旗）。虽然很多学生明显不喜欢和不享受学习英语，但是却装出一副多么想掌握这门他者语言的样子。背后的主要理由是"全球化"、"世界和平"和"把日本文化教给外国人"。一位学生说："如果我们学好英语，日本就国际化了。"还有一些实际的原因，诸如海外旅行、就业，或者就像一位男学生所说的那样，去实现"和一位金发美女说话"的美梦。还有一名男学生说："我想与'Beverly Hills 90210'②的主人公那样的人交朋友。"作为日本化英语的副产品，考试英语对大学生的社会化使他们向往一种理想化和幻想化的英语。在他们心中，几乎没有为"真实"英语留下任何位置（表 7.1）。

当学生进入大学学习，从考试英语的桎梏中挣脱出来，他们就对考试英语的反对面——"幻想英语"有较大的期待。"幻想英语"是西方化或异域化（有时候色情化）的

---

① 也译作天妇罗。日本广受大众欢迎的一种油炸食品，把包裹海鲜和蔬菜的面皮放进油锅轻炸即成。——译者注
② "Beverly Hills 90210"是美国电视连续剧，叙述富裕家庭出身的帅哥美女的成长和感情故事。——译者注

表 7.1 日本化英语和幻想英语的比较

日本化的英语	幻想英语
目的	**目的**
英语：通过考试	英语会话：为了交流
群体内语言	群体外语言
记忆训练	对外互动
通过日本的考试	国外旅行
成为一个好学生	国际化
相关的学习实践	**相关的学习实践**
填鸭式方法	学习
语法翻译	交流方式
研读	对话
阅读/写作	说/听
教室和补习班	商业英语学校
日语化的英语	使用"母语"英语
关联的意义	**关联的意义**
教师/权威人物	外国人/幽默他者
日本性	"国际化"
日本	其他国家
日本文化	外国文化
"传统"日本文化	"当代"外国文化
过去	现代化
紧张的备考	利用国外旅游放松
控制	自由
层级	平等
礼貌	率直
婉转曲折的说法/模棱两可	坦率/直接
自我监控	表达自我
一致	独立

他者的英语。"学习英语"变成了通过英语消费**他者性**。而且，他们混淆了学习和变化的学习兴趣之间的区别、正常的班级管理和激情的约束之间的区别、进入课堂学习和仅仅坐在课堂里之间的区别、课堂预习和趣味及游戏学习之间的区别、[12]短期客居外国家庭（常常像度假一样）和大学课堂学习之间的区别、接受知识获得检查和接受课堂出勤检查之间的区别。所有这些都与整体日本社会共鸣。一些商业化的英语学校采取的广告措施依靠其浅薄性去吸引消费者（"外国的"金发碧眼的女人或面带微笑、打扮得体的英俊男人的形象，参见 Kiguchi, 1999: 9）。一些商业化的英语学校竟然在街头

雇用非日本人,仅仅根据这个人的种族外相(我在乘坐火车时,曾经两次有人走上前来,提供给我一份工作)。日本学生把这样的英语学习产业的浅薄印象与课堂里的真正的英语学习活动(个人努力、课堂准备、家庭作业、随堂小测验、阶段考试)混为一谈了。

外国性的幻想

如果大学生认为大部分大学课堂无聊,那么,由外国人任教的英语课堂就经常是让人苦恼的,因为这些课程除了单调之外,还令人失望;有学习、家庭作业,被外国教师评价,这些教师期待学生付出真正的努力,而这会毁掉所有幻想。而且,非日本人教师作为这个幻想的一部分,并没有被当真。一位学生说,学生用不同的标准来评价日本人教师和非日本人教师:

这个结果暗示出,外国人并没有被看作真正的教师。诸如智力和知识渊博等特质对于外国人教师来说,似乎并没有像对于日本教师那样来得重要。与此相反,容易相处、充满娱乐性等特质对于外国人教师来说似乎更重要(Shimizu,1995:8—9)。

而且,学生在英语课堂上不参与教学,"因为他们感到这样的课程不重要"(Shimizu,1995:9;另请参见 Ryan,1998:11)。有些学生尽管也注册了英语专业的课程,但是却告诉我,他们期待的不是英语教学,而希望非日本人教师"讲讲他们的祖国和他们自己",并且明确要求非日本人教师应该更善于交际、有积极性和"友善"(如果与日本人教师相比)。[13] 一些学生提问很傻的问题,参与定式化的活动。如果某位外国人教师不符合"所有外国人都这样"的刻板印象,这印象是他们被社会化去期待出现的,他们就会很吃惊。另外一些学生提问个人化的问题(比如,年龄、婚姻状态、居住地),你可以想象,他们不会向日本人教师提问这些问题。非日本人教师常常被问到的问题是:"你喜欢日本人吗?"还有一个必问的问题是:"你喜欢日本女孩吗?"(提问者包括男学生和女学生)。一些非日本人教授抱怨日本学生讲英语时如何"过分戏剧化",就像在取笑或者故意把英语说得很糟糕。比如,把玛丽吃色拉和面包(Mary ate salad and bread)说成"Marītō eito sarada ando burēdo",说完就是一阵咯咯傻笑。一位非日本人教师说,"当他们说英语时,日本学生用笑去驱除紧张和不适感,而这些是他们明显感觉到的"。一位澳大利亚人教授说,"他们嘲笑任何事情","出于某种原因,他们认为说英语时粗鲁无礼没有关系"。另外一些教师评论说,有些学生尽管通常在别的学生前面很"害羞"和内向,但是在英语小论文里会写出非常隐私的事情,就好像信息一旦被放进英语里就不那么"真实"一样(不是日本社会场景的一部分)。

在一些大学里,非日本人教师被视作该高等教育机构的各种病症的万能良药。"他们期待奇迹出现,仅仅因为我是母语者",一位英国人教师俏皮地婉讽道。所有的非日本人教师最常被视作的身份是学生的"能量添加者"、表演者和激励者、"文化大使"。这就像理想化的和定式化的"外国"文化的标记,树立起来以作为日本的镜子。有时候,一位"好教师就会困于想做好工作和知道他必须取悦学生以免被贴上'坏'老师的标签之间"(Shimizu,1995:5)("教授英语是一个骗局",1997)。[14] 一位教师写道,她感觉到"学生认为我是让他们开心的表演者而不是教师"(Shimizu,1995:5)。介绍跨文化知识和节日风俗(感恩节食物、圣诞节颂歌、复活节的鸡蛋)以及做游戏(比赛、颁奖和宾果游戏)确实在英语教学中有用途,但是如果用得太过,这样的技巧就容易退化为仿真教学。一位非日本人教师被告知通过介绍"万圣节的风俗"来进行英语教学:"削一个南瓜灯,放一支蜡烛进去,然后拉下灯罩。学生很喜欢它。"另一位非日本人教师抱怨被劝说去和学生一起玩"英语游戏"。"他们从未要求日本人教授做如此低级的事情",这位教师嘲笑说,"我不会为了他们的圣诞节晚会而系上一个红鼻子和戴上一顶白帽子。"

作为英语的要素之一的"国际化"和日本人身份是很多学生谈到美国都会提及的,而美国是当前日本的文化他者。这一点值得进行一些分析,因为它与日本性如何通过非日本性(例如,他者性)而建构起来有关联。换句话说,学生会建构出神秘化的"美国",然后把它与自认为是日本社会现实的东西相对照。相应地,美国人就获得了"态度积极"、"竞争精神"和"自信"的形象。他们是"友好的"、"阳光的"以及"自由和心胸开阔的",他们还有"一双长腿"和"美好身形"。美国是一个"不断进步的国家"。另外一些学生的观点相对平衡一些,他们说如此过分羡慕美国是一个错误,因为"日本也是一个有魅力的国家。我们一定要为自己、自己的文化和国家而自豪"。有些学生注意到,日本人"对美国人有着复杂的情感"。当然,也有一些学生对美国有负面评价,说它有过高的犯罪率,想知道美国人为什么"不吃纳豆、酱汤和生鱼片"和"总是在屋子里穿着鞋子"。有一小部分学生说"日本人为大多数美国人所憎恨"。

很少有学生明确地表达种族观点。学生的所有的奇谈怪论似乎都来自于无知,而不是排外的恶意。当然,在情急之下,偶尔也会有学生表达被称为危险的观点。下述故事是一位非日本人教师告诉我的。他在一所著名大学任教,故事发生在一节讨论课

上(来上课的学生中,有很多有在国外生活的经历)。课堂开始时,一位女学生面对全班同学发表了如下言论:

"我想问你们一个问题……日本不接受大量移民,我认为这是错误的。我相信我们能够从其他人的经验和技能中获益,所以移民应该增加。你们怎么看这个问题呢?"因为没有人回答,这名女学生开始指名让人回答。她被要求重复一遍问题,并把问题清楚地解释一下。但这也没有达到预想的效果。很明显,学生们不想讨论这个问题。我一直置身于讨论之外,没有做和说什么,一直到讨论课结束。学生们然后转移到讨论另一个问题,日本人海外移民和/或学生在海外受到歧视的问题,特别是在第二次世界大战之中。这时候,他们避开了上述问题,开始吐露心声,"我不知道政府为什么拒绝移民,但我想这个行为背后一定有合理的理由","如果我们接受更多的移民,这将会引起混乱",诸如此类的论调就出现了。

教授就向他们解释说,他们应该注意说话的这种方式,因为别人有可能会认为他们是种族主义者或种族中心论者。

这时候,他们被激怒了,实际上是在对我咆哮,说:"我们,谁?"我竟如此勇敢地说他们是种族主义者。他们还声称他们不躲避这个问题,百分百愿意去讨论这个问题(可能愿意与我讨论,而明显不是学生之间)。过一会儿,我认为已经稍微理解了这些行为。这有可能只是在外国人问题上的一个仪式化和伪装性的行为而已。于是,我稍微让步一些,告诉他们我仅仅是想激怒他们,因为他们看起来如此无精打采;他们不是民族中心论者,他们只是不熟悉这些简单词汇的含义。(一位教授的叙述)

"外国教师"的角色

霍尔写道:

日本人对外国人参与国内智力活动的反抗态度,在继续不接受非日本人学者(包括在日本出生的韩国人和中国人)以全职方式在大学的教学科研岗位上工作这一点上表现得最为明显,也就是说,非日本人学者不能(与日本人学者)拥有同等的权利和义务,包括不能拥有如下基本的权利,过了一定时间的服务期后继续受雇用或者获得"终身职位"(Hall,1998:88)。

从明治时代起,非日本人教员就被认为是日本教育体制的补充教员。"然而,到1890年代,东京帝国大学开始教员本土化(就像我们今天的用词一样)。在1893年,大门关闭得如此突然,以至于一些外国观察家认为,这样做缺乏足够的体面。"(Hall,1998:101)如果有人说,相对于国家控制的教育制度来说,非日本人、外国人仍然被视作临时的、可牺牲的、周边的部分,这一点儿也不会让人感到吃惊。从明治时代起,非日本人就被给予短期合同,没有终身教职,被称为外国人教师。需要注意的一点是,日语中的教师①是"相当低层次、对英语'教师'或'教育者'的称谓,被剥去了学术的色彩,增加了轻蔑的含义,诸如'教书匠'或'孩子王'之类,主要指小学的教师、插花教师、柔道教师和语言教育者"(Hall,1998:93)。确实,有些人把非日本人教员称作助人。助人意味着"雇来的帮手"或"支持者"(或棒球中的二垒手)。外国人教员"顶多被视作从发展中国家请来的外国技术顾问之类的人员——临时的、可辞退的外国知识或技术的传递者——而不是在不断探索人类知识过程中的同事"(Hall,1998:93)。有些外国人教员被雇用作为"学校内部的供观赏的宠物狗一样的知识分子"。然而,有时候外国人教员要避免被抓到说出内心真实的想法:"在一个被奉承、温情和被需要的感觉所包围的世界里,要做到这一点并不容易。如果你扮演好游戏里的角色,一切安好——但是如果你不这样做,这社会很快会把你推搡到路边去。"(Hall,1998:158)

直到1982年,经过在日韩国人等群体的多年推动之后,给予非日本人更多的永久雇用机会的法律才正式颁布。许多在日韩国人和在日中国人(出身和养育在日本,但是没有公民权)仍然受到歧视。从1982年起,国立大学和公立大学导入了外国人教员制度,该制度把合同期从1年延长至3年。然而,在1992年,文部省考虑到雇用非日本人教员变得过于昂贵,向各国立大学下达通知,要求他们雇用更年轻的外国人,而不要延长年长的外国人教授的合同。很多外国人得到过永久职位的口头保证,并一直被告知他们所签的就业合同仅仅是形式,但就这样被挤出了工作岗位。有些人把雇主告上了法院,得到的却是很令人失望的结果。[15] 创造性地和模糊地使用"指导"是杰出例证。中央政府有关部门和学校官员都在推卸责任。文部省声称,大学是自治和独立机

---

① 英语"教师"对应意义的日语词是"先生"。——译者注

构,制定了自己的政策。然而,大学管理者声称,他们仅仅是按照文部省的指令来办事。从1990年代起,媒体开始曝光这个问题:"日本国立大学的雇用政策缺乏道理,意味着种族歧视。"("终身制的伪装",1996)"最近对日本大学的一个调查揭示出,超过80%的学校(共计75所)存在针对外国人的歧视"。歧视政策从限制雇用时间到排除他们、不让担任管理工作等(Hay,1996)。[16]

在1995年,由于国立大学对所有新入日本人教员试行合同制,这似乎符合当时改革要求的一个趋势,大学审议会建议私立大学对所有非日本人教员实行合同制。国会采纳了大学审议会的建议,在1997年6月13日,通过了《大学教员任期制法》,允许国立大学、公立大学和私立大学定期雇用员工,允许大学设立自己的雇用和晋升标准。有些大学实施学期聘任制。时至今日,绝大部分大学,特别是国立大学已经让非日本人签订长期聘任合同了,尽管很少有大学给予非日本人永久雇用的职位(终身制)。

应该注意到,在雇用非日本人教员上,私立大学不像国立大学那么严格(私立大学的教员不被认为是日本国家官员)。在国立大学中间,筑波大学、东北大学、广岛大学、东京大学、九州大学因雇用了大量的终身制外国人教员而闻名。在公立大学中间,雇用了大量外国人教员的学校有会津大学、广岛市立大学、青森公立大学、大阪市立大学和北九州大学。私立大学被允许在雇用外国人教员上,改革的步子可以快一些,但是给予外国人教员终身制的是少数例外,而非定制和常态。绝大部分外国人教员来自亚洲(特别是中国和韩国),另外有一些来自美国、英国、德国、加拿大和印度。

一些人(包括日本人和非日本人)认为,因为缺少熟练的日语技能和处理日本的"社会关系"的知识,外国人很难融入日本社会。然而,尽管"日本人一直抱怨外国人不愿意努力去掌握日语,但准确地说,正是当外国人达到了语言流利和对在日本工作表现出职业忠诚(为了家庭或职业)时,隔离心理学开始发挥作用"(Hall,1998:120)。同时,

真正喜欢将外国人教授融合进日本文化的日本人认为,外国人教授将会刺激和挑战日本人教员。另外一些人从不同的侧面,但说的是同一个道理。这些人承认抵抗来自于日本学者的恐惧。很多日本学者害怕外国同行的竞争。他们担心(或者正确,或者错误)外国教授会更多地出版著作和发表文章,更少停课,或者甚至激起智识上的矛盾(Hall,1998:90)。

这种对待非日本人教员的方式被描述为"学术上的人种隔离",因为外国人没有别的选择,只能接受不适用于日本人的规则。[17] 别国的学校教育制度也有国籍规定的论调没有触及关键之处。一位非常失望的外国人说,日本高等教育对待外国人的方式是,借用外国人来"诈骗",视外国人如"季节性工人",用外国人为"国际化"装点门面(即民族化)。而且,很多大学规定要雇用年轻(不需要大价钱,没有经验)的外国人教员。换句话说,在一个巨大的称作日本高等教育的假面舞会上,非日本人教员有分配好的角色,且常常出于不好的本意。除去无法保证作为学者的稳定收入和生活方式之外,外国人教员很容易因为各式各样的理由而被解雇。这些理由与学术表现几乎没有一点关系。还有其他的问题:一些非日本人教员声称:由于在日本居留时间过短,他们虽然按照日本年金计划支付了年金,却没有收到他们应该得到的年金的部分。[18]

另一个问题与"终身制"的确切含义有关。在北美语境中,"终身制"意味着,经过5—6年的实习期,通过学术能力评价后,教员得到永久雇用地位。但是,在日本,很多大学缺少实习期,很少(如果有)注意到专业评价、学系评价、同行评价和成果出版。一位教师从就职的第一天起就被给予永久雇用地位,而且随着年龄增长自动晋升。当然,有些大学比另外一些大学严格一些,而且,有些大学确实想把雇用和评价过程严格起来。

日本的民族主义(有可能被理解为国家的、种族文化的或种族的民族主义)在日本人和非日本人之间划了一道很宽的分界线。这扭曲了日本人和非日本人教员及学生之间的互动。在全职和兼职的区分之外,日本人和外国人的区分在很多大学里都非常重要(参见附录 A,表 A17)。所有差异积聚起来的结果是,在日本几乎分成了日本人学术社会和外国人学术社会两个部分(Hall,1998:94)。因为常常根据肤浅表面或"肤色深浅"(即种族)来判断非日本人,就存在着忽视外国人的真正价值和可能作出的贡献的趋势:在某些大学,他们或者被过低评价,或者被理想化,或者因大学对他们的不合理的期待而背负过重的工作负担,有时候还被作为替罪羊。[19] 一位英国人教授说:"有时候某位外国人教授做了错事,所有的外国人教授都被喊来,像小孩子一样接受批评——警告不要再犯错,虽然只有一个人犯错。不应该扩大化,让所有的教授都感觉做错事了,这对士气来说特别不好。"日本大学普遍对外国人教师的职业资格漠不关心。确实,雇用来教授语言的非日本人往往只接受最低标准的教师资格检查。非日本人教师在大学的人事和课程上面很少或没有发言权(虽然有时候,一些非日本人会争论说,实际情况不总是这样)。我不止一次听到非日本人教员抱怨他们的日本同事改变已经批改好的分数,以保证"学生和教师之间的和谐"。仿真教育的程度之高可以由如下例子来说明,最高学历为本科的非日本人竟然能够成为全职"教授"——比如,一位曾经的美国邮递员在日本一所著名大学获得了教职。他后来被发现了,因为学生抱怨说,他在英语"写作"(即作文)课上教授英语书写艺术。

必须强调的一点是,如果大量的大学管理者和教员对外国人教员几乎不抱有尊敬的话(虽然还必须强调,并不是所有的日本大学都这样),后者中的相当一部分就会利用他们的"特殊"地位作为永远的外部者和要求"外国人福利",或者使用他们的"外国人资格",以免除参与费时的管理工作和委员会工作(尽管有些大学要求所有教员参与管理工作、参加委员会、出席会议,即使他们听不懂日语)。

学生眼中的"外国人教师"

管理者常常试图使用一种学生身上的被认为是英语学习兴趣的东西来点燃学术兴趣。他们还使用种族差异(这与他者的语言有关联,即英语)的奇妙之处去"激活"和"吸引"学生。大学管理者的这样的思维是建立在如下假设之上的,即认为学生真心对英语感兴趣。然而,就像我们已经讨论过的那样,很多学生更感兴趣于仿真英语和幻想英语。不管在哪种情况下,对于非日本人教英语这件事,资格和文凭都常常不被认为是重要的。但是,在一些大学的管理者和学生的心里,种族意味着外形与语言能力之间的关联。英语教师常常得到雇用是因为他们的"外国性"(特别是"白人性"),并且能够获得道义上的支持。这被认为一定程度上能够让大学和学生"国际化"。一个大学的学部的部长告诉一位非日本人同事:"既然你有白皮肤和蓝眼睛,你就应该能够让学生对你的讲课感兴趣。他们应该很高兴上课,仅仅是因为与你在一起。"

即使在人们认为较好的大学,情况也没有太多不同:

帝京大学①的大部分教员仍然认为"国际化"意味着校园里有纯种的、未驯化的外国人——新来的外国人的语言不通和文化冲突的两个侧面的出现为大学校园带来了异域情调。或者可以用常常听到的外国人教师的哀叹来表明这一点:"就像动物园里的熊猫。"(Hall,1998:105—6)

---

① 帝京大学的英文名称是 Tokyo University;东京大学的英文名称是 the University of Tokyo。前者是位于东京的质量较高的综合性私立大学,后者是日本最好的国立大学。英语国家人士常常把二者混为一谈。——译者注

为了阻止入学率的下降,如果管理者希望普通教员"从帽子里揪出一只兔子",那么他们就希望非日本人教员去力劈红海。① 在入学率急剧下降的氛围中,一些同事被警告"所有的事情都维系在英语会话课程上",如果他们不能"给学生足够的能量",他们将不被续约。"底线是学校近乎绝望,而我们被当作最容易找到的替罪羊",一位非日本人教授说,"他们期望我们在一定程度上维持大学良好运转"。

非日本人教员的经历非常具有启发意义,他们的经历揭示了日本人/非日本人区分的力量。这种区分常常带有种族性,而非文化的或国家的。习惯于媒体创造出的乐观、友好、外表好看和"白色"外国人的形象,日本人学生变得非常失望或"气愤"(一名学生的话语),因为他们的非日本人教师期望他们实际去学习。一名学生说,非日本人教授"令人吃惊地严格"。确实,有些学生抱怨说,他们"害怕外国人教员",这是因为按照日本人的标准来说,一些非日本人教员课堂教学要求太苛刻。我回忆起一件事,我曾经向一个两年制短期大学的班级解释说,因为我是被雇来进行美国式的课堂教学,所以作业必须上交,太多的缺席不能容忍。这时候,一名穿很高的高跟鞋的学生大声说:"但是,这是日本!"同时,她抬起双手,用力拍着课桌来强调这一点。有人告诉我,一名日本本科大学生不相信一位非日本人教授居然会给他一个不及格,他狂怒不止,在校园里追着这位教授,冲着教授大喊大叫。其他学生表达了担心:太多的外国人教师会改变(一名学生使用了"摧毁")日本文化。一些学生对他们文化中的臭名昭著的考试非常敏感。一个班级的日本学生认为,外国人教师不喜欢日本的任何事物,因为他经常带来有关日本时事的报刊文章(老龄社会、游戏机赌博店、旅行等)供班级讨论。当他们知道外国人教师和一位日本人结婚,他们很吃惊(如果没有别的褒贬色彩的话,这种反应表明,日本学生不熟悉批判性地审视自己的社会的思维方式)。

就像大学管理者和教员一样,他们很难超越表面现象而评价个体,学生也依赖种族类型。这种种族主义很大程度上来源于无知。这种无知的表面化也许是彻底的孩子气或不成熟,而不是恶意或心胸狭窄——如下是一些例子,毫无疑问,在第一次课上,当看到外国人教师时咯咯傻笑;滑稽地模仿外国人教师的讲课;在走廊里遇见外国人教师时,戏弄般地说"Harou"(英语的 hello 的日语发音)。一位亚裔美国人教师说,当被问及她在美国的生活时,一位学生问她:"你从哪儿来?"当她回答"从美国来"时,

---

① "从帽子里揪出一只兔子"是魔术师常用的小魔术。"力劈红海"则是一个悲壮的宗教故事,各宗教版本的记载略有不同。大致意思是,以色列先知摩西,带领在埃及过着奴隶生活的以色列人离开埃及,行至红海将被埃及人追杀。摩西向上帝祷告,用上帝赐予的杖分开红海,以色列人过河后,埃及追兵被红海所淹没。——译者注

这位学生接着问:"你是半个日本人吗?①"这位教师否定回答后,这位学生就问:"你的眼睛是什么颜色的?"同时,该学生还指着她的眼睛来强调这一点。"为什么他们不能就我个人的样子来看我?他们看人总是对号入座。我的意思是,他们总是依靠种族来判断,而不能真实地看待我。"[20]

尽管非常少,但是还是有一些学生对我的课程表达了敌意的评价。一位学生把我的教学方式的缺陷归为对日本教育的不理解:

这个课程非常糟糕。我如果不选修这门课,那就太好了,因为我不想在进入本科学习之后如此遭罪。入乡随俗。你说这是美国式的课程,但是我认为你让我们参加考试和写论文的做法非常奇怪。按照日本式的教学方法来做不更好吗?你犯了一个大错误!!

"外国大学"

起始于 1980 年代晚期和 1990 年代早期,大量的美国大学在日本建立了分校。[21]建立日本分校的动机多种多样:

推进美国大学日本分校建设的是日本政治家,他们把这吹捧为"国际化"的开端;美国官员则认为销售"教育服务"可能会多多少少有助于贸易平衡;美国大学管理者的目的是寻求更多的学生和学费;日本当地的促进者和商业承办者的目光主要是盯着快速获利;没有能够进入日本最好大学的学生寄希望于后来有可能转入美国本土的主校区上学(hall 1998:147)。

虽然在 1990 年代初期,约有 30 所"外国大学",但是绝大部分都境况不佳:"大部分都关门了,伴随着诸多不和谐音:不履行责任的商业赞助者之间互相指责,过低的学生入学率,美国学校缺乏周密计划,日本学生的父母要求返还学费。"(Hall,1998:147)在满脑袋逐利思想的日本投资者和对教育质量担心的美国管理者之间充满了紧张与不一致,这些紧张和不一致很快导致了严重的问题。前者相当愿意牺牲质量,而

---

① "一半"的日语原文为假名,假名的罗马字发音为"hafu",假名来自于英语的"half"。其表面意思为半个日本人,内涵是指日本人与外国人结婚后生出的第二代。——译者注

后者似乎对日本"高等教育"的含义完全没有任何准备。学生成了受害者（相当多的学生进入外国大学是因为大学的灵活性和他们对英语感兴趣）。[22] 松散的入学和毕业标准，大班教学，与美国主校区的冲突等成为突出问题。还有一些预料之中的丑闻，激起了学生向法院提起诉讼（"在神户的美国大学将停办，运营者如此说"，1997）。有些人谴责日本媒体的负面报道，认为这些报道阻碍了学生升入这些大学（Nakamura, 1998）。

两个成功的例子是，位于东京的日本天普尔大学分校和位于秋田的明尼苏达州立大学分校。然而，像其他美国大学分校一样，这两所大学也没有被国家所认可。它们被法律认可为"其他学校"。毕竟，文部省对"高等教育"的管理上和技术上的定义，以及对"质量提升"（学分、图书数量、教员、学校设施容量、学科种类等）的关心，都让大学的设立变得特别困难（"外国大学需要提升质量，有马朗人说"，1999）。

注释

1 日本的英语史（和汉语史及荷兰语史）揭示了日本人如何看待自我和他者。在明治时期，森有礼（Mori Arimori）作为第一任文部大臣，显然相信日语是次等语言，并想用英语代替日语。
2 有些人甚至认为，不管是有意或无意地，国家总是在帮助破坏英语教育。
3 然而，一位观察家认为，在日本的 JET 项目中，不需要任何"拥有太高资格的英语学究"或"拥有'合适'文凭的无用之人"（Kahl, 1997）。
4 值得注意的是，番书研究所（the Institute for Research on Barbarian Books）的定位，它最后成为东京大学的一部分。
5 参见米山对"考试知识"的分析："'入学考试英语'和'入学考试数学'独立于英语和数学而存在"（Yoneyama, 1999: 144—45）。
6 参见潘宁顿（Pennington, 1986）。
7 一位英语非常好的中学生（母亲来自美国）向法院起诉他所在的学校。该生声称受到同班同学的虐待，并在英语能力方面与英语老师发生了矛盾（"因英语能力而受到不公正待遇，男孩起诉"，1992）。
8 不是所有教授都拥有教授森住守那样的观点。有些教授反对英语学习会威胁民族身份的观点。比如，东海大学教授松本茂（Matsumoto Shigeru）（参见 Kobayashi, 1998f)则持反对观点。另参见本森的"学习正确的英语不会对民族身份形成威胁"（Benson, 1998）。
9 例如，从 1996 年 4 月，47 所学校导入了"实验课程"（"在小学阶段导入英语课程"，1995）。
10 另一方面，管理者可能在资格认证程序上过分热情：一位 41 岁的英语为母语的教师，曾经出版过以莎士比亚的戏剧《麦克白》为研究对象的专著，被要求去参加英语考试，以便能够进入一所在日本设立的美国大学（"两种体系的最坏之处"，1993）。
11 哈特利认为，在日本工作会让一个人作为"教师和专家"的技能"降低"（Hartley, 1997: 7）。
12 参见里安和马卡洛娃（Ryan 和 Makarova, 1998: 12）。
13 "从我的经历来看，外国人教师首先被看作目标语言和文化的天生使用者，其次才被看作语言教师和专家，如果有这种认识的话"（Hartley, 1997: 7）。
14 这位教师还说，英语教学"如此容易，以至于它不能被称作别人眼里的工作"（"英语教学是一个骗局"，1997）。
15 结果让人失望的部分原因是，不管法院的判决如何公平，如何有利于非外国人教员，但是大学会无视法院的裁定，有效地让官方的判决无效化。
16 另请参见阿尔德温克尔（Aldwinckle, 1998a)；"外国人教员宣布罢工"（1998）；霍尔（Hall, 1995）；加拉赫盖尔（Gallagher, 1998）；科斯特（Korst, 1998）；《专业问题杂志》（1999）；JPRI 教员（1996）；约翰斯顿的"外国人教员要求公平的年金"

(Johnston，1998)；森口(Moriguchi，1995)。
17 蒂莫西·科斯特(Timothy Korst)的案例说明了日本人和非日本人教员的待遇是如何不同。如果不是出现这么一个极为罕见的个案，人们可能就会无视这个问题的存在。蒂莫西·科斯特是琉球大学的教员，他没有能够得到三年期的工作合同的更新。琉球大学是一所国立大学，因此它的教员都被称作公务员。在日本的《公务员法》上，公务员被区分为"一般"和"特别"两类。琉球大学拒绝续约蒂莫西·科斯特。在法庭上，大学声称蒂莫西·科斯特是一个外国人，既不是一般公务员，也不是特别公务员，因此完全不是公务员。但是，在1998年6月，法院认定蒂莫西·科斯特不仅不是公务员，甚至也不为《普通劳动法》所保护(在日本，所有劳动者要么受到《公务员法》的保护，要么受到《普通劳动法》的保护)。
18 阿尔德温克尔建议，非日本人避免在某些日本大学工作(Aldwinckle, 1998b：10—1)。
19 种族主义情绪可能会导致让人生气的理解。当一位非日本教师抱怨说："学生多么懒惰啊！"一位日本人教授就问："为什么你说这件事情？你是种族主义者吗？"
20 这名学生的思维建立在如下观点之上，定式化的美国人是"白人"。说到眼睛，学生有次告诉一位高加索系的非日本人教师，他们感觉他的眼睛让他们发窘，因为他的眼睛很小，这让学生很难知道他在往哪儿看。
21 对这些学校的研究，参见海杜塞克(Haiducek, 1992)和《美国高等教育在日本1992：学生、家长和教师指南》(Laurasian Institution，1992)。
22 还应该注意到，在美国和加拿大，存在一些小型大学。这些大学服务于那些没有能够进入日本的大学或希望在海外有较长假期的日本学生。

第八章 "装傻"：假装不懂的学生

> 日本大学的目的就是向学生出卖时间。
>
> ——一位一年级女学生

导　言

托马斯·罗伦对日本教育的认识在高等教育阶段找到了最好的体现形式："抱着良好意愿的教师和行为举止得体的学生共同努力,最终为了空洞的和毫无创见的目的。国家在经济上获益。社会良好运转。但这是一个相当缺乏灵魂的制度体系。"(Thomas Rohlen，1983：320)

在这一章中,我分析学生对"没有什么灵魂的制度体系"的看法以及学生如何认识他们的大学生活。这是一段许多学生——不再置于权威人物的直接的规范监督之下——感到能够自由地成为自己,还能够反对规训的时间。首先,我分析学生花费在大学里的时间,这是一段反规训的时期。接着,我举例说明学生如何"抵抗"和仿真课堂教学。最后,我分析有多少学生对大学官员的宣传话语鹦鹉学舌。

作为反规训时期的高等教育

规训实践贯穿个人的一生。但是,在日本,在中小学和成人世界之间存在一个规训暂停期。在这一时期,官方凝视消失了。这个规训暂停被授予给大学生。这一时期出现了某种形式的被动抵抗。高中后教育经历可以被称为反规训时期,因为大学生既非成熟的成人劳动者,也非为了严酷的成人世界和就业从学业上进行准备的学生。在这个意义上,高中后阶段具有边缘性(参见 Turner, 1969)。但是,高剂量的规训实践造就温顺的身体和心灵,受训的身体和心灵成为技术-理性化的社会经济秩序的基础,他们已经为就业做好了准备。所有的规训的最终结果是内化的世间(即自我观察和自我监视)。对有些人来说,社会心理的自我隔离最终变成了防卫和抵抗的一种形式。

因为学生在小学、初中和高中阶段是如此习惯于被"指导"和命令,到进入大学学习时很多人还没有形成内部的心理指南——能够独自把注意力集中于自己的学习。一位同事一次把学生描述为"木偶","一旦木偶操纵者不指导,木偶就不动了,会落下来"。结果是很多学生退缩进自我之中,以避免不断被调查的压力(一位教授说,有些学生被教育制度体系变得"要么婴儿化,要么野兽化")。请记住,在大学里,既很少有学业标准,也没有"学生记录",更没有学习压力。官方凝视暂时移走了。因为学生缺乏内部机制去指导他们的行为,他们逐渐把"自由"——一个被很多学生使用的词语,用来描述他们作为大学生的生活特征的词语——与责任心缺失和无学习的理由联系起来。

几乎没有任何外部激励能让大学生把时间真正花费在大学里的学习上。学生们知道这一点,很多学生反抗课堂出勤。当然,在含蓄、沉默、勉强、顽抗和粗鲁之间很难划出一条清晰的界线,但是,在很多学校普遍存在着一种抑制学生参与的氛围。一位教授说,学生之间确实存在着默会之谋,它来自于某种形式的自我检查和自我监控。这些自我检查和自我监控显示了学生的主观性已经被牢牢安置于——通过社会化——社会秩序之中。其结果是,即使那些平淡无奇的实践行为,如课堂参与,回答问题,主动给出答案,倾听别人的观点("日本人不喜欢公开陈述意见",一位学生说),在课堂上展现兴趣等都受到自我抑制的。有些人发现,这些行为不限于课堂:中津良子(Ryoko Nakatsu)是一次论坛的发言专家,这次论坛由文化厅主办,名为"日本语言教育的现在和将来"。她认为"日本人不能够用较少的词语来描述客观事物,不能总结他们想说的话,不能按照重要性大小排列观点。他们还显示出'不情愿'倾听别人在说什么(参见康斯戴恩的著作(Considine, 1998))。提起两年制女子短期大学,一位教师写道,"令人悲哀的是,很多二十多岁和三十多岁的女性难以传递她们想说的东西;她们可能会谈话数小时,但是她们想说什么却不很清楚"(Sato, 1996)。当加拿大、韩国、中国大学生询问一位非日本人教授对日本大学生的看法时,他不得不说:

我不知道该怎么回答，因为世界问题是如此不在我的学生的关心之内，课堂作业如此被忽视……我的很多学生不能够做出一份有点专业化的、像样的作业。他们很少阅读报纸，也很少听新闻，不知道这个世界上发生了什么；他们的关心局限于个人的兴趣和身边的环境。他们对参与矛盾性的辩论或讨论缺少激情，这显示出日本年轻人没有很好地意识到诸如环境问题等严峻的世界问题。有时候，他们也相当没有注意国内问题。他们对他们的未来缺乏真正的兴趣。雄心或梦想仅仅局限于经济上的舒适……尽管他们在进入大学之前勤奋学习，但是没有形成高效工作的习惯。如果一个二十岁左右的人都不愿意做出能够拿得出手的、一页纸左右的作业，我怀疑，日本教育整体上是否太过仁慈了(Leveille, 1999: 33)。

一位同事一次说："最有把握地斩断与日本学生谈话的方法是问他们'为什么'。"另一位同事说："很难与日本学生说话或开启一次对话，因为他们对自己的社会是如此不了解。他们对任何事情都不感兴趣。"还有一位同事也表达了同样的感受："如果你向他们口述，他们会机械地记录下来。他们会记下你在黑板上写下的所有东西，但是似乎并不理解这些东西。"还有一位同事说："在班级里，讨论尤其平淡，到处充斥着犹疑不决的氛围。他们太不自信和冷淡了。"下述故事是一位非日本人教授讲述的，形象地说明了学生冷淡的程度：

一次，在一个短期大学的一个班级里，我问这个夏天他们做了什么。当一名学生说她回故乡下吕市去了，我知道了如何提高他们的注意力和让氛围活跃起来。很巧合的是，我曾经与一位住在那儿的朋友一起，在那儿生活过两个星期。这个城市非常小，我用了几天时间漫步了所有地方，所以，我对这个地方非常了解。于是，我开始在黑板上画出当地的主要地标的地图。我问她家住在哪儿。原来，她家就在一个超市的隔壁，那附近我很熟。我继续很随意地画出超市附近的所有商店的详细地图，问她是否我已经接近了她家所在的地方。她面无表情，指给我看，说话的声音很低，就像在耳语。当我转而观察其他学生时，我注意到他们也是面无表情，没有人感到惊奇。没人问我为什么对这个城市如此熟悉。他们仅仅坐在那儿，整个地一动不动，瞪着黑板。"天呐，"我自问道，"他们在思考吗？在思考我碰巧知道日本的所有小城的布局吗？"

应该注意到的一点是，在第一次课上，新学生显得很真诚。"因此，看到这些聪明、富有热情的年轻人在入学数周后变成典型的大学生——冷淡但却吵闹、心不在焉、健忘,典型特征是很容易把手机之外的所有东西落在家里,确实让人心碎。"(Arai, 1999)

一些教员抱怨,很难提出"禁忌"话题,诸如天皇、太平洋战争、日本的歧视,甚至学生的未来职业目标和父母的职位,因为后面两个话题会引起对"我们日本都是中产阶层"的空洞神话的怀疑。

另一位在日本教过十年书的非日本人写道:

我很遗憾地发现,年轻人变得越来越保守,因为缺乏较好的表达能力,没有国际精神……广为人知的是,请求日本人,尤其是年轻的日本人去自我表达是对他们要求太多。另一个事例更好地说明这一点。我曾经开过一门给日本人英语教师的课程。我的学生告诉我,即使用母语,年轻人也觉得表达观点或自我表达是一件不可能的事情("两种制度的糟糕之处",1993)。

许多学生缺乏清晰地自我表达的能力,这在入学考试中尤其明显。有些大学试图减少书面考试的作用,使用面试。然而,一位来自中央大学的教授解释说,面试几乎提供不了有关"学生实际上如何"的信息。这是因为他们的高中老师:

很显然,让他们阅读"面试指南"。"面试指南"包括所有的一般性的问题("你为什么想到这所大学读书?""你为什么选择这所大学?")和"示范答案",还有如何鞠躬(至少弯腰45度),如何保持坐姿(如果是女性,两腿并拢双手置于大腿之上;如果是男性双腿微微分开,两个拳头各置于一个膝盖上),如何离开面试房间而不至于背对面试官(包括很多鞠躬和一些好笑的、螃蟹般的动作)。(Arai, 1998a)

结果一点也不让人吃惊,"他们接受这样的教育后给出的答案一点没有创新性,也不会令人激动不已"(Arai, 1998a)。至少从学生的观点来看,面试不是公开发表所要求的观点,而是变成了具有"对"和"错"答案的口头考试(McVeigh, 1997a:123—36)。荒井叙述了有时候如何使用"震惊问题"以便让学生从语无伦次中清醒过来:

主考官:"你赞成还是反对堕胎?"
感到吃惊的男学生:"啊,这要看情况。"

主考官:"好的,那么,在什么情况下,你认为堕胎是允许的?"

学生(恢复了镇静):"我认为,在堕胎对当事人有益的情况下,应该允许堕胎。"

主考官(极为耐心):"好的,我明白了,但是,你能举出一个例子吗?"

学生(虽然经过一段时间的思考,但是恢复了自信):"好的,比如,如果生产不利于孕妇,这时候应该允许堕胎。"(Arai, 1998a)

一位观察家对照了日本和美国教育的不同:"在美国,每个个体发表他自己的观点和想法都很自然……这在日本是不可想象的,在日本,所有人都被迫拥有共同的观点,那些持异见者将被排除出去。"(Nishihara, 1997)尽管这有点夸张,但确实包含一些现实的成分。一位早稻田大学的毕业生体会到的"美国大学的规训(自我规训)的野蛮:冷酷无情的教授、数量庞大的作业、对讨论的强调":

我从来未经历过辩论。我有点晕。开始,我觉得美国学生是如何举止适当,对教授是如何不尊敬……我清楚地记得,我的大学论文是如何糟糕,被返还时带着老师的批注"难以理解!""为什么?""谁这样说的?"我不知道怎样去写一篇有逻辑的文章。在日本的大学体系里不存在这样的规训。(Azuma, 1985)

乍看起来,哪儿的大学都相似(就像在很多其他地方一样,日本的大学也大都没有附设学生宿舍)。但是,很多日本大学有可能缺少一种被称作"智力共同体"的东西(即,正课之后忙于听讲座、学生活动和文化活动等);"不管它是肮脏的、拥挤的、是从战前继承而来的都市内的狭小空间,还是设计得如宫殿般富丽堂皇,坐落在风景如画的郊区,日本大学在白天就像一个风箱,吸进成千上万的教师和学生,然后到了夜晚就沦为可怕的废墟。"(Hall, 1998: 11)整体上,无精打采渗透到校园的所有角落,许多学生在不同课堂之间游曳,迟到,在图书馆睡觉。他们的无精打采和懒惰实际上构成了被动反抗——这是对多年的被规训、被管控和被监视的回冲效应。一位教师如是说,"有些教师从这个惨淡状态中发现了值得从事的工作挑战,并设法在这里创造出奇迹,但是,要求所有的教授都拥有这种把死人扶起来的能力是不明智和不合情理的"("课堂上的睡觉者",1999)。

大学校园里满是穿着牛仔裤和便装的男学生,他们毫无疑问给大学带来了松松垮垮的行为方式。很多男学生留着长发。尽管很多男学生打扮得干干净净,他们也在外貌和行为举止上给大学增添了随便性。女学生也打扮得很随便,虽然很多化妆,有些穿着浮华,甚至有些穿着打扮大胆(但是,在两年制短期大学里,女学生的穿着更时尚雅致,这反映了这些机构对性别差异要求严格的特征)。不再处于世间的监视目光之下,这监视目光嵌在初等和中等教育机构里,学生们不再重视来自权威的凝视,学生们减缓了移动的节奏(行走速度、占座、语言反应等),评估和看重自己(通过爱好、俱乐部活动、异性、兼职、旅行)。然而,值得注意的是,在日本,很多人不认为大学生是成人(按照字面意思去理解,是"社会人")(一个人不被认为是成人直到拥有全职工作或结婚)。至于学生自己,很多人则认为大学仅仅是高中的延伸。因此,在某种意义上,在背景之中,官方凝视仍然存在,等待着他们毕业离开大学,然后汇入劳动者大军之中。

反 抗 形 式

大学生被描述为忽视学业、无视教师、对环境麻木的一类人,但我认为这种态度实际是一种反抗。使用"反抗"这个词,我不是意味着有意识、有组织、有系统地对社会秩序的反叛。我使用这个词是指一种不直接挑战但蔑视这个制度的行为和态度。这种不明显的反抗形式无视而不是威胁统治结构,是统治结构的变形而不是对统治结构的颠覆。在下一节,我举出反抗的一些例子,来说明不那么精英化的高校里,学生们如何扮演大学生角色。然后,我分析课堂实践。最后,我分析作为一种仿真形式,大学生如何对官方的大学定义鹦鹉学舌。

身体的被管控和反抗

学生如何通过身体表达反抗?通过仔细研究他们对身体的管理以及与教师和其他学生之间的互动,揭示出他们在大学前所接受的学校教育带来的结果。数年的学校教育规训会带来什么样的身体行为?最通常的(从教师的角度看,最烦人的)行为是缺乏表达,产生了某种非交流性的言语表达;虽然声音发出来了,但是没有说任何东西。当被喊起来的时候,学生常常以几乎听不见的耳语在说话。这似乎表明他们对传达自己的想法不感兴趣(至少不仅仅局限在教室里)。学生自己对此的解释更糟糕。他们说这是因为他们不想作为"好学生"而"过分突出",因为这样会成为"校园霸凌"的对象。在高等教育语境中,这成为一种更为微妙的排斥形式。

学生认为他们无声的另一个标志是当课堂上被点名时,有些学生不回答。对此,最通俗的解释是"日本人内向"。[1]但是,很少有人认为学生总是如此安静。必须强调的是,在一定的场合,他们会特别吵。比如,在走廊里,在公共交通工具上,在教室里但不被提问时。一位日本人教授严肃地对我说,"现在,日本教师面对的最大问题是一直聊天的学生"(许多教授也简单地谈论过聊天的学生,一位教授断定,学生把她的授课视作"背景噪音";参见岛田的"教师眼中的'耳语'问题"(Shimada, 1995:59—71)。当面对对他们来说好像是检查和询问的权威人物时,学生变成了沉默的自己。另一个普通的身体行为是拒绝眼神交流。有些学生不会从课桌上把头抬起来往上看,即使教师就站在桌子旁喊他们。[2]

学生如何摆放身体是另一个值得关注的身体行为。一个人动机越高(至少越自信),越容易坐靠前的座位,然而,动机越低,越容易坐靠后的座位——这是在所有国家的教室里都会看到的普遍现象。但是,在日本的教室里,绝大部分学生都坐在后面(除非座位是固定,这在大讲堂里很常见)。很多学生就像在玩抢座位游戏一样,从进入教室起,就争夺最靠后的座位。学生们常常按照性别分开坐,男性坐一边,女性坐一边。这种分割实际上深深嵌入日本的所有教育制度中(比如,"男性学科"和"女性学科",参见附录A,表A18)。虽然有一些女生乐于显示她们的学术天才,但是相当多的农村女学生在男同学面前就变得沉默起来。即使在帝京大学,我也被告知,女学生在男生面前会藏起才能来,因为"显示聪明不是找到丈夫的好方法"。

过劳的身体对社会压力的反应方式也可以被描述为一种反抗形式。"五月病"折磨着新生或新员工。他们在进入学校学习(或到公司就业)后,人变得疲倦,开始失去学习(或工作)的动机(学校开学和公司吸纳新员工都在四月份)。据推测,新学生(或员工)期待新的责任,但是很快就精疲力竭了。在经过黄金周①的休息后,他们回来上班时,面对未来,显得激情更少,他们变得昏昏欲睡,失去动机。[3]请注意一份名叫"班级管理的呼吁"的议事录:教员应该阻止学生中的"五月病",上课不要迟到,不要提前结束授课(特别是五月份的后半段,因为公众注意到学生们在公共汽车站排队,尽管当时五月的后半段也过了,这景象有害于"大学的士气")。

也许,最明显的体态——作为表达反抗的方式——是不出现在课堂里。在下一部分,我将分析课堂"出勤"的意义。

---

① 日本的小长假在四月底五月初,持续一周左右。因为其间各种节假日较多,所以被称为黄金周。——译者注

用缺席表达反抗

我警告一名学生说,他缺席太多了。他回答说,也许我错了,他来上课了。我说我真怀疑自己会弄错。他接着说,在我点名而他缺席那天,他实际上正在班里,但是当我喊他的名字的时候,他以为我喊的是另一名同学,这名同学的名字的发音与他的名字的发音相近。我解释说,他的理由不成立。因为他应该相当明白,在我的班级里,我把每一名同学喊到教桌前,并检查他或她的作业。所以,为什么他没有告诉我,我没有喊他的名字?他一时找不到第二个借口了,说道"等一等……"他一边来回转动眼珠,一边歪头,就好像特别为难的样子,然后就开始抓后脑勺。过了一会儿,因为他站在那儿,很显然在寻找下一个借口,我让他回到座位上去。(大学教授)

仿真的日本高等教育的最大虚伪之处是班级出勤:日本大学生因翘课而臭名远扬,这个问题偶尔会被媒体所报道。在一篇题为"政府报告抨击高等教育制度"(1998)的文章中,叙述了"大学生……高缺课率和作业未完成率"。在一篇题为"为什么广末凉子(Hirosue Ryōko)①不到早稻田大学上课?"的文章中,报告说,早稻田大学的学生非常生流行歌手兼演员广末凉子的气,因为没有在校园里看到过她。文章登载了一张照片。在照片中,一群学生在入学仪式上围着广末凉子的真人大小的海报照片,广末凉子没有出席这个仪式。这是一个纯粹的仿真例子。如果她不到大学来上课而最终能够毕业,而他们却如此努力学习,学生们觉得这有点不公平。有报告说,她因为工作太忙以至于不能来上课("为什么广末凉子缺席?"1999),虽然这学期已经过去了八周。报告说,愤怒的学生曾经揪她的头发。②

最近,为了与过度缺席问题(还有其他问题)斗争,有些大学雇用了学校心理咨询师,一个私人心理咨询机构也被建立起来了,以应对学生拒绝上课出勤的问题:

有时候,学生把自己关在自己的小屋子里,拒绝与其他人发生任何联系。一位临床心理学家说:"问题背后的关键因素是,在小学阶段学校集中向学生灌输知识,而很少帮助他们实现情感自治和培养判断能力。"("大学里的逃学问题变得严重",1998)[4]

---

① 广末凉子(Hirosue Ryoko)是日本著名偶像派女歌手兼演员。1999年4月,在其人气的高峰期,她进入早稻田大学读本科。早稻田大学为日本最古老、最著名的私立大学之一。——译者注
② 原文如此。估计应该是真人大小的海报相片的头发,而非真人的头发。——译者注

在很多方面,学生的行为就好像他们不情愿到大学去,不去上课是最好的逃脱方式。一名男学生说:"总是上课出勤的学生是傻瓜。"也有学生不赞成这观点:"仅仅只注意到上课出勤的学生不是好学生。毕竟是他自己决定上大学的,这又不是义务教育。"但是,不管较认真的学生如何考虑,拒绝上课,作为反抗的一种形式,似乎是"拒绝成为课堂一部分"的一种微妙形式和"课堂崩坏"。这些词语经常与小学教育相联系。

在大学里,课堂出勤被仔细地监控和记录。许多大学规定,为了通过一门课程,最低限度的课堂出勤是必须的(有些大学还有关于迟到的规定)。他们常常不让缺课很多的学生参加结业考试(至少理论上如此),因此就很简单地让该学生不及格。显然,大学的管理者和教员在校内的各种会议上交流过如何处理翘课问题(还有其他问题),因为从各个大学收集来的政策文书和议事录使用的都是同样的词语。在某所大学,教员被严肃地告知"从现在起,因为新类型的学生在增加,所以有必要在如何应对上交流信息"。另外一所大学的议事录的题目叫做"请求公司调查,以便抓到那些长期缺席的学生"。在很多大学,如果缺席超过总课时数的三分之一,那么学生就不及格了。但是,存在很多"救济措施",诸如报告、另外增加的课堂出勤以弥补缺席。在某些大学,如果存在"特殊情况"(比如,四年级学生已经找到了工作),这件事将在教授会上讨论,以避免由个别教授作出的"不公正或专断的决定"。

在一所约拥有一千名大学生的大学里,在一次教授会上,有报告说,430 名学生属于过度缺席(在四年级有一门,在一至三年级超过两门)。另外,有报告说,在某个专业的 530 名学生中,有 2 130 门次的课程存在过度缺席。[5] 在另外一所大学的教授会上,一份名为"过度缺席的学生中,谁得到了及格分?"的文件被传阅,它列出了 74 名学生的名字。按照管理者的观点,这些学生不应该得到及格分。然而正是同样的一批管理者,当过度缺席的实际情况出现时,他们却视而不见。"出于某种原因,他们认为自己可以见风使舵",一位教授对此呵斥道(表 8.1 列出了一些例子)。

对课堂出勤的强调表明,仪式化地看待学习的观点:只要在教室里坐上一定时间,学生就应该通过。学生实际上是否学到了知识与否并没有关系。这是学生在课堂上睡觉能够为很多教师所容忍的原因(尽管我知道一位教授,他对学生上课的表现如此生气,以至于他把这些学生标记为缺席,其他教授说就让他们去吧,因为"他们并没有打扰其他学生")。确实,很多学生——也许因为兼职或者因为在职业学校"双重上学"太累了——到课堂里就是为了睡觉。教授们花费很多时间来点名,设计出各种各样的应对措施控制糟糕的出勤:每周发放各种彩色纸片,学生必须填写(因为学生会

表 8.1　过度缺席的学生的成绩

最终成绩等第	缺席次数	按时上课次数
A	9	26
A	13	27
A	18	30
C	8	15
C	10	20
C	13	26
C	15	30
C	27	28

偷窃或复印普通纸片，然后把这些纸片送给朋友，让朋友课后上交）；分别在课始、课中、课尾点名（因为学生会在课中间溜走）；在课堂上传阅学生名单，让学生在自己的名字上画圆圈，上课结束时点数人头（因为学生会在上课结束前溜走）。有些学生"代答点名"，有些教授知道学生在捣什么鬼，也能够与代他人出勤的仿真行为安然相处。"小题大做会带来很多麻烦"，一位年长的男性教授说。一名学生说："在很大的班里，学生写下名字后就离开，在上课开始出现的学生有一半在上课结束前跑掉了。教授知道发生了什么事，但是没有采取任何措施。"有些教授干脆放弃了这个讨厌和耗时的任务（在非常大的班级里），不再点名（虽然在有些大学，这样做违反规定）。在有些课堂上，点名结束之后，有些学生厚着脸皮在教授的注视之下离开教室。一位教授注意到在他的大学里，"有些课程使用座位不足的教室，似乎管理者知道，不管有多少人注册了这门课，每星期都不会有很多学生出勤，所以总有足够的位子"。另一位教授因为厌倦了点名，就停止了这个做法，但是不久就不得不继续，因为学生抵制他的课程。据推测，因为他们害怕管理者会没有证据表明他们实际出勤了。不是所有教授都同意给予出勤如此重要权重的教育哲学："我不喜欢教授仅仅因为学生课堂出勤就给予学分。这是学生认为'我只要出现在教室里就行了，我不必听课或者做任何作业就能通过'的原因。"

缺席状况在有些大学如此糟糕，以至于不得不采取一些特殊措施，比如通知学生的监护人，或者给出勤不够的学生一种特殊的分数（不是不及格，给那些出勤达到最低限但没有通过期末考试的学生）。在有些大学，设有分班升级制度。这意味着学生必须在课堂上表现优秀才能被允许进入下一阶段的学习。学生给出勤较多的注意是因为所有学生都认为出勤决定分数。

在我的经验里，有些学生在缺席了半个学期后，将会哀求教师允许他继续该课程的学习，同时会发下各种誓言，保证努力学习和正常出勤。很明显，他们认为单纯的道歉行为就足够了——这只是仿真道歉——学生通常不遵守他们的诺言。一点儿也不罕见的是，学生会在学期中间第一次出现在课堂里。当我询问他们如何看待自己在课堂上的表现时，他们表现出被惊吓到的样子。同样经常出现的是，学生在学期快要结束的时候才第一次在课堂上出现，竟莫名其妙地想通过。学生还会厚着脸皮到管理办公室去，打听某个任课教授的情况（因为在此之前，他们从未见过这位教授）。下面的这则轶事表明了很多学生的态度。当我向学生解释我不能让他通过时，他会反复问："因此？"在这个语境中意味着："那么，我应该怎样做去通过课程？"他的思维方式在日本学生中很普通，这赋予大部分日本大学的制度逻辑以完美性。一位同事总结了这种逻辑：

我知道14次课我只出勤了2次，但是布置给我一个研究报告代替考试。不要让我再烦你了。不管我提交的报告如何垃圾，你通过就行。或者对管理者撒个谎（因为我们知道他们会对此视而不见），告诉他们我有能力参加期末考试。不管这儿发生了什么，不管我做得多么糟糕，你都会让我通过。

有些学生一次也没有在班里出现过，但是却出现在期末考试中，公然违反大学规定，坚持参加考试。他们认为，管理者会对此视而不见，允许他们参加考试；尽管他们可能学业不良，但是仅仅出现在期末考试中已经足够获得通过分数了。这些认识常常符合大学的客观现实。大学四年级学生和短期大学的二年级学生更是如此。有些学生解释说，他们更喜欢报告而不是考试，因为后者需要死记硬背和学习；前者很快就能完成，因为只要敷衍了事就行，不管报告如何差，都能获得足够通过的分数。

四年级学生，特别是当他们收到了公司的录用承诺（非正式的雇佣许诺）之后，因忽视课堂出勤和课程作业而臭名远扬。比如，有几名学生从来没有出勤过一个一年期课程的第一学期，但是在第二学期的第一天，突然来到了我的课堂上。这些学生虽然违反了大学的规定，但是还是参加了期末考试，不出意料地没有通过。他们还忽视了上交每周的阅读总结和学期论文,这两者占去了成绩的 80%。学生想知道,他们为什么会不及格。当我仁慈地解释原因后,我告诉他们,如果他们完成每周的阅读总结、学期论文,跟上第二学期的课程作业,来班级上课,我会重新考虑他们的情况。一名学生从未来过,也没有取消选修,结果不及格。一名学生立即到班里上课了。一名学生第二学期的最后一天来到班里,他想知道怎样做才能课程及格。

通常,学生的缺课借口没有太多想象力。诸如,"因为我睡过头了"、"没有特别的原因"、"下雨了"。但是,一名缺席了几乎整个第一学期的女生给了我一个特别的理由,似乎认为教育-考试体系应该负责任:"进入大学之后,我就有一种被从应试学习中解放出来的感觉。我已经精疲力竭。所以我想放松,我这学期应该纵容一下自己。"

许多我访问过的学生都说,教授应该点名。一位学生解释道:

教授应该点名,因为在日本绝大部分大学生都对学习不感兴趣。我听说,在美国,如果教授停课,学生会抱怨的。日本学生从来不会这样做。因为日本学生不必参加课堂学习,不用真正学习就能毕业,然后找到工作。这对日本社会都是一个伤害。我们比美国学生更为孩子气。只要这种愚蠢的状态继续,日本的教授就必须点名。日本学生不被视作成人,他认为他们像小孩子一样。

有些人对点名的态度模棱两可:"当然,点名很重要。但是如果学生不来上课,教师应该宽宏大量。他们需要时间用于休息。"另一位学生说:"学生不是被动的。如果他们积极主动,点名就不需要了。"一位学生建议我:"点名要快一些,因为如果你花费过长的时间,我们就会和朋友说话。"下面是我从学生的视点概括的点名的一般原因。

确保出勤
- "教授应该点名,因为如果不点名,没有人会参加他们的课程,包括我。"
- "教授应该点名,因为如果教室里仅有几个学生,那就看起来很可笑。当教授喊学生名字的时候,很多人为朋友代答。这种现象必须停止。"
- "如果教授不点名,学生就不会出勤。这样,班级就不存在了。这对认真学习的学生来说不公平。"
- "我不喜欢仅用出勤来判断学生的观点。但是点名仍然需要,因为如果不点名,就没有人来。"

- "如果教授不点名,学生就不会来大学。"

阻止社会秩序混乱
- "如果教授不点名,学生就易于卷入交通事故、犯罪和吸毒之中,这就会造成日本社会秩序的混乱。"
- "为了确保学生来上课,点名非常必要,如果他们不来上课,日本社会就分崩离析了。"

对好学生公正
- "教授应该点名,因为好学生出勤,但坏学生逃课并且借好学生的课堂笔记。这样对好学生来说是不公正的。他们来上课,并且忍受无聊的课程。"
- "应该点名,因为不点名对那些每周来上课的同学不公平。"
- "不出勤就通过考试对出勤的同学来说,不公平。"

阻止代答现象发生
- "当然,教授应该点名,但是当喊同学的名字时,他们应该仔细一些,审视每一位同学的面孔,因为很多同学翘课,请同学们代答。"
- "许多学生代他们的朋友喊'到',因此点名实际上毫无意义。"

不出勤是浪费钱
- "既然我们是付费上学,我觉得应该点名,因为点名能强迫学生来教室上课。如果他们不坐在教室里,最终就是浪费钱。"
- "不出勤就是浪费钱。"

检查学生的行为
- "因为大学生必须上学,所以他们变得疲倦了。为此,教授应该点名,以检查他们是否出勤。"
- "教授应该点名,把点名作为检查学生行为的方式,因为绝大部分学生不想出勤。"

- "通过点名，教授能够知道学生的动机水平。这是衡量他们学习态度的方法。"
- "因为我懒惰，所以我认为出勤有用处。如果教授不点名，我将变得更懒。"

代替考试

- "教授无法仅仅通过考试分数判断学生的学习欲望，所以他们需要点名。因为仅仅依靠考试来判断不公平，所以教授应该点名。"
- "点名很必要，因为它是评价学生的重要方法。"

预防学生考试过差

- "有些学生考试成绩很好，然而，有些学习刻苦的学生考试成绩并不好。因此，教授能够根据课堂出勤记录，给这些学生一个好的分数。"
- "如果我们考试成绩很差，教授能够考虑我们的出勤记录。"
- "实际上，点名非常有用，因为很多学生考试成绩很差或不及格，但是，如果以出勤次数作为衡量标准，那么教授就能够让他们通过。"
- "如果学生考试很差，教授可以考虑他的出勤次数，然后不依靠考试成绩而依靠出勤，给该生一个好的等第。"
- "如果考试分数太低，教授就可以根据出勤次数给予学分。所以他们应该点名。"

促进师生间的交流

- "点名是师生间交流的一部分。"
- "点名是记住学生的面孔和名字的好方法。"
- "我认为教授应该点名，因为如果学生不来上课，这对教授来说非常失礼。"

让学生学习

- "出勤让学生想学习，因此它是好事。如果学生不学习就能通过考试，他们会放弃在大学里学习的梦想。"
- "有些学生仅仅在考试前夜学习，因此他们实际上没有学到任何东西。所以点名能够确保学生学到不仅仅是为了应付考试的东西。"

其他原因

- "没有比仅仅依靠出勤就能获得好分数更好的事情了。"
- "如果教授不点名我会感到不安。教师点名之后,我就变得轻松了。"
- "点名非常必要,因为有如此多的蠢笨的学生。"

有些学生明确认为不应该点名:

- "学生出勤次数少并不是坏事,因此教授应该宽宏大量,不应该点名。"
- "我们是成人了。"
- "点名是浪费时间。"
- "点名没有任何意义。我想说的是,如果一个人出勤次数多,是否就意味着他比其他出勤次数少的学生聪明?我不这样认为。"
- "我不喜欢点名,因为它让我回忆起高中时代。"
- "点名有时候花费 30 分钟,多么浪费上课时间啊!"
- "我认为教师不应该点名,因为出勤者有好心肠。没有好心肠的学生就不出勤。"
- "教授太过担心学生的出勤了。出勤多少对他们有什么意义?"

本节总结如下:从教员的视点来看,低出勤率是典型大学的现象,它让人烦恼、让人困惑,甚至让人警觉起来。学生本人也可能认为翘课是坏行为。**然而,如果一个人考虑到许多学生在大学里经历的挫折、焦躁和倦怠(除此之外,社会的通识认为高等教育就是规训的暂停),那么令人吃惊的是,竟然有那么多学生经常出勤。**这证明大学前阶段的学校教育的社会化力量的强大,当时的学校教育使他们在难受的环境下要忍耐。也许听起来似乎具有讽刺意味,它本身也展示了某种规训。

通过不反应来反抗

有很多方法去对学生进行描述、概括和分类,而且没有任何一种方法能够囊括所有的细微之处。尽管如此,还应该做些尝试。在日本,学生经常被描述为"主动和乐观(高动机)"或"被动和悲观(低动机)"。但是从我的经验来看,要讨论的议题不在于他们是否有动机。这一议题更具有根本性:我们正在面对学生反应与否的问题。不反应是反抗的一种形式。一位学生说：

当我第一次进入大学，我很吃惊，然后就为课堂的被动气氛而感到沮丧。教师会一直不停地说一个多小时。学生则完全跟着老师走，不停地记笔记。学生们不妨去听录音——没有人分得清二者的区别……教室里缺乏生-师和师-生的互动让我深深地感到焦虑。（"大学教师必须改变"，1998）

"主动"意味着个体需要最低限度的刺激来激起，以成为高效的学习者。"被动"意味着不去带头，除非强烈地被鼓励去如此做。如果存在某个刺激，即使最被动的学生也应该有反应。但是，大量的日本学生不仅仅是"被动"，就像一般人所描述的那样，而更是"无反应"，忽视所要求于他们的东西。大学前学校教育已经把他们的动机消磨殆尽，以至于他们变得无反应，显现出燃尽后的灰烬般的冷淡。尽管存在刺激，但他们拒绝反应，拒绝承认被问到的事实，拒绝课堂参与。很多学生置身于特别的教育-社会化经历之中。这种经历给予他们的被动性如此彻底，以至于他们很难理解，正是他们自身必须致力于自己的教育熏陶。这里，我必须补充一下，尽管与无反应性的学生打交道费力，但是，令人伤心的是，我遇到相当多的无反应的学生，他们非常讨人喜爱，也愿意学习，只是不知道如何学习。

有时候，在最难教的班级里，会形成"学生-对-教师"的社会心智结构，就像一位学生向我解释的那样："我感觉在我们和老师之间有一堵高墙。"这种心理结构会非常强大：即使最"顺从"的学生也让我知道，他们认为我不会训斥那些忽视出勤的学生。一位同事有次把教学形容为"扔一只不反弹的球"。另一位同事谈及一些班级里的"半敌对"氛围："作为班级，他们没有得到任何东西。作为个体，他们似乎得到了。那么，为什么他们不在班级里做事情？"

原因在于世间，或更准确地说，是官方凝视。一旦深深地内化为无意识的意识，官方凝视就变成了水平凝视（即在同伴之间），因此导致在大学班级里形成强力沉默的共谋。那些回答的同学需要花费大量时间在回答上，好像犹豫不决是课堂参与的先决条件。不止一位同学告诉我说，他们不喜欢小班级，因为在小班级里，他们失去了大班级提供的匿名性——不仅与老师之间，而且与同学之间。但是，尽管存在来自同学的令人泄气的凝视，有些同学仍然不害怕说话。即使在一些最糟糕的班级，有些同学也会说话，带着自信、坚定，在某种情况下还可以再加一个勇气。我记得一个特别的班级。

这个班级里，只有一位同学会回答我的问题，尽管其他同学会窃笑她。

如果学生被一位老师逼急了，被强行要求交流想法，有些学生将忽视教师，或者假装他们不懂教师的问题或教授的知识。许多学生说，这是装糊涂，"假装不知道"或"假装无知"，就像有一张"茫然无措的脸庞"。也许这解释了一位教授给我的回答。当我在日本从教第一天时，我问这位教授日本学生理解英语的程度如何。"英语？"他有点怀疑地说，"我认为他们不懂日语！"

北美的大学生喜欢炫耀，行为过于自信，在啤酒会上纵情狂欢，最后烂醉，依靠无目的的暴力来表达他们的不成熟。与此相比，日本大学生则退缩、阴郁内省、不好社交、拒绝做任何事情。不少大学生似乎尽心于证明他们对长大不感兴趣："日本学生倾向于'在内心深处想象行为'而不是'把行为做出来'；他们更容易犯个体疾病而不是造成社会秩序混乱"（White，1994：161）。这样的心绪被概括为"三 N"：没兴趣、没感动、没责任（White，1994：210）。

把无反应的大学生与日本著名大学的大学生比较就会发现二者的明显差异。虽然排名前列的大学的大学生不一定有高动机，但是他们至少有反应（并且非常清晰）。确实，有些名牌大学的大学生过于具有反应性，非常愿意表达他们的观点，以一种自信、正向和自以为是的方式。一点也不奇怪，其中的有些大学生一副完全傲慢的派头。与排名较低的大学的大学生不同，他们机警、观察力敏锐，一般说来更为彬彬有礼。他们听从简单的教学要求，按要求去完成作业，思想一直留在教室里，用积极反应来承认教师的存在。他们的沉静反映在体态语言上，比如，保持眼神交流、坐立笔直、步伐较快。因为是从全国的申请者中精挑细选出来的，所以，他们自信、机敏和雄心勃勃——所有的这些都呈现出未来日本的精英分子的特征。表 8.2 列出了大学生的常见优缺点的对照。

通过粗鲁无礼来表达反抗

反抗有很多形式，比如，有意识地不注意。这是一种故意忽视，忽视班级里发生的事情，换个实际的词语就是健忘（对象有钢笔、课堂笔记、课本、上交作业的期限、上周的课程）。再如，冷淡（在课堂上睡觉，做白日梦，不做笔记，不完成作业）、缺乏精确性（漠视课程要点，考试不及格，内容让人吃惊的学期论文）、粗鲁无礼（上课连续迟到，在班里喧闹，上课聊天，取笑教师，无视简单的提问问题）。"许多教师抱怨学生在教室里制造的噪音和无法无天的行为（比如，化妆，修剪腿毛，无视教师对保持安静的请求）。"

表 8.2　学生的积极特征和消极特征

积极特征	消极特征
愉悦	忧郁
阳光开朗	消沉沮丧
能说会道	沉默寡言
有表现力	不愿吐露心思
活跃	被动
具有团队合作精神	不合群
精力充沛	无生机
小组成员	脱离团队
大公无私	自私自利
同情心	以自我为中心
忠诚	背叛
心怀感恩	忘恩负义
顺从	不顺从
群体主义	个人主义
勤勉	懒惰
礼貌	无礼
外向	内向

("抑制班级的聊天",1998)"关键在于这些学生不仅懒惰和不仔细,还非常粗鲁无礼。"("懒散岁月",1998)在这一节,我分析学生如何通过粗鲁无礼来表达反抗。学生之所以通过粗鲁无礼来表达反抗,是因为这虽然对教师来说是粗鲁无礼和令人讨厌的,但在反规训时期,却是被官方所允许的行为。

相当多的学生展现出的无礼程度会震惊媒体。媒体对日本大学生有刻板化的印象:举止得体、纪律严格。有时候,有些学生似乎把故意迟到的意义看得很重。有些学生很明确地把进入教室时的喧哗声作为反抗:把背包和书籍猛摔下来,然后咣咣当当地硬塞进课桌里,拖椅子时弄出很大声响,迟到时进教室后与别的同学说话。学生们似乎通过捣乱来引起别人对自己的注意和违反有关礼貌的命令,并因此而"与众不同"。按照传统的智慧思维("出头的钉子被锤子砸"的格言),他们不应该做出这种事情。一位同事告诉我下述事件:

当我在讲课的时候,我听到有人在拨打手机。我说:"好了,把手机收起来。"我继续讲课,但是拨打手机的声音又响起来了。"喂,谁的手机?"我看到一位同学把手放在桌子底下,好像在藏什么东西。"过来,把手机给我。"他拖着步伐走上前来,把手机给我。我问:"你做这周的作业了吗?"他只是等着我,不说话。我又问一遍。仍然没有回答。最后,他说"没有"。我问他为什么没做。他却只看了看我,然后转过头,慢慢地回到了他自己的座位上。

教师中对学生的无礼的抱怨相当普遍。最普遍的观点是我从一位老教师那儿听到的:"在过去,学生可能会在课堂上睡觉,但是他们至少做家庭作业,对老师非常尊敬。现在,所有人都可以上大学,所以,很多学生来自较低的社会阶层,他们不会服从。"这种情感确实反映了一代人对大学生的行为期待。但是从我的观点来说,这种行为中的大部分与学生如何表达不满和反抗有关系。学生们大吃大喝,与朋友谈天,阅读漫画①,用手机聊天,听到寻呼机就离开教室,戴着太阳镜,在班级里还戴着帽子,交换贴纸、小首饰和其他小玩具,打扮自己。很多非日本人教师抱怨,有些学生一边大笑一边模仿他们的动作或说话风格。一下课,有些学生就会跑进走廊大喊大叫,根本不顾及还在上课的班级。⁶当我问一位学生他为什么突然离开教室时,他不客气地回答:"到大街上去买块糕点。"

聊天的学生似乎有个主要的关心。就像一位教授所说:"我们得到工资不是因为我们的教学和智力贡献,而是因为耐心。"一位教授直抒胸臆说,他雇用了一位助教作为"保镖"。一次,他一边笑,一边向我们解释在大规模班级里如何地需要保镖,"让学生们安静下来"。有位教授向一直聊天的学生出示黄牌。如果一位学生收到了两张黄牌,他必须把它们换成一张红牌,这意味着该生已经被踢出该课程了。另一位使用摇铃方式来让学生安静,虽然未必带来满意的效果。绝大部分教授只是"坐在那儿,瞪着行为不合规范的学生"(一位不满的学生的话语),并不会惩罚学生,因为他们害怕此举不会得到管理者或其他教员的支持。毕竟,惩罚对教室里进行的仿真教育(或没有进行)的形式有损害。

一位同事说,有一次他把一位特别能惹事的学生从教室里赶了出去。不知道何种原因,他把手机落在了教室。当他的手机铃声响起来的时候,其他的学生不是寻找手

---

① 这里的"漫画"指日本的连环画小人书,与我国的"漫画"的意思不同。——译者注

机,把手机关上或者应答,而是忽视手机铃声,好像没有什么不合适的事情。

有些教授抱怨,学生不会互相致意、不会开玩笑。当课堂开始时或在走廊里相遇时,如果教师向他们致意,他们只是回看,面无表情,或者面有困惑。我听到一位女教授抱怨过好几次,学生会忽视她在课堂里的存在,因为"他们不尊重女教师"。[7] 这种不敬不限于学生。我知道一位新入职的女教授,她曾被一位年长的女教授教育,不要在会议上发表自己的观点:"你是新来的,又是女性,所以在会议上不要说出你的观点。"(参见附录 A,表 A19)

许多学生拒绝回答教授提出的问题,而是向桌子底下看或者石头般回看老师。一位教师如此形容,"他们就像车前灯下的小鹿一样不知所措,不管我提问什么样的问题"。一位教授说,她的学生养成了坏习惯,总是说"不知道",在她还没有把提问说完之前。在课堂上,学生不会去阅读如何做课内作业的指示,而必须由教师专门指导他们去做。结果是,许多学生不能正确地完成作业,不知道如何开始,或者仅仅是不知道去做事情。有些学生无视教师的要求,教师要求他们解释不做作业或不预习的原因。一位教师对一个大学课堂的被动和懒散感到特别恼怒,让所有学生站着,如果不能回答她提出的问题就一直站者(有些教师使用这个策略以让学生更积极。背后的理论是,没有学生想让自己单独站着)。[8] 但是,这些学生拒绝站着,反而趴在了桌子上。这位教师最终发了慈悲之心,让学生离开了教室。必须要强调的是,尽管学生们在教室里被喊到时表现出让人沮丧的沉默,但是在课堂之外,他们也可能积极主动、喧闹和粗暴。

必须强调的是,不是所有学生都会显露反抗性。如果严格教育和监控,绝大部分学生会行为举止良好。他们会回答问题,虽然带着一些犹豫和装出来的困惑,而行为的犹豫和困惑会浪费时间和毒害课堂氛围。即使那些最好和动机最高的学生的行为也像被置于监视之下过久。还必须强调的是,虽然大学生一般缺乏动机,但是他们很聪明,在自己做事时非常具有创造性(学生俱乐部和学校节庆日吸收和展示了他们的创造能量)。而且,在绝大多数课堂,通常有一些高动机的学生。这些学生会对他们的同班同学表示不满。一位学生在写给《日本时代》①的一封信中说,"谈天,寻呼机和手机的铃声,化妆,走动,睡觉等,这些事情都发生在我的大学的教室里……我不能忍受班级里的噪音……我不想浪费我的时间和大学生活"("大学动物园",1997)。另一位

---

① 《日本时代》(*Japan Times*)是日本的全国性的英语报纸。

同学告诉我,"虽然所有人都在班里聊天,但是教授仅仅口头警告他们。教授们会让这些学生离开教室"。有时候,现实确实如此。学生们告诉我,一次,教授请说话声音太大的学生到教室后面,继续他们的聊天,同时请极少数认真的同学坐到前面。但是,坐在后面的同学严重影响了授课,以至于一位同学最后要求教授命令聊天的学生安静下来。在另一个班级,一位同学主动承担起班级管理的职责,站起来并告诉这些影响授课的同学要么停止聊天,要么离开教室。还要注意的一点是,有些教授允许学生在课堂上做其他课程的家庭作业或考前的功课复习。正如一位教授所言:"只要他们保持安静,我不管他们在做什么。"

班级里的仿真教育

在从前的社会科学界,有句常被大家传诵的有关参加会议的谚语"专心听讲什么都不是,而参与意味着一切"。在大学的语境中,我们可以说,"专心听讲什么都不是,而出勤意味着一切"。用我自己的话来说,"只是仿真教育,但绝不是学习"。在进入大学教室之前,很多学生可能已经被社会化了,接受了这样的观点:学习不应该太认真。许多大学生进入大学时,带着"发展严重不足的学习策略已经成为老生常谈了"(Hartley, 1997: 7)。这些都不值得吃惊。心灵为考试地狱所折磨而创伤。置身于强调管理控制而非学业成就的教育制度中,大量的学生学会了鄙视与课堂经历相联系的任何事物。"教育是一项活动。它的原初意义是为人类天性的最大可能性发展提供营养。但是,具有讽刺意味的是,它现在已经转变成为大大地限制这种可能性的工具。"(Horio, 1988: 322)"不存在独立人格的个体或自由人文主义者。他们最终成为机器的一部分。他们自己也知道这些。异化影响了他们中的大部分。"(Cutts, 1997: 75)

很多学生似乎缺少推断、观点具体化、举例和证明自己观点的能力。有人可能会说,这个现象的原因是懒惰,或者是大学前阶段缺少相应的能力训练。实际上,这可能是二者共同作用的结果。三芳雄次郎(Mihoko Ejiro)是著名的津田大学的教授,她说:

作为执业临床心理师,我在这儿的很多工作都是非常基础性的:一般说来,今天的大学生还未成熟,处于无兴趣的状态。很多学生不知道如何学习,甚至不想学习。

他们所有的能量都用于考大学了。我们不得不教他们培养自尊和激励他们,因为津田大学不是"休闲乐园"(引用自 Jeffs,1998)。

我多次听到人们把大学生形容为"脆弱的和缺乏安全感的"个体,这些个体"把所有的评价都视为批评"。一位非日本人教师曾被要求对"小女孩更友好一些,因为她们很脆弱"。我有次听说,一位两年制短期大学的教师被告知"不要批评学生,不管他们的学习情况多么糟糕。他们会自杀"。

但是我必须强调,上述行为模式具有条件性,受到与课堂相关的负面情感的驱动。虽然当面对阅读、授课、作业或任何其他班级活动时,他们无反应和精神低沉,但是当面对与俱乐部活动、购物、恋爱和旅行等有关的事情时,他们就会振作起来,精神焕发。不仅是对学习冷淡,实际上,他们对坐在教室里就有强烈反感。他们的态度不仅仅是怀疑学校能教给他们什么东西,而且是厌恶任何与学术有关的东西。对仅仅是身处校园里这件事,他们就显示出坚固的冷漠和令人沮丧的倦怠。我亲眼看到一些同学在走廊里游荡,不确定当天他们的课安排在哪一个教室里。有时候,我还看到一些学生在一学期的第二次或第三次课时,竟然不知道当天上什么名目的课程。他们会突然从课桌前逃离,奔向教室门,因为他们意识到自己的课程不在这个教室。另外一些学生则心不在焉地跟在朋友身后,走进一个教室,坐下来,开始聊天,根本没注意到教授已经开始讲课。

北美大学生常常因过度竞争而被批评。与此相反,很多日本学生在进入大学之后,互相交换课堂笔记,确如文字所述,共享答案,在考试中共同作弊,因为已经没有任何必要去竞争。[9] 在日本,尽管在较低的学校教育阶段存在过度竞争,但是在高等教育阶段竞争又不充分。有些学生依赖所谓的**付费考试**:一名学生每周都去听课,记笔记,然后把笔记分发给"忙碌"的学生(有些学生卖笔记赚钱)。很多学生说,这样做实际上能在考试中获得高分。虽然类似的行为在世界上其他地方也存在,但是程度有所不同:很多日本人教授并不因此而苦恼。

大部分大学的课程计划的机制让学生很难学到知识。一般说来,一门课安排在两个学期,每周一次,每次 90 分钟。这样,一名学生每学期平均注册 10 到 15 门课程。有些学生注册了 20—25 门课程,这些学生本就无意修完所有课程。虽然有些学生根据课程要求的工作量(考试、作业等)来选修课程,但是很多学生选修某门课程仅仅是为了与朋友在一起或者是因为喜欢任课教师的外表。他们的主要目的是参加高度程式化的期末考试,得到学分。对于大部分学生来说,任何学习都是附带事件。所以,学生采取如下策略就不值得惊奇了。很多学生会注册尽可能多的课程,然后发现哪些是"容易课程"(**快胜课程**,按照字面意思理解,即"容易赢的课程"),弃修其中较难的课程。尽管这个现象在哪儿都有,但是很多学生嫌烦,不去阅读大学规则(尽管在新生入学教育中,他们已经受到了规则的教育,并被反复警告),以至于他们很难正式地弃修那些他们已经放弃出勤的课程。结果是他们自动获得了课程不及格的分数。这既给他们自己带来麻烦,也给管理者带来了处理相关材料的额外工作量。这些问题揭示出很多大学生对大学学习的漫不经心的态度。

学习通常是以死记硬背来应付期末考试的方式进行的。学生很少提问,也很少在课堂上举手。他们说这是因为在进入大学之前没有人要求他们这样做(有些学生声称,实际上,教师也不鼓励他们这样做)。他们不习惯如此"强势"的行为(比如,询问他们的观点。一位消息灵通的学生告诉我,我自己也被批评了。因为我"盛气凌人"(原话是英语),在课堂上询问学生的观点)。学生们不显露任何兴趣地传达他们的想法。他们的回答常常高度仪式化、温和、重复。即使在著名大学,教师也易于失望,因为有大量的学生都缺乏明确的态度。

很显然,缺乏对大学学习的兴趣虽然不是大缺陷,但是却很能说明问题的核心所在。我注意到,有一些学生在课堂上不戴眼镜,但是在课外却戴着眼镜。他们会费力地看黑板,蜷曲在座位上,眯着眼睛(有些学生会抱怨,他们看不见黑板上的板书)。他们既不愿按照老师所说移到前排去,也会拒绝戴上眼镜。一位学生看不清自己的课堂笔记,眯着眼,蜷曲在座位上。他的蜷曲程度如此之深,实际上他的头部就快要接触到课桌了。虽然我数次要求他戴上眼镜,但他从未如此做。

许多学生对课堂上传授的知识如此不感兴趣,以至于他们不能按照老师的板书比葫芦画瓢记笔记(英语或日语),不会拼写最简单的单词,误写汉字,糟蹋大纲和示意图,遗漏关键词或关键部分。在语言课程上,为了让教师不再唠叨,许多学生倾向于通过练习加快学习速度,特别在意产生符合基本标准的结果。但是,他们对回答的实际过程和质量并不关心。他们常常错失联系的关键所在。许多学生不理解,某一周的课程是上一周课程的延续。学生常常忘记带课本、笔记本。有些学生甚至没有带钢笔或铅笔。有些学生从不购买指定教材。一位在两年制的女子大学工作的同事说:"有些女学生会花5万日元购买一只LV包,但是会抱怨教师让他们购买1 200日元的教材。"在另一所两年制的女子大学里,管理者规定购书的上限是3 000日元,就因为学生的投诉。"与此同时,学生们来上课时,带着名牌的化妆品、背包、外衣和服装",一位教授对此评论说。

对学习的恶劣态度也见于课堂之外。我记得一次教授会,在这次会议上,沮丧的管理者向教授们展示了成百上千的充满错误的学生用计算机填写的入学申请表格:教授姓名的汉字无法阅读,作业的电子图像太过潦草而无法评分,整个表格没有填写完整,代码(专业)错误,以及大量的其他错误。管理者问教授们,为什么会有如此多的学生犯如此多的错误。

考试是仿真教育的仪式性补偿

当论及初中和高中的考试时,有些学生会说,考试剥夺了学生的个体性和个性;同时相信,教育的唯一目的就是把他们分为两类。一名学生的话语集中反映了这种观点:

> 存在两类学生:一类是玩了再玩,另一类是学习了再学习。后者仅仅为了考试而学习。他们没有任何个人爱好。他们不学习他们想学习的东西。他们没有体育运动的时间。一旦他们有了自由时间,他们不知道该做什么。他们在任何方面都没有提升。他们缺少个性。他们没有激情。他们注定会孤独一人。

另一位同学说:"考试不仅没有激励学生广泛阅读,反而限制了他们阅读的范围。当他们真正**想**学习时,考试反而剥夺了学生的时间。"(我的强调)

由于大学前阶段的学校教育经历强调考试过关的训练而不是学习,学生把死记硬背当作学习。这样做的结果就是"应试学习"和"死记硬背学习"。这两者可被视作仿真学习,因为学生貌似在学习,但实际上仅仅是从教育本体中掏出学习材料而已。待到进入大学之时,学生相信——尽管更为理想主义的教师可能会说"为了教育的教育"和"自我培养"——课堂出勤是毫无意义的、机械的练习。学习具有了仿真性。即使那些动机更高的学生也似乎不知道如何学习了。当一位教授气急败坏地告诉全班同学,不要呆望着他,要记笔记时,"学生就全神贯注于记笔记,竟没有能够理解教师实际上在说什么",一位学生说。

对于大学管理者和教授来说,为了确保高等教育的本质部分能够得到维持,他们通常对考试相关的实践特别认真。这是教育-考试制度体系的凝视如此高度警惕和搜寻违反行为(如作弊)的原因所在。这就好像是一个对仿真教育缺陷的仪式化补偿的极端尝试。与此同时,学生的作弊显得非常普遍,而学生"没有任何罪恶感"(Arai 1996):"它是学生行为的有机组成部分。"在报纸专栏上,任何不提及作弊一词来讨论日本大学生的企图就像尝试避开"衰退"一词而谈论日本经济一样(Arai, 1998b)。

为了明了某个大学的管理者的真实想法——同时还有学生不诚实的程度——有必要分析一下分发给监考者的监考指南。指南开头要求监考教师要创造出适当的气氛,建议监考者"面对考生要有凛然态度"。文具盒、扇子和小毛巾(后两者是为了防备七月份的热气与湿气)不允许放在桌子上。因为持续不断的监视为关键点,监考者受到警告,不能在考试中间阅读或者打盹。监考者被告知要对异常的身体动作保持敏感,因为这是探测到不同的"作弊伎俩"的方法。这儿要注意到,如果作弊被称为"狡诈"而不是"不诚实行为",作弊一词的不道德色彩听起来较弱(Arai, 1996)。下面是一些作弊伎俩的命名和相应的身体行为的描述:

(1) 使用复制的便条(这些常常是通过复印课堂笔记而来)——(a)把便条藏在左手里;当回答考试问题时,学生打开左手。(b)把便条藏在大腿之间;以异常方式移动头部。(c)把便条贴在胸部口袋的里面;以异常方式移动头部。(d)把便条贴在上衣的里面;以异常方式移动头部。(e)把便条贴在衣袖的里面;以异常方式移动头部。(f)把便条藏在考试题纸和答题纸之间;以异常方式把二者放在一起。(g)把便条放在答题纸中间;以异常方式移动答题纸。(h)把便条贴在文具盒的里面;以异常方式移动文具盒。

(2) 在课桌上书写某些东西;以异常方式把试题纸和答题纸放在一起。

(3) 把便条放在圆珠笔里;以异常方式移动头部。

(4) 使用桌面垫;使用桌面垫的背面。

作业

直到现在,我仍然记得两位男大学生。两位都穿着宽松裤、分叉的T恤,头发未梳理,给人一种装出来的"酷"的感觉。他们坐在我的办公室里,向我解释说他们为什么没有做每周的阅读作业。"我不喜欢它",其中的一位说,就像这话就足以成为理由。另一位靠在椅背上,双手交叉,仅仅说,"我不做这样的事情",就像他的道德原则不允许他做作业。

过分迷恋考试教会学生如何**不**学习。因为学校教育就是应试准备,绝大部分作业失去了学习的本来目的,变成了通过考试的手段(不管考试是近期的还是将来的)。进入大学之后,当被要求做作业时,许多学生感到困惑。因为他们在进入大学之前,把做作业与应试准备联系起来,而不是与进入大学之后的自带目的的学术练习联系起来(一位来自多摩大学的教授说,这是"我们在高级课程里逐渐增加阅读准备的原因……在西方,这被认为是理所当然的事情,但在日本,这却被认为是勉人所难的事情";"治疗'学历病'之药",1997)。在很多大学生的眼里,大学专业里的考试不过是考试的一种仿真形式。

当我说我期望他们能够实际做一做作业时,相当多的学生表现出可见的不安。一名学生告诉我,虽然有些教授布置家庭作业,但是很多教授不布置家庭作业。另一名学生说:"我认为家庭作业只在高中阶段才有。在大学没有家庭作业,我想。所以,当进入大学后,看到教师布置作业,我感到吃惊。"还有一名学生告诉我:"我们不应该有家庭作业,因为我们是大学生,大学不是强迫学生去学习的地方。如果大学生想学习,他们可以在课堂之外自学,但是教授没有权力命令他们去做什么。"

在对我的教学进行的学生评教中,常见的一条批评是,我期待学生上交家庭作业。我熟悉的学生告诉我,这个期待对绝大多数大学生来说,都要求太高。一位学生说:"虽然我们不做作业,对教师有点不礼貌,但是,即使我们做了,我们也不会付出任何努力在上面。"另一位学生说:"我做是做了,但我常常忘记带到课堂来。"一位学生解释教师不应该布置家庭作业的原因:"当教授布置太多的家庭作业时,学生就没有时间从事爱好的活动,或者帮助做家务。同时,学生会很疲倦。"当被问及不做作业的理由时,一些有趣的回答如下:"我一做作业就犯困";"我不知道如何读书";"我不会阅读";"我不阅读"。最常见的理由是:

- "我没有时间做家庭作业,因为我要兼职。"
- "我没有时间做家庭作业,因为我要参加学生俱乐部活动。"
- "我没有时间做家庭作业,因为我从家来学校的路程遥远,要花费大量时间。"
- "我不习惯学习,所以我不做任何家庭作业。"
- "我没有时间做家庭作业,因为我有男朋友/女朋友。"

一位同事告诉我,他不给课堂出勤记录,除非学生完成了每周的家庭作业。有些学生很快知道他是认真的；而有些学生继续得到缺席记录，因为他们没有做家庭作业，花费更长的时间才理解这条规则；有些学生则从未理解。一位学生尤其特别，不管我的同事如何反复解释这条规则，他都不会做家庭作业。一次，当同事再次解释这条规则后，这名学生冲到他的教桌前，扔出一张纸，上面的字歪歪扭扭，有一句胡言乱语（作业是一张纸长度的小论文）。在这位学生的脑子里，他已经完成了教师的作业。**他的作业不是一张纸长度的小论文，但他假装完成了**。这样的假装保护了同事的自尊心，而不是有利于学生的知识学习。我举出这个例子，是因为它典型地体现了学生对学校教育的态度。与此态度相关的是，在语言课堂上，很多学生会加快练习速度，然后自豪地宣称"做完了"，虽然事实上完成的工作的质量可能非常糟糕。对于大多数学生来说，练习任务的最主要的目的是完成，而不是学习。所以，努力、挑战和过程都无任何关系，最终的结果代表一切（填空、在正确答案上画圈、正误选择等），为什么是这个答案的理由并不重要。

一位教师有次向我提起，他注意到，当学生放学回家时，"没有人背书包，我猜他们把它放在学校的储物柜里了"。另一位教授，好心地建议我布置家庭作业时，把正确答案也给学生："这样做，你可以一箭双雕。他们可以完成作业，又能够让所有答案正确。"

过分强调考试还毁掉了学生对写论文或报告的目的的理解。对于很多学生来说，写报告仅仅是另一个考试。相应地，学生应对写报告的方式就像报告可以用一些技巧或公式来完成。高度机械地看待作业的观点在下述话语中特别明显，"如果我有了家庭作业，我会查阅字典或者百科全书，然后把相应部分复印给教授"。"我阅读过的书籍不多，所以我更喜欢字典而不是书籍。"格式、方法论、长度和风格的要求常常被完全无视。抄袭非常普遍。有些学生认为报告仅仅是形式，一种让教师高兴的无足轻重的练习。当我要求他们上交如此棘手的作业时，学生似乎确实吃惊，也许吃惊于我在仿真教育游戏里没有扮演好自己的角色。

作业常常永远不会完成，除非教师把作业所占分数说明得特别清楚。教师收到破碎的一句长的小论文或者用缩写日语写成的小论文的时候也非常多。学生对待作业缺乏认真态度在下述事实中也表现得非常明显。学生上交的作业常常写在传单、广告、讲义、揉皱的纸片、课堂笔记的背面（很显然，一些学生认为没有必要保存笔记以供将来参考）。有些学生从来没有在笔记上把教师写在黑板上的东西记录完整，需要教师时常提醒才去记笔记。学生在课堂开始之前才做上次课的家庭作业或者写一些东西的现象也很常见。"因为所有作业的数量如此之少,所以我在课堂上做",一位学生解释说。

很多教师不布置家庭作业(有些没有收上来或者没有返还给学生)的客观事实进一步弱化了教育环境("一位教师仅仅给那些上课不回答的学生布置作业")。有些教授尽管布置家庭作业,但是却不期待学生完成作业,实际上也没有努力去收作业:"很多教师布置作业,但是没有人真正地去做。"又如另一名学生所说:"在这儿的大学里没有太多的家庭作业,就我而言,这完全正常。教授不布置家庭作业,认为它不重要,所以我也不做。"确实,学生们常常说:"我现在选修了 11 门课,但是没有任何家庭作业。"一名三年级的同学吹嘘说:"迄今为止,我从未做过任何家庭作业。"另一名学生说:"大学里有许多家庭作业,每周我都要写三四页纸。"但是,一些学生的态度不同:"大学里不布置作业,所以大学很乏味。但是既然我们在大学学习,我们就应该自学。但是没有人自学。"有些学生的话语比较模棱两可:"我认为,教授布置作业也是可以的,但是,教授应该让作业简单一些,或者让我们在课堂上完成。"

在功能正常的高等教育里,学生的大部分学习发生在课堂之外。家庭作业是整个高等教育事业的真正中心。但是,在日本,就像学生的言语所表达的那样,作业仅仅是说明了仿真教育的特征。很多同事说:"教师布置作业,然后,学生假装完成作业。"

对官方语言的鹦鹉学舌

一点儿也不奇怪,正如某名学生用实事求是的腔调所述,许多学生清楚地意识到,"我们毕业了但没有学到任何东西"。而且,很多学生不仅愿意参与这种虚假的教育,还愿意为它唱赞歌。最让我吃惊的是理想话语(体现在高校的介绍小册子和其他宣传品之中)与发生在他们身边的现实之间的分裂。尽管所有人都知道,学习并没有发生,但是大家仍然在上演一场戏剧。我教过的最差的一些学生多次——为一学期逃课最多、上课睡觉、没有做家庭作业而内疚——因为某种原因造访我的办公室。当我问他们最近怎么样的时候,他们就面无表情地望着我,然后说,"我们学生每天学习都很刻苦"。"哦,真的吗?"我反问道,"那么,你们一定学了很多东西。"他们会接着回答:"是的,学了很多东西。"也有一名学生告诉我:"我很懒,我不学习,但是我正在尽量努力去刻苦学习。"

学生在仿真教育中忠实地扮演好自己的角色的证据很容易找到。当我问他们为什么选择这所大学时,他们会以荒谬和矛盾的方式来回答。特别是,他们会照搬大学官方宣传和形象展示的话语。这些东西往往是辞藻华丽的宣传小册子,被用作非正式集会上吹嘘的材料。吸引学生注意力的大学特征是具体的、明显的和可以观察到的,而且它们往往与大学的设施而不是大学的课程及专业联系在一起(但是对于较认真的学生来,并不总是如此)。表8.3 列出了学生们给出的最普通的回答。这里我必须提醒读者注意的一点是,这些材料是历经数年从不同的大学收集到的。不过,有些学生比较诚实,提及俱乐部、课外活动、体育运动作为大学选择的理由。许多男学生会回答"大学里有女学生"。有些会回答,某所大学的通勤路程最短。

表8.3 学生对官方宣传的鹦鹉学舌:"为什么你到这所大学读书?"

● "因为这里有小班教学。"	● 大多数课堂上有40至300名学生。
● "我喜欢这里的教师。教师们很友好。"	● 新入学的学生还没有见过教师;除非必要,许多学生几乎不与教师交流。
● "因为这里有大的图书馆。"	● 图书馆很小。并且许多学生,甚至大多数学生不去图书馆。
● "因为学校有良好的空调系统。"	● 空调系统很少使用,并且不是所有的房间都安装了空调。
● "因为校园被绿树和草坪环绕。"	● 校园在市区内。
● "大学有很多基础设施。"	● 大学缺少合适的基础设施。
● "我想使用大学内的电脑。"	● 电脑设备的建设不完善,没有提供相关的使用培训课程。有些大学中没有电脑设备。

给我印象深刻的不是个体学生并不努力去实现个人抱负,或者说理想主义与现实主义之间的滑移,而是现实如此轻易被修辞学所代替的程度、伪装被制度化的程度、个体尽管不相信却如此热情地照搬官方语言的程度。

当然,一旦这个不一致被指出来,有些学生就会说课堂上学生太多,或者"大学教育"像中小学一样是"单向的"。单向意味着教师只管向学生讲授,而不邀请学生参与或询问学生的观点如何。然而,一位教师说:"这些学生的问题是,即使你询问他们的观点或给他们发言的机会,他们也不知道如何或者不想表达自己的观点。日本教育的某些地方存着问题。"[10] 对那些在海外接受过教育的学生(归国者)来说,一个问题是"他们的自我表达的方式——确实,自我表达本身的合法化。归国者感到很难自我抑制,因为这已经变成了他们的第二天性。对他们的日本人同班同学伤害最大的是,他们不考虑别人,完全公开自己的想法、趣味和个性"(Hall,1998:143)。[11]

一位教授描述了一名学生在入学考试的面试中的行为。这与上述的鹦鹉学舌相一致:"一名学生不加思考地复述准备好的答案,关于学校的悠久的、令人赞叹的发展历史,学校的著名教授等。当问及'你指的是哪位教授?'该生停下来,为此毫无关联的介入感到吃惊,彬彬有礼地回答道,'我不知道'。然后继续背诵。"(Arai,1998a)这位教授解释说:

当然,我们应该意识到,我们不应该查明学生的本性、学生想什么、学生知道什么。我们仅仅是想知道他们在正式场合是否能够举止得体,是否能够正确地入室和出室,是否能够准确地使用日语的敬语(Arai,1998a)。

对于大部分学生来说,如果强迫它们丢掉修辞学和虚饰,他们就会说,选择某所大学"没有特定原因"或者这就是他们想进去的大学。另外一些学生则承认他们几乎不知道读大学的原因,或者是父母强迫他们读大学,并且实际上对上大学没有兴趣。有些学生说他们害怕"跨出学校门,走向社会,所以进了大学"。一名学生解释说:"对我来说,进入大学学习是获得大量无所事事的时间,而不承担任何责任的最容易的方法。"另一名学生说,"我不想学习,也不想工作,所以选择了允许我在一段时间内什么都不做的一条路"。还有一名学生说:"现在,我有时间什么都不做了。"如果被问及,很多学生都意识到如果没有大学学历将找不到好工作,或者提到进入大学学习的经济原因。

在日本大学校园里度过的这段时光的特征可以用反规训时期来概括。高等教育阶段是允许某种形式的被动反抗的时期。从学生如何利用时间就可以明晰地看出——消磨在入学考试和就业之间的这段时光——"反抗"。这种反抗(最明显的形式是课堂缺席、不回答问题、不做课后作业)不是试图颠覆"制度",而是一般化的对教育制度体系不满的象征。然而,尽管心存不满,学生仍然被迫复述大学官方宣传的话语。

注释

1 有些日本人教师和很多非日本人教师把这归结于"内向"或其他满含歉意的文化借口。在日本,这种道歉是行为构建和东方化的形式。它是政治-经济工程的产物，而非"传统文化"的产物。

2 康德报告说，她的儿子在日本学校学习过一段时间。"当他的新学校（在澳大利亚）的校长向他致辞时，他一直向下看，而不是'眼神交流'。"(Conduit, 1996：188) 另外，办公室女文员训练指南，很显然想训练她们去除在学校里获得的这种惯习，讨论了眼神交流的重要性。

3 一位教授称之为"大学病"。

4 文部省记录了大学前阶段行为表现不正常，甚至不上课的学生。比如，据报告，"378 名小学生中，有 1 名长期缺席——上一年是 416 名有 1 名长期缺席；53 名中学生中有 1 名长期缺席——1960 年是 60 名学生有 1 名长期缺席"（"学生缺席创纪录"，1998）。

5 在一次教授会上，有报告说，因为患湿疹的学生数量上升，许多学生服药，这让他们产生睡意，因此无法及时起床到校上课。

6 在一所大学，一位老教授跑进走廊，去让学生安静下来。但时，就像文字所述，被"吵死"了。因为他在对学生喊叫的时候，心脏病突发。该大学的一位学部长说，在死者的葬礼上，校长公开说"学生杀死了这位教授"。

7 当然，行为举止不良的学生到处可见。参见沙伊德尔的"反抗和恐吓标志着很多班级礼貌的结束"(Schneider, 1998)。

8 就我所听到的而言，这个策略一般非常有效。但是，据我观察的班级而言，学生仍然站着，因为他们不知道答案或者简单地拒绝参与，他们会倚靠在墙上，或呆望着天花板。

9 一位在日本高校里工作数年后返回美国的美国教授认为，"如果你习惯了教授糟糕透顶的学生（在日本），那么，那些半糟糕透顶的学生就显得太棒了"。

10 参见战后初期政府的职业相关的机构对日本学生的看法："然而，个体的创造性得不到鼓励，因为教育不允许学生进行创造性思考。学生被教育不要去质疑教师所教授的知识。学生的教育成就以再生教师的知识陈述和问题的效率为衡量指标。"（"日本：占领军政府管理下的教育制度体系"Beauchamp 和 Vardaman, 1994：39）

11 一名中国人学生说，"与日本人很难进行有意义的对话……他们从不真正让你知道他们在想什么"(Hall, 1998：142)。

第九章　大学经历的收获

在某种意义上,就是一尊裸体像。实际上很纯洁,但是有点脏。尽管刚强和半熟,却令人害怕。他认为义务不是义务。他的口中满是权利。他仅有右翅膀,左翅膀被上帝砍掉了。他是好学生。

——一名男大学生的英语作文全文,题为"什么是好学生"

在本章中,我分析学生在大学期间获得的最重要的经验。首先,重述许多学生告诉我的他们对大学目的和高等教育价值的看法。然后,分析学生学到的最重要的知识:以先辈/后辈关系表现出来的等级制度——这对成为高度服从的劳动者很重要。接着,我从学生的角度出发,分析学生如何看待教师,区分"好"学生与"坏"学生,大学教育应该如何改进。最后,我分析学生对将来工作时需要融入(再规训)的社会的更为抽象的看法。

大学的目的

学生认为大学的目的是什么?当学生表达他们这方面的看法时,整个高等教育行为的仿真方面就呈现出道德家的腔调。许多学生说大学教育的目的是:"道德";"常识感"(常识感在日语中有说教倾向);"人性的培育";"成为好人";"自我养成";"让人成熟";"学会先辈/后辈关系";"学会交朋友";"学习新事物";"性格塑造";"长大成人";"获得文化";"丰富知识";"贡献社会";"自我了解";"理解他人";"思考未来";"表达观点";"变成大人";"成为社会的一员";"为走向社会做准备"。一些学生认为,高等教育提高个人修养,让人不"偷盗、杀人、使用暴力"。还有些学生认为,获得大学学历可以让学生在进入社会时不感到羞愧。

还有一些学生把大学生活看作能够学习自己喜爱的科目(在初中和高中,我们无法学习我们喜欢的东西)或者"专门知识"的第一次机会。有些说他们现在能够"自愿地"学习了。相当多的学生说,因为大学不是"义务教育",所以提供给他们"选择"机会(选择专业)。一名学生说,"学习是非常有意义的事情,因为它给予我们不同的视点,比如日本人和外国人的视点"。

当然,"找到一份好工作"也常被视作大学的目的,就像"取得学历"和学习一个专业一样。与就业相联系的是"社会技能",比如"学会不迟到";学会"自我控制"和"自我牺牲";"学习有关人际关系的知识";"与他人交流";"成为负责的人";"成为自力更生的人";"成为独立的人";通过"努力"实现理想目标。

不想工作是常被提及的上大学的原因:"我不想工作。"这是"在开始工作之前"拥有自由时间的机会。一名女学生告诉我,"我害怕进入社会,所以我认为进入一所大学读书是个好主意"。另一名女学生说:"我不喜欢两年制的大学,在这些学校里,学生学习太苦。所以我选择了一所四年制大学。"

大量学生说,参加俱乐部和学生活动是上大学的目的。确实,虽然日本大学生不喜欢老师的讲课,在班级里表现极差,但是他们在俱乐部和课外活动上倾注了大量的时间(参见 Deiters, 1992:45—52)。也许,对"大学的目的是什么"的最常见的回答是"享受一段愉快的时光"。除此之外,"交朋友"、"约会异性朋友"与"旅游和玩乐"也非常常见。当他们能够被"放手不管"时,他们享受自由,享受闲暇,尽情享受生活的愉悦。一名学生说:"在大学里,没有人吩咐我去做任何事情,所以我很自由。"另一位学生说:"读大学最好的地方是,它是拥有自由时间的机会。"

有很多学生给出了模糊的回答,诸如:"我将做很多事情";"去探求事物";"去研究社会";"变成国际人";"让这个世界国际化";"实现自己的梦想";"我不知道进入大学学习的目的,是高中老师逼迫我上大学的"。有些则提出了非常实际的原因,比如:"大学离我家很近";"我的朋友也到这所大学读书,所以我认为我也应该到这儿";"获得驾驶证"(虽然大学并不提供这样的课程)。一名学生说:"日本将变成联合国中一个重要的国家,但这不是好事。这个世界需要局外人。"

我列出了其他的比较常见的回答:

- "从孩子变成大人的机会。"
- "日本的大学为日本社会提供高质量的劳动者。"
- "日本的大学帮助日本的公司兴旺发展,结果促进了日本的文化发展。"
- "日本的大学特别重要,因为它们使日本变得强大。"
- "大学是最高的教育机构,它让我们更容易地进入社会。"
- "在一个社会中大学很必要。对社会来说,大学学历很重要。"

不像大多数其他学生,有些学生丢掉伪装,直接地吐露心声:"不仅大学没有目的,大学生也没有目的。""我认为,大学生不应该读大学,因为他们对学习不感兴趣。在其他学生和教授的眼里,对课堂学习不感兴趣的学生令人讨厌。"一位学习认真的学生说:

有些学生不学习。另一方面,另外一些学生为了得到资格证书拼命学习。大学没有教给学生任何东西,仅仅提供给学生一个自学的机会。如果他们想学习,他们可以向教授问问题,或者在图书馆里阅读书籍,找到一个他们感兴趣的研究题目。但是,如果他们不想学习,他们就是在浪费时间,从课堂学习里得不到任何东西,结果是非常不愉快。

许多大学生痛批日本的学校教育制度体系,痛批它过度依赖考试和标准分数的本质。他们清楚地知道日本教育制度体系的负面影响。有些学生学会仅仅付出最低限的、能够通过考试的学习努力。学校教育变成了攀爬考试阶梯的练习,而不是以学习自身为目标的学习活动。很多学生认为适应于考试的课程标准是纯粹的专断措施,其目的是羞辱他们(这大概是非常普通的大学前的学校教育的经历)。与有些观察家的看法相一致,即使那些自述为"坏学生"的学生也认为只有那些最为雄心勃勃的学生才能忍受这个教育-考试制度的残酷煎熬。这些学生常常向我抱怨,这个制度给他们的不合理的预期、压力和问题。

来自著名大学的学生的看法更值得关注:

在日本,很多大学生不怎么学习。我不得不遗憾地说,有一些学生承认,他们进大学就是为了玩乐。我认为这是一个非常严重的问题。我们必须改变这个状况,因为大量的精力和钱财被浪费在日本高等教育上。

另一位学生说:

传统上,日本民族很勤奋。从一千年之前,日本文化开始沿着独自的道路发展。当幕府统治结束后,日本突然西方化了。现在,我们不仅生活方便,而且与其他国家相比,生活水准很高。但是,政府的行为就像我们是为美国所控制的国家。但是,日本是一个独立的国家,所以日本必须独立于其他强国。这是高等教育的责任。在日本,最低教育水平是高等教育入学考试的水平。在高等教育机构里,我们学到很多技术知识。我们变得能够在世界上展示自己的观点。

也有一些理想主义的观点。这些观点通常包括这些词语:"国际化"、"世界和平"、"爱和和平"、"世界贡献"。另外一些理想主义的观点是:

- "高等教育就是给人们一个机会,去学习和思考与金钱没有直接关联的东西。"
- "我认为,仅仅为了获得高工资的工作而去学习非常无聊。学习而不考虑金钱不仅重要而且有趣。"
- "我认为,重要的不是我们学习什么,而是如何学习。"
- "我认为,在成为专家之前,我们必须是通才。这是高等教育的目的。大学不是职业学校。"

高等教育中的官方凝视:等级制度

对很多学生来说,世间与父母、其他人,以及害怕、担心他者的观点(一位学生说,世间意味着"关心他人如何看待你和你如何看待自己")、内向、紧张、被别人评价、"被很多人包围起来的感觉"联系在一起。许多学生把世间与演讲、在公众面前演讲的焦虑、典礼、彬彬有礼,以及更具体的实践行为联系在一起。这些具体行为实践包括不乱扔垃圾、不在火车上大声说话、打哈欠时需要捂上嘴、"不在公众面前做愚蠢的事情"。即使在高校的课堂里,世间作为官方凝视,也常常出现:"当一位学生陈述他的观点的时候,其他学生就变成了世间。这是我们不想在班级里说话的原因。"[1] 没有疑问为什么,没有智力上的参与,仅仅是坐在那儿去经历,或许使用忍受这个词更合适。按照某些学生的观点来说,世间就是"特别像日本人"。正如一位学生所言,"日本人在保持外观上花费了太多心思"。

除了建构世间的规范性压力,官方凝视还形成等级关系。本节我将分析大学生如何谈论等级制度(在大学前和大学期间经历过的)。等级制度是日本社会经济制度孕生的两大组织原则之一(另一个是群体包容/排斥)。等级关系常常被解释为日本古老"传统"的一部分——儒教农业社会或者"士农工商"社会区分的遗产。但是,应强调的一点是,先辈/后辈关系的社会心理机制是科层制精神的产物。科层制精神正是现代的社会经济力量塑造的结果。认为日本的"垂直社会"根植于历史传统有陷于历史本质主义的危险,好像某些"传统"规范能够不与政治-经济力量相关联,而能够漂流在社会行为者的头顶之上。不管今天的等级关系与前现代的等级关系的渊源何其相似,它们都是现代教育制度体系的不可或缺的组成部分,源于现代政治-经济力量追求导师/师傅向学生/学徒进行知识传递的效率和速度的需要。这是学生中的先辈/后辈关系紧密地与教学、训练和"指导"捆绑在一起的原因。正如一名学生所说,"先辈教,后辈服从"。先辈/后辈的互动关系有可能是一对一,也有可能不是。它是等级关系已经渗透到社会生活中的边边角角的例证。确实,这种关系的普遍性及其对大学生的影响力度让我感到吃惊。

先辈/后辈关系还与集体生活的动力机制紧密地联系在一起(比如谁坚持、谁没有坚持集体共有的信仰)。它也与官腔/内心想法(明确界定的原则/真实看法)、日语敬语和帝国制度体系紧密联系。它被用来建构"日本人特征",因为很多人断言其他社会缺乏垂直性,日本在这方面具有独特性。有些人把日本的等级结构与日本的平等主义联系在一起(即,后辈被平等对待,同时每个人最终都会变成先辈)。一名学生说:"日本人非常重视年龄。如果我们不是按照能力而是按照年龄来评价一个人,每个人都会得到尊重,因为所有人都会变老。"一名学生解释说:"外国人误会了日本等级制度的功能。它不是野蛮的权力,而是恭敬式尊重。这有助于维护社会秩序。"

有很多方式表达日本的等级区分,但是,最常用的词语也许是先辈和后辈。这些词语常常与初中和高中阶段的学生,特别是参加学生俱乐部和体育运动队的学生联系在一起。这些集体让学生体验集体规则:"他们体验的不是抽象的责任的原则、某种古老的圣人崇拜仪式,而是与行为有关的详细、具体、细小、程序性的课程。要想成为一个合格的集体成员必须熟知这些行为规则。"(White 1994：94)。虽然这些规则在初中和高中阶段被更为严格地运用,但是在某种程度上它们的社会心理效果被带进了大学生活。在大学生活中,个人的兴趣、爱好和活动以体育运动队、俱乐部和"兴趣小组"(相对不那么正式的成员具有相同兴趣爱好的学生集体)的形式来体现。背后的理论假设是,参加一个集体就意味着把自己置于一种垂直关系之中。但是,需要记住的重要一点是,在大学生之外,先辈/后辈通常还被职业和其他机构的成人所使用。在社会整体层次上讨论先辈和后辈关系涉及到更大范围的其他议题,从如何管理学校生活(特别是运动队和俱乐部,其中的先辈/后辈关系尤为明显),到校园霸凌,再到学生的人权和教室里更多的个人主义需求等。

学生对等级关系的态度[2]

大学生对这样的等级关系的态度不一,既有欣赏理解的,也有反感的,更有默许的:"强者强,弱者弱。"不喜欢这种关系的学生把它描述为"不公平"和"非常奇怪",常常使用一些诸如"像军队一样"、"专制的"和"绝对主义的"的词语。一名学生认为这种关系容易引发校园霸凌,让人们变得"内向和消极"。另一名同学说这种等级关系很糟糕,毕竟"先辈和后辈都是人,先辈和后辈应该平等"。一名学生把先辈/后辈关系与表面原则/内心想法的区分联系起来,认为对等级制度的服从很必要。这是因为"日本社会憎恶真实意图,但是人们应该表明他们的真实意图"。当讨论到先辈/后辈关系主导的大学俱乐部的生活时,一名学生非常赞同上述观点:"最糟糕的是,我们不能说出自己的真实想法。"一名同学使用成语"弱肉强食"来总结他对这种关系的看法。

有些学生批评社会垂直性,充分意识到它在教室内外所具有的政治含义。一名学生把大学班级描述为"动物王国","丛林法则"通用其中。在大学班级里,在未得到先辈许可之前,后辈不应该回答问题。一名同学认为教师和学生的关系就像先辈/后辈关系一样,这是控制班级的一种方式:"我中学时代的老师认为,如果他有差别地对待先辈和后辈,控制学生就变得较为容易。"另外一些学生认为,这样的价值观有利于维护持续良好的社会关系,帮助诸如企业、企业集团和中央政府部门(一名同学指出,官僚主义者特别喜欢社会垂直性)等机构的居高位者组织其他人。一名同学把先辈/后辈关系描述为"垂直社会的微小模型"。有些学生认为他们尊重先辈胜过老师:"我们会对先辈说'早上好',但不会对老师说。"

一些学生批评先辈,把他们描述成固执己见的人。一名女学生指责她所在俱乐部的先辈"总是装腔作势,处处像位女王一样"。另外一些学生认为先辈很难相处,因为他们特别傲慢。"先辈过于把一年的差异当回事了。"但是绝大部分学生学会了如何应付他们。一名学生的做法是"虽然我内心深处厌恶先辈,但当他们出现时我总是面带微笑"。但他补充说:"如果我不服从他们的规则,我会被揍。"另外一些学生告诉我,先辈/后辈关系引起了恶性循环。一名学生向我确认了这样的事情,他告诉我"如果我变成了先辈,我会报复"①。

一名学生说:"如果你不想惹麻烦,你就必须遵守先辈的规则,并被视作奴隶一般。"这些规则是什么?"一直跟在先辈后面,从不跑到先辈前面去。""不管什么时候看到先辈和先辈离你多远,你都必须一直鞠躬和说寒暄语直到先辈回复。""我们必须为先辈取伞,有时候还得为他们做家庭作业。""如果你在俱乐部活动结束后或在校外遇到先辈,你仍然必须鞠躬和说'你好'。""我不知道如何与先辈说话(用敬语),我可能会惹麻烦。"一位学生说。有些规则似乎故意让后辈愤怒:"一年级学生被告知不能穿外衣,必须用黑发带扎头发。"一名女学生被告知,头发必须做成某种特殊的形状,必须穿某种类型的鞋子。

在进入大学之前,有些学生报告说,他们被先辈强迫上交加入俱乐部的"特殊费用"。在体育运动中,后辈必须追赶和捡球,为先辈洗衣服、传递信息、购物,而不是直接参与到体育运动中。在一个女子运动俱乐部,学生被告知不能和男学生说话,不能穿彩色鞋子,当其他人练习时不能坐下来,在练习中不能与朋友说话,不能喝水,不能擦前额上的汗水,必须保持头发清洁,不能缺席,不能迟到,不能穿短裤,向先辈说话时必须用敬语。"比如,在日本,成人没有教孩子如何面对尊长使用敬语,而是在同伴运营的俱乐部或小群体的朋友中,由这些仅仅年长一两岁的孩子来负责。"(White,1994:21)有些后辈被告知,他们不能参与竞争,一位先辈害怕他们更好。当与先辈同台竞技时,他们会故意输掉,以保存先辈的面子。如果一位后辈在练习赛中赢了,他们必须向先辈道歉。当学生向老师抱怨这些令人烦恼的规则时,他们被告知要忍受,这些规则是"社会传统"的一部分。

尽管很多学生对先辈/后辈秩序持否定意见,一些学生却对此持赞扬态度。他们说,这是"传统",对社会互动和集团生活的圆满进行至关重要("与别人相处融洽"通常

---

① 原文如此。实际含义不是"向自己的先辈报复",而应该是"我也会这样对待自己的后辈",所以就构成了恶性循环。——译者注

用"润滑剂"来比喻)。因此,这个关系应该继续存在下去。"人们无法独自生活,所以他们要依靠别人,这是需要先辈的原因。"许多学生还说起,他们为有一个听话的后辈而自豪,而且愿意成为好的先辈。有些学生讨论了成为"真正先辈"的必要性,寻找值得尊敬的先辈。学生们通常认为,对于"学习人间关系"来说,等级关系非常必要,它有利于知识的顺利传递。"先辈给我们建议和有用的信息。"通过与一位理想、模范的先辈相联系,后辈学会了如何礼貌待人、"尊重社会秩序"、"与长者相处"。因此,"先辈带着爱意命令我们,为了提升我们的技能"。从先辈那儿,一个人能够学到新学校或新俱乐部的行为方式,因为他们向新成员提供了爱意、感情、团结和保护。一名女学生说,在刚刚进入大学之初,"一年级学生特别紧张,为交朋友和跟上课程进度诸如此类的事情而焦虑。先辈有这方面的经验,应该亲切地告诉我们这些事情"。先辈还能检查新成员是否有礼貌,确保他们"服从"规则。"原来的成员已经有自己的'世界'或氛围,他们会相当排外。如果一个新成员做了某事,而旧成员不喜欢他做的事情,旧成员会说,'这个无礼的家伙'。"因为年长,先辈已经积累了有价值的经验。一名学生引用日本格言"从龟甲中得到岁月的价值"(意即越老越值钱)来描述这个现象。一名男学生解释了先辈如何出于教育理由向后辈介绍色情描写:"不幸的是,保健和体育课对我们学习两性知识没有任何贡献。我们虽然没有能够从老师那儿得到大量知识,但是从先辈那儿学到了很多。他带我们到那些黄色书店去。从先辈那儿,我们学会了如何欣赏漂亮女人。"

尽管存在着强烈的赞成和反对的意见,但是相当多的学生对先辈/后辈关系的评价含混不清。他们说在先辈/后辈经历上,既有"美好回忆"也有"糟糕记忆"。有些学生相信,尽管这样的关系有可能会比较令人烦恼和不公平,但是在一定程度上却又非常必要。他们希望先辈不要过于盛气凌人。另外一些学生说,虽然他们不喜欢后辈身份,但是这样的地位提供了安全感和集团成员身份,而且"先辈有好有坏"。相当多的学生对此的看法充满矛盾,如果不是缺乏逻辑:"先辈和后辈关系很好,但他们应该平等。"有些学生说他们不使用这些词语,尽管我看到他们在向别的同学说话时使用了这些词汇。很多学生说,既然有朝一日他们也能成为先辈,那么他们就暂时耐心一些,忍耐目前的后辈地位。

对先辈/后辈关系的讨论的总结如下。首先,因为学生从小学(有可能更早)到大学置身于一系列的规范之中,所以,这些规范建构了朝向垂直性的主观性,这些规范深深扎根于主观之中,构成了所谓的"常识"的组成部分。其次,许多学生对先辈/后辈关系的基本认识是,这些关系的存在是有益的。即使那些批判这些关系的学生似乎也认为,这些社会制度只是有点过头了而已,需要有所节制。那么,很自然地,学生会把这些垂直的价值观带到工作单位去。在工作单位,这种关系就转化为"上级和下级"的关系。毕竟,对于学生来说,掌握了等级关系有助于职场成功。理解学校中的先辈/后辈关系对理解公司文化的意义是不言而喻的。公司文化包括诸如企业的工会组织、年功序列制度、"裹根"①的必要性,目的在于避免在会议上与领导公开对立或挑战领导的权威。

"好"学生和"坏"学生

学生们如何认识"好"学生和"坏"学生？值得注意的一点是,在学生认为的"好"学生的特质里,学业成绩和智力很少被提到。确实,反智主义的影子从学生的话语中可以窥见:"聪明学生不等于好学生";"好学生得到老师的喜爱,但我不喜欢他们";"好学生既不不聪明,也不愚笨;好学生"缺少个性"(有些学生取笑认真的同班同学,把他们叫做书呆子)。"坏"学生被描述为"忧郁的"和"阴暗的"。一名学生说,"如果一名学生只知道学习,他就不能变成好人。"一名学生哀叹道:"社会喜欢那些进入名牌大学的学生,而忘记了善良的学生。"一名学生的观点是:"我讨厌学习,所以我愚蠢。但我认为好学生也未必喜欢学习。如果某个人是天才,但他(们)②谋杀其他人,持有枪支,吸毒,那他就是坏人。如果某人有点蠢,头脑简单,但他也许非常良善。"相当多的学生表达了一种反叛的态度:"好学生缺乏个性。最淘气的学生有个性。好学的学生就是好学生？勤奋的学生就是好学生？良善的学生就是好学生？不,我不认为如此。"

好学生意味着扮演好在一定程度上被中学时代的教育、训练和经历规定好的角色,而不是聪明或者勤奋。相应地,在好学生的含义中就包含着道德主义的色彩。一名学生直言不讳地说:"好学生更关系道德性而不是勤奋。"较为常见的回答是,好学生"遵守学校规则";"遵守教授的指令";"不吸烟";"不吸毒";"彬彬有礼";"助人";"不会到处欺负弱小同学";"不招人显眼";"谦和";"不自私";"是其他学生学习的典范";"愿

---

① 日语直接翻译成中文是"根回"。它的最初含义是为了移栽树木所做的准备工作,即把树根带土整个刨出,并把土与根紧紧包裹起来。如果没有适当的根回,活着的树移植到新的土壤中,死亡率就比较高。然后引申为种植工作中的"修整"。使用在处理社会关系中,根回发生了一定程度的转义,指酝酿、讨论。具体过程是,决策者与所有的利益关系者认真、共同、详细讨论问题及可能的解决方法,并对最终的解决途径取得一致的共识。然后再公开地,尤其是在会议上讨论问题,并做出最后的决策。这是日本政府和企业解决问题,进行决策的基本方式。——译者注
② 原文为"they",但前后句的主语均为单数。疑原文有误。——译者注

意助人";"诚实";"照顾别人";"乐观而且良善";"对其他学生忠诚";"有一颗同情心";"不说朋友的坏话";"有自己的追求,而且实现了自己的梦想";"好领导,领导、组织其他学生"。日本教育目标的核心价值也出现在学生的话语里:"从不放弃";"坚韧";"努力";"绝不屈服"。也许,对"好"学生的描述淋漓尽致地展示了大部分学生的态度是"他们带着目的走进大学"。这陈述意味深长,因为"坏"学生中的"大多数学生"进大学读书并没有目的(大学本身也没有自己的目的,正像有些学生指出的那样)。

  在讨论好学生的含义的话语里,也出现了仿真教育的修辞。有些学生认为好学生"好学习,不管道路泥泞或是天气寒冷,都会坚持上学";"出勤";"没有家长的允许不缺席";"不迟到";"做家庭作业";"听教授讲课";"听课";"提问";"尊敬老师";"不忘记带课本、钢笔和笔记本";"记下教授写在黑板上的东西";"深入研究";"快速举手";"不作弊";"不在课堂上呼呼大睡"(很显然,小睡是可以接受的);"坚持自己的观点";"不介意犯错误";"从错误中学习";"保持沉默";"在教授讲话时不说话";"不大声喧哗";"总是乐观积极";"不打扰别人";"不在课堂上阅读杂志";"不(在课堂上)准备其他课程的内容"。另外一些学生说,好学生"参加体育运动";"不看电视";"享受生活";"不在戒严区吸烟";"健康而且诚实";"是某个俱乐部的成员";"与其他同学交朋友";"有很多朋友";"不容易为群体所左右"。一名学生说:"如果家长严格教育他们的孩子,孩子将变成好学生。但是,对孩子过度保护就不好。"

  很重要的一点是,一个非常普通的回答是,好学生"有自己的想法"并且"能够把它表达出来"。换句话说,它是"假装不知道"的反面。[3] 一名学生说,"好学生有积极的态度"。"但是,"这名学生补充道,"这在日本人学生中不常见。"几乎所有的学生都承认,他们自己身上常见的问题是没有自己的看法。与此相联系的常见的回答是"积极"和"自信"。上述侧面的反面是常见的冷淡,即消极和害羞,它们好像是一个人不得不一直保护的东西。

  对于很多学生来说,在他们的有关好学生构成成分的话语中(修辞),恰恰倒映了他们在大学中的实际作为(现实)(表9.1)。

  有些学生对他们自己和同班同学的实际感受更为诚实:"绝大多数学生忘记了大学的本质是学习的地方。他们刚一进大学就失去了激情。""虽然我努力学习,但是几天后就放弃了。迄今为止,我在这儿都感到很空虚。""我正在期待有意义的大学生活的来临。"一名学生说:"我想我们缺少学习的意愿。很多学生仅仅满足于能够获得学分的较低的分数等级。他们满足于得到 C。他们不会要求更多。所以他们不会尽最

表 9.1　学生实践的修辞和现实

理　想	现　实
● "我想要全身心地投入学习。"	● 从来不做作业。 ● 缺席太多的课程。 ● 拒绝参与课程互动。 ● 最糟糕的是,学业差的学生做的工作最少。 ● 假装跟不上课程或者教学进度。
● 讨论"坚持自我想法"的重要性。	● 当被叫到的时候假装"不知道"。
● 将不参加课程互动归结为"害羞"。	● 因为"害怕"的模糊感觉而不参与。

大努力。"另一名学生说:"有些学生从未尝试自学,所以最终总是感到课程单调乏味。"还有一名学生说:

我认为我们必须自学。上课仅仅是自学的开始。一堂课本身并没有太多意义。确实,这所大学有太多的有头衔的教授。但是,我感觉到很多教授所讲授的课程毫无意义。如果我们仅仅每周机械地练习课本上的同样的东西,那么这样的课程还有什么意义?我们可以在家里对着课本自己练习。也许教授在想:"大部分学生都不想学习,所以,我也不认真上课。我应该认真做研究。"所以他们上课很糟糕。我想让教授们认真地思考一下自己在做什么。因为还有一些认真的学生,所以他们应该认真上课。如果他们不认真上课,那么,即使这些认真的学生也不愿去上课了。糟糕的课堂引起恶性循环。对那些教学呆板的课程,我很恼火。

多摩大学的校长认为:

对有些学生来说,屡屡获得低分数但是四年后能够顺利毕业几乎被认为是一件很光荣的事情。这样的教育制度必须被摧毁,在它摧毁日本之前……日本正在培养出一代这样的男大学生,缺乏基本的大学教育素质,缺乏自学能力,缺乏创造性。("学历病的药方",1997)

我必须强调的是，有些学生在大学里学习相当认真，有些学生抱怨和不同意媒体把所有大学生都视作"懒惰的孩子"。我教的一些学生宛如这混乱世界的救世主。比如，一名成年女学生就用"打破教室和谐"来警醒他的年轻同学和沉默的课堂。她常常举手问问题，打断我对日本社会的解释。另外一名成年女学生尽管正在经受癌症治疗手术，但确保每周作业及时送到我的办公室里。她还来到我的办公室，和我面谈一些学术问题。有些名牌大学的学生会发邮件或打电话给我，让我解释课程要点。有些学生对未来雇主不关心他们的专业、学习内容、课程作业和毕业论文感到失望。相反，公司想知道，他们参加的俱乐部类型、对工作的态度、对该公司感兴趣的原因。[4]"公司应该把我们作为个体看待，不能仅仅是大学毕业生群体。"许多学生批评公司太看重大学的名字。

什么是"坏"学生？好学生会把动机较低的学生描述为"失败者"或"不是好学生"。[5]他们还会概括"坏"学生的特征如下：脏、不整洁、松松散散（意即草率、粗心——还被学生用来描述糟糕的出勤情况）。他们是"笨蛋"、"懒蛋"、"在课堂上嚼口香糖"。在查看学生的作业后，非日本人教师从中探查到了消极情绪。他注意到"一股挫折感和被压抑的愤怒的暗流，特别是在男学生中间。有些看似阳光的男学生却有一些见不得人的想法。这些想法有关暴力、性爱或兼而有之"（"错综复杂的困境"，1998）。[6]

但是，有时候很难指责学生缺乏学习兴趣。一位文学教授告诉我，他仅仅要求学生记忆书中的部分段落，而不要求他们阅读整部著作。他认为分析和批评性研究没有太多价值。"这花费太多的时间。再说，学生也不知道怎么去做。"

学生对教员的看法

许多人指出，在日本，小学、初中和高中的显性或隐性课程教会学生把教师视作家长一样的存在。有人认为这是非常值得赞扬的事情，但有人认为这对社会发展有害。关键之处在于，很多日本大学生把这种对教师的看法带进了大学课堂。因此，它使大学前教育和大学教育成为一个连续体。确实，对很多大学生来说，大学不过是高中生活的延续。因此一些学生似乎用青少年/父母的人际互动机制来看待他们的教授（"我好，但是因为你像我的父母，所以你不好"），而不是成人/成人的关系（"你好，我也好"）。学生身上的这种态度（可以推测，作为回应，很多教授也有同样的态度）对课堂和课程的运营有着深远的意义和影响。学生不习惯"把大学老师看作成人同伴"，与此相反,而是把他们看作"某种模模糊糊充满敌意的权威体。如果他们出于需要服从他们的老师,那么他们会利用一切可能的机会去蒙骗老师而没有任何负罪感或犹疑之心"(Arai,1996)。

在日本,法律规定的可以饮酒的年龄是 20 岁,投票年龄也是 20 岁。20 岁还是绝大多数日本人庆祝成人节(1 月 15 日),举行成人式的年龄。虽然学生有时候把自己称作成人,但是他们有时候处于某种压力之下,这种压力让他们不像成人那样行事,不认为他们是社会人,直到他们参加工作或者结婚。毫无疑问,大学生被宠坏、被过分溺爱的社会印象非常强,许多大学生似乎也没有把自己看作成年人。而且,不管大学生在这件事上的观点如何,许多大学生实际都不认为自己是成人。他们解释说,这是因为他们与父母一起生活(虽然有许多大学生独立生活),他们没有结婚,没有全职工作,因此必须依靠父母,他们不是"真正的成人"。对很多大学生来说,他们自己不支付学费的客观事实决定了他们的社会地位。

被访问到的大学生似乎相信教师应该使用"胡萝卜加大棒"的策略:他们应该"有时严格,有时宽宏大量"。一名学生认为"好教师应该是严格、宽宏大量和乐观的结合体"。他们最为重视的是人际交流:教师和教授应该"在班级里交流";"乐观";"能够容易说话";"像朋友而不是教师那样,和我们谈话"(White,1994:90);"像父母或亲密朋友一样共患难";"自由地谈论任何事情,比如家庭问题或体育运动";"开玩笑";"让我们大笑";"逗乐班级里的所有人";"总是微笑";"宽宏大量";"发现每一位学生的个性";"参加体育运动"。他们还说,不布置家庭作业。在这一点上,我总是被学生定期地提醒。

对于"什么是好教师"这个问题,学生的回答是,他们应该"宽宏大量"、"友好"、"不偏不倚"、"可理解的"、"乐观的"、"准时"、"有趣"、"富有激情"和"幽默"(Hadley 和 Hadley,1996)。里安认为"只有当与其他国家的学生对类似问题的回答相比较时,回答的'日本人特征'才变得明显"。比如,俄罗斯学生的最多的回答是,"学科相关的知识","严厉"和"专业化"。这些词条"明显完全不在日本学生的回答范围之内"(Ryan,1998:10)。

许多学生认为,好教师不应区别对待不同学生(可以认为是在学习速度快的学生和学习速度慢的学生之间),而应该公正无私,且不抛弃任何一名学生。大量的学生说他们不喜欢被老师点到,因为他们害怕教师显露出偏袒和偏爱,这会让其他学生嫉妒。这种情绪是名为"对差生放弃不管的教育"想象的指标——这是一些教师对待后进学生的态度,"忽视或轻视那些分数不高的学生"(Horio,1988:317)。但是,一位同事指出,学生"不是成人",他们把"偏爱"与奖励做家庭作业和有礼貌混为一谈。"当然,教师不会对行为不良的学生友好。问题在于,尽管他们行为不良,但他们期待得到容忍,并且,当教师惩罚他们时,他们感到吃惊,他们被惯坏了。"也许,这句话能够解释教师会议的议事录的内容。议事录建议教师如何对待学生:"学生能够记住的教师不一定是宽宏大量的,而是那些有时候训斥他们的老师。"不止一名学生说,理想的教师应该像"金八老师"。金八(Kinpachi)是一个流行电视剧的主人公,是一位和蔼可亲的教师。另一名学生说:"好的老师应该与所有学生交往,而不管他们的能力。坏的教师仅仅与聪明学生交往。"诚实的学生告诉我,好教授"应该允许学生在课堂上睡觉";"早点结束课";"不是名牌大学的毕业生"。

让我印象深刻的一点是,学生对教师和教授的看法充斥着太多的负面因素。从他们对教师的看法中可以看出,很显然这种看法根源于与中小学教师相处的经历。确实,有些学生表达了对教师的厌恶和憎恨。"我讨厌他们",一位学生淡淡地说,当我问她对大学教授的看法时。许多学生激烈地抱怨:"我认为日本人教授非常愚蠢,因为他们不关心学生。他们仅仅为了钱而教,不是为了学生。我真不敢相信这一点。"一名学生说,他们"吓唬我们,轻视我们"。另一名学生说,"如果学生犯了错,教授常常蔑视他们"。还有一名学生说,"他们让学生失去自信"。有些学生一谈到"教师"这个话题,就产生了抵触情绪。"在教师和学生之间存在很大的隔阂。"一名学生说。其他学生抱怨教师不尊重学生,"使用乏味的教科书","缺乏教学激情"。一名学生告诉我,"如果教授很乏味,他们就无法激起学生的学习动机,这是我们对知识没有渴望的原因"。媒体上的一个报告似乎集中表达了很多学生的感情。有些学生抱怨他们的教授似乎"在教课时神游到另外一个世界去了"("新生担心自己理解教师授课的能力",1999)。还有学生要求教师要谦虚:"教授必须从学生那儿学到什么。"一名学生勇敢地宣称,"我认为批评教授的观点并没有什么坏处"。当述及日本高等教育的糟糕状态时,一名学生说,"原因不仅仅是我们懒惰,大学制度也是懒惰的"("大学引起懒惰",1998)。

青少年/父母的互动机制在很多侧面都明显地体现了日本高等教育的特质。最明显和令人沮丧的效果是,学生相当期待教授去弥补他们的参与、活动、动力和大学前学术训练的缺失。在某种程度上,他们期待教授去激活他们,补偿他们的动机缺失,提供"指导"。一位同事说,当她请学生用自己的话去进行一项练习时,"他们的微笑消失了,他们的活力死掉了"。即使在著名大学里,当请学生将他们想表达的东西写成一篇小论文时，我被告知"这是最难做的事情"。

　　学生过度希望教师多少能够抵消数年的反教育实践的影响，消融学生身上的被动性。这种希望考验教授的忍耐力和理解力，哪怕是最有忍耐力和理解力的教授。然而，少数学生意识到自我激励和自我负责的重要性："我认为，教育与教师的关系不大。教师无法让学生学习。学生必须自学。"正如一名学生告诉我的那样："（我们）有些孩子气，行为举止较差。这是我们不能学习的原因。"另一名学生说："在美国，成为被宠坏的孩子是一件坏事。但是，在日本，它不是坏事。"这似乎与怀特的观点相一致："孩子一样（对美国人来说）风格的延续是件积极的事情。对日本人来说，像孩子意味着开朗、诚实、社会关系处理圆满。即使是大学生也很喜欢依赖性关系。在这种关系中，孩子气的特质受到重视。"（White, 1994：99）但是，正如一位同事所述："他们基本上没有成熟。我无法忍受大学生嗲嗲地说'老师老师——'，就像小女孩对妈妈或者非常腼腆的女孩对男朋友那样。"以我的经验来说，如果我像成人那样对待他们，相当多的学生会陷于慌乱、被伤害和生气的状态之中。

　　青少年/父母的互动机制的另一个后果是，有些学生来上课时极度缺乏自信，似乎感到他们从不会让教授高兴。当一名学生宣布学期论文的研究题目后，在课后，另一名学生在下课后向我跑来，问我同学说的这个题目是否"真的"可以。当我给予肯定回答后，她说她之所以关心，是因为当同学宣布完题目时，她没有听见我像往常一样说"好"。缺乏成人/成人关系的另一个结果是，学生想当然地认为教授更关心他们的家长式自我的满足，而不是确保学生学到知识。当老师警告学生说，他们有可能考试不及格或者某门课程肯定没有通过时，学生总是说"对不起"，或者"请原谅，我没有更努力地学习"。但是，我们应该仔细品味学生实际上通过这些词语想表达的内容。他们不是想说"我抱歉，我是一位坏学生"，而是为没有能够扮演好仿真教育中的角色而道歉。他们相信，他们没有达到教授预期的学业成绩而使教授丢脸，因为教授理应是日本教育仿真剧的支持者。另外，

　　绝大部分学生都会接受最后的分数，不愿去申诉或者要求解释，哪怕他们感到自己受伤害了。通常，他们顶多告诉朋友他们对教授感到恶心（就字面意思理解，因为太生气，以至于想吐）(Arai, 1999)。

如何改善大学教育

我们通过询问学生喜欢什么和如何改进大学教育,可以知道学生对高等教育的看法。许多抱怨可以预想到:"我们不喜欢作业";"上课开始过早";"课程太难";"课程太长,我们无法集中注意力——请缩短课程";"暑假再长一些";"降低学费"。许多抱怨和改进建议集中在大学设施上。这些包括:大学"距离火车站太远";"我们这儿需要公共电话";"自动贩卖机不足";"不让学生吸烟";"注意垃圾问题";"把学生证从纸质改为塑料制品";"不要让教室的空调的温度设定得过高,温度过高会让学生昏昏欲睡";"给我们添一些空调"(或制热设备);"建设更大一些的停车场"或"停车位不足";"放学后我们不能使用教室";"就像其他学校一样,售卖一些物品,如电话卡、钢笔、铅笔,等等";"在大学附近,建设更多的商店"。在有些学校,对咖啡店的抱怨尤为常见,"增加学校咖啡厅菜单上的售卖物品";"增加座位容量";"烹饪口味更好的食物"。有些建议涉及学生活动和俱乐部。因为一所好大学应该是一个能结交很多朋友的地方。让"俱乐部变得更有活力","放宽俱乐部的规则",因为规则"太严、太多了";"让校园节日变得更长一些"。

几乎很少有学生讨论学术领域的问题。不过,确实有个别学生说过学术方面的问题,包括:"这个地方太像高中了,我不喜欢他们频繁把我们的出勤报告送给父母";"教授不应该点名,因为这做法太像高中了";"不要像高中那样授课";"放弃必修课";"让课程更具挑战性,但是不要弄得过于艰难";"课程乏味无趣";"教师面向黑板、讲台或教材讲话,照着这些东西上面的知识,极为单调地读给全班学生听";"很多学生什么也不做,但是仍然得到很多 A";"教师和学生之间无交流";"对那些总是迟到和逃课的学生严一些,以改变他们的行为";"开设更多的教师资格的实习课";"放弃那些老教授,因为他们的头脑已经腐朽了"。

最有启发意义的建议是,大学"应该让我们学生更积极主动","因为学生太消极了,包括我"。应该设立"正装日"(原话如此)。有些学生似乎更清楚地意识到他们周围发生的事情:"大学本身没有问题。学生应该采取更积极主动的态度。这会让学生的行为得到改善。"与此相比,有些学生对他们的大学相当满意:"没有我想改变的东西。我觉得这个地方棒极了。我在这儿不必做任何事情。"当然,很难衡量学生期望从大学生活中得到什么。但是,在以 2 006 名大学生为对象的调查中,57%的学生对大学不满("调查：57％的学生对大学不满",1999)。

进入再规训时期

日本大学生以其整体上的被动性和对学业的冷淡而引人注目。对于很多大学生来说,大学不过是另一种被迫忍受的礼仪形式、自我目的性的假装,为了某种费解的原因去满足别人——教师、父母、教授、未来雇主——的虚假活动而已。漠不关心和粗心是高中后教育这段生活的基本特征。许多学生对到大学读书的目的模模糊糊。这是学生对大学课堂的态度与对毕业日的态度之间对照鲜明的原因。学生在大学课堂里无精打采,但在毕业日却是精心打扮,为加入到公司文化中做好了心理准备。实际上,学生中的所有的冷淡、随便、时时表现出的不在乎都是外在欺骗,因为呈现出这些特征的学生实际已经为人生中的下一个阶段(再规训)受到了应有的规训。不要忘记这一点,"在生命历程中,从学校教育向职场的移行几乎是不可逆的。对于日本年轻人来说,一旦进入了劳动力市场,就很难再回到学校教育中去"(Ishida, 1993：249)。一旦身后的这扇门关上,他们就被推向通过另一扇为他们打开的门,所以在这个制度体系中,属于个人的选择几乎没有。"如果我们同意'开放'等同于独立于结构变化所引起的社会向上流动的观点,那么,日本似乎没有美国和英国开放。"(Ishida, 1993：256)

反抗和严格管控的身体两者都是持续的观察、监视和指导的产物,是同一枚硬币的不同的两面。教师对学生的描述——指南人("指南人"意指做任何事情都需要操作手册来指导的人)、等待指示人("等待别人告诉如何做的人")、"专业课程驱使类型"性格(Yoneyama, 1999：9)——说明教育制度的目的是培养出顺从的劳动者。这些劳动者对形象性/权威的方法特别敏感。我们被告知,这些是患有"指南综合征"的人："在生活的很多方面,年轻人过于依赖'指南'进行行为学习和提高表现。"(White, 1994：xvi)"很多信息的目的是帮助在崭新环境中的年轻人,不管是修学旅行,还是购买手机,抑或从事一项新的体育运动。"(White, 1994：118)这些形象性/权威的方法来自于世间,并把日本社会切片、分割,类型化为条、块和小群体,从而带来了小群体中的团结、意见一致和平等,以及巨大的经济回报(至少从某些经济标准来看)。负面效果是宗派主义、狭隘思想、至少在某些人眼里的社会的"冷酷"。官方凝视的效果是"监控/隐私的辩证"的结果(Holden, 1994：202),或者像日本人所说的那样,是表面(假装、官方原则)/真实想法(观点、真实感情)。[7] 一名学生说："我认为人们过于执拗维护个人隐私了,这是这个世界如此冷酷的原因。"人们对日本社会抱有如下印象:尽管关于"集团主义"、团结与和谐的说法很多,我们拥有更大程度的隐遁主义,即把个人的内在本质藏起来。"这既是监视本身,更是监视社会的象征。个体的隐秘化既因监控而生,相应地,也导致了监控的产生。"(Holden,1994:195)卡茨认为"日本人作为个体并没有被社会均质化,更多的是相反,他们被原子化了"(Cutts,1997:45)。有几个学生,也许愤世嫉俗得有些夸张,告诉我,"我认为日本社会太糟糕了";"我害怕这个世界";"人们不反对世界";"反对世界的人有个性"。另外一些学生提到日本人如何在本性上不信任或漠视陌生人。一位教授声称他们缺乏同情心,"他们无法走出自己的内心,从另一个角度观察生活"。[8]

"绝大多数学生",按照一位教授的观点,"缺失了什么东西"。缺失的正是难以概念化的东西。许多教师把学生描述为"自私的"、"被宠坏的"、"不成熟的"。根据亚细亚大学校长江藤真吉(Eto Shinkichi)的看法:"我们每年从亚细亚大学选派700名学生送到美国的大学里留学。当我们收到对方的评价时,我们得知,我们的学生高度依赖,期待别人来伺候。"("观念的交锋",1992)我自己也感到吃惊,如此多的学生竟然不知道父母为他们交了多少学费。一些日本人把大学生描述为患上了成人小孩综合征①。患了这种综合征的人,虽然身体成熟了,但是心智还停留在青少年时期,或者是成人在态度和行为上倒退回青少年时期。

这种对大学生的鄙视的部分原因是代沟。但是代沟无法解释所有问题,因为好像相当多的学生具有仅仅关注自己的倾向。这导致他们不愿与他人互动。有些学生表示出孤立、疏远、对他人之事完全无兴趣的情感。这种情感未必具有反社会的取向,但是却显示了自我中心、高度个人化和强烈的内向性。有些学生描述自己为"灰暗的"、"阴郁的",这些是与"乐观的"相对立的词语。学生们把花费大量时间在家里玩电子游戏或沉浸在个人爱好中的同学叫做宅,宅翻译成英语就是"呆子"(日语的原意是"你的房子")。学生们常常使用诸如"墙"或"箱子"这样的词语来表达自我强迫的孤立和自我中心的隐遁主义:"学生们在思想周围建筑了高墙";"当我们同其他人交谈时,我们常常放一堵墙在心的前面";"学生们寻找在自己和他人之间构筑障碍的方法";"在我们与他人之间存在着距离";"日本人不会让真实感情流露出来,相反,他们把它隐藏起来"。一名学生说:"今天的年轻人在各自的周围建了一圈围墙。即使在同伴中间,他

---

① 日语直接来自于英语"adult children"的音译,即我国媒体所说的"巨婴症"。——译者注

们也仅仅让那些感觉舒服的同伴进去,就像在一个盒子里一样。"另一名学生说:"在现代日本,大家可能有一种无意识的欲求,想把自己隔离进一个舒适的牢笼中去。这个笼子仅仅包含最紧密的朋友。"另一名学生说出了一个让人怀疑的想法:"如果人们表达他们的真实意图,这个世界将会进入战争状态。"教师说,在涉及一对一对话作业的语言课上,不管教师如何请求,学生都不会去喊不熟识的学生来组成一组。一位教授如此形容,"如果不熟识,学生都不会回头看另外的学生"。另一位教授抱怨说,即使她为所有学生做好了名牌以促进同学间的互动,他们仍然假装不懂她的指令,只会回望着她。

然而,必须强调的一点是,这种制度引起的孤立具有情境性,也就是说,一旦放到合适的形势中(职场),这种退缩就被抛弃了,个体可能愿意(至少显示出来是)把自己统合进社会经济秩序中去。而且,这种学生感受到的负面东西为社会普遍存在的谦恭和小范围的高度开放所中和。一旦小群体(比如,小派别、学生组织、俱乐部、职场)的个人间的联系建立起来,这种小范围的高度开放性就出现了。而且,在排名靠前的大学里,这种粗鲁无礼也不常见。更进一步说,许多学生身上出现的这种自我中心的态度必须置于现代日本的大众化社会及其原子化性质之中来理解。尽管有很多关于日本社会的"一致性"和"协作"的论点,但是,我们必须理解个体被强权的官僚等级化的国家和公司力量社会化的程度。这些力量把学生类型化、区隔化、标准化、关闭在盒子里,把个体按单位和集团(班和小集体)分等,以利于"指导"和经济生产。确实,不愿意与集团外的人打交道的习惯并不限于大学生。在一次教授会上,一位教授拒绝训斥违反大学禁烟令的学生所说的话正印证了这个道理:"我能命令我熟悉的学生不去吸烟,但是很难命令我不熟悉的学生不去吸烟,因为我不熟悉他们。"

在这一章里,我分析了学生的观点,以及他们如何看待大学环境中和进入再规训时期(职场)时的"人间关系"。在社会等级关系上,要强调的一个重要侧面是,它如何强化了早期的社会化的结果,为学生进入劳动力市场打下基础和做好准备。然而,或许比这更重要的是,学生不被鼓励去质疑社会结构。这些社会结构组成了他们工作和生活于其间的社会制度体系。

注释

1 非常有趣的是,很多学生把世间与犯罪联系在一起。一位学生告诉我,因为世间的缘故,日本社会变得非常"冷酷"。但是,接着又说,美国的犯罪率很高,但是日本的犯罪率较低,因为日本人对人非常友善。
2 参见"先辈-后辈:学习等级制度和责任"(White, 1994: 94-96)以及保作的文章"先辈太可怕了,初中里广泛存在的新的身份体系"(Hosaka, 1989)。

3 虽然说出来有点不道德,下述日本学生的事情让人恼火。这位日本学生英语水平很高,但是拒绝参加课堂讨论。"她常常把谦逊和日本人爱和谐的旧调拿出来作为理由,然而显而易见的是,真正的主要原因是她缺乏历史知识——外国的和本国的——以及日本人少有自己想法的事实。"("无观点,无讨论",1999)

4 一般认为,雇主对理工科毕业生的学业记录看得比较认真,虽然理工科学业记录的价值可能被如下的事实削弱:很多公司不管新员工的大学专业如何,对他们进行统一培训。

5 "迟到"在学生使用的日语中是"时间损失了"。

6 暴力、破坏他人财产、犯罪活动虽然不常见(幸运的是,在很多北美大学里常见的破坏他人财物的现象在日本很少见),但在一些大学里也偶尔发生。在一所两年制女子短期大学里,学生不愿意把贵重的名牌靴子放在他们的储物柜里——在大楼里,学生不允许穿室外鞋子——因为盗窃的存在。相应地,就会经常看到学生带着靴子走在走廊里和教室里。在另一所两年制女子短期大学里,许多教师的钱包被偷了。当教师在开会的时候,一名学生溜进了教师休息室,偷走了这些钱包。在同一所学校里,一名学生被抓了现行。她走出大楼时手里正拿着偷来的光盘。在另外一所学校里,一位学生带着偷来的光盘,扬长而去。

7 一位长期在日本生活的英国人说,"我的基本观点是,这是一个让你不说真话的国度……它不是有意识的撒谎,而是内在的、看待事物的一种方式,这种方式不会让你或其他人感到不舒适"(参见 Schilling, 1998)。在一篇名为"日本人的沉默共谋"的文章中,考泰滋写道,"歧视没有被经常性地报道过,所以它不存在"(Cortazzi, 1998)。这是"不注意"、"故意忽视"(日语原文字面意思是"用沉默杀人")的一个例子。霍尔的观点更为尖锐:"不过,日本的双轨现实广为人知,其政治性程度可能相当让人吃惊。"(Hall, 1998:152)

8 一位同事声称(有点夸张,在我看来),年轻人的行为"就像他们在看电视。他们不认为你是一个活生生的人,仅仅是一位戏剧中的主人公。就像他们可能打开或关上电视一样,他们也能够忽视你或者倾听你的讲话"。

第十章 仿真教育的代价和"改革"

真诚就能克服障碍。

——理查德·费奥多(Richard Fiordo, 1990)

我认为日本高等教育就是一幅宏大的幻象。成百上千的高等教育机构、泡沫化的入学考试准备、可观的毕业生统计数据、完整的课程体系、持续不断的大学改革议论对这幻象的形成均有贡献。只有对日本高等教育的修辞和现实进行细致分析才能揭示它的本质。有些人责备说,我的批评有些以偏概全,因为日本高等教育发挥了"完全不同的功能"。但是,如果它的确具有不同的功能,为什么没有人承认?为什么不叫它**什么什么**?(比如就业中心,该中心处于大学前阶段和工作期的中间,让这个阶段的人有事情做和有容身之处,直到他们变成劳动力)马丁·特罗对美国高等教育的主观认识似乎在日本变成了现实:"我们的大学是如此与其他社会机构交织在一起,以至于它们有变成实现其他机构——州政府、联邦政府、私人企业、专门利益团体和基金会的目标的纯粹工具的危险。"(Trow, 1986:179)从某个角度来看,这个叫作日本高等教育的庞然大物并没有生病,仅仅是转化成为一种新型的有机体。也许,这看起来不像是一件坏事。但是,另一方面,从必须与此动物同居和饲养它的村民的眼光来看,它的要求有点过分、代价巨大和麻烦。

从比较的角度来看,来自日本的最显而易见的教训是有关学校教育目的的问题:是学会如何学习,还是为了通过考试而训练?更抽象一点来说,日本为我们描绘出,如果教育结构太过于直接以及紧密地与职业和雇用前景结合起来,将会出现什么负面效果。在实践层面和职业层面的训练之外,学校教育应该一直提供非实用性的选择和无限的智力空间,因此允许个人兴趣和潜能发展。因为日本被认为在20世纪七八十年代经济发展非常成功,所以,非日本人观察家很难认识到资本主义和国家主义的工程是如何摧毁教育的。尽管日本经济在90年代的困难状况被广泛报道,它的政治经济结构的基础仍然很强健,因此使得经济继续控制教育。日本通过经济力量追求国家权威和声望的做法毁坏了它的学校教育体系。听起来像老生常谈,一名学生在谈及日本学生为何如此冷淡时,说的话中包含一些真实在内:"日本太富裕了,所以这儿的学生不学习,而且很懒。"

关键之处未必与学习什么和如何学习有关,重要的是"为什么"(嵌在起源于元课程的信息之中)学习某些知识。学习动机形塑了学生对学校教育经历的认知和一般态度。正是学习动机——一套社会化和情感联想——决定学生如何看待学习经历。在日本,在进入大学之时,相当多的学生似乎失去了学习动机。他们被社会化为相信学校教育和学习的目的是通过考试,而不是学习本身。因此,有时候,他们似乎缺乏为了学习而做家庭作业的经历。待到升大学之时,作业变成了要么是考试准备的一种形式,要么是仪式化练习,这种练习用来扮演好学生角色,以取悦教授。而且,学生被训练去发现唯一的"正确答案"以备考试,以至于他们不愿和不能处理复杂问题,这些复杂问题没有简单答案。

那么,"高等教育"到底是什么?在这儿,我不想对它下定义,只是想说它是高级教育制度体系,生产之前不存在的新知识。从此观点出发,日本显然不像统计资料、调查和肤浅考试所显示的那样包含较多的高等教育的元素。既然如此,那么,日本高等教育用来做什么?对它的特征的最恰当的概括是,向学生家长/监护人提供了为孩子**购买文凭**的机会(确保进入"中产阶级"社会),而不是让孩子通过学习成为独立和成熟的大人。有些读者肯定会发现我的描述覆盖面过宽和偏颇,因为有的学生在大学是真正学习的。但是我感兴趣的是,在大学校园里最经常发生的事情是什么,为什么这样的实践被制度化而遍布整个日本。尽管在工业化社会里,获得学位是为了确保进入虚幻的中产阶级社会,但是它通常也附带一定数量的学术活动。不过,很多日本大学并没有把学习作为获得学位的要件。

我希望通过描述日本高等教育的失败和制度性虚假,使读者能够理解更为一般的知识点。这些知识点对理解日本之外的社会政治制度和机制、社会不一致和仿真的功能具有理论价值。我们还应该警觉,许许多多小的谎言集聚起来就会变成巨大的谎言。这些巨大的谎言就构成制度虚假的结构。本研究的目的就在于,发现个体间的日常性虚假和鼓励欺骗的巨大的意识形态工程之间是如何连接起来的。

此外,我还希望多义性的重要性能得到理解。因为社会政治关系如此复杂、矛盾、动态,以至于不能用一套不变、自明和简单的规则去解读。绝对的社会政治透明——除非在模型构建者和社会科学家的头脑里——完全不可能,因此需要多层和散乱的解释方法。这不是存在很多事实真相(后现代主义的老生常谈),而只是有些事实真相比另外一些事实真相更大些,其动静更引人注目。只有接受多义性在人类事务中的重要功能,才有可能理解为什么某些事实真相能够占据主导地位。

日本高等教育所发挥的功能——有好也有坏——与日本之外的人士所相信的根本不同。这点是方法论上的教训,它警告我们表面化的国际比较所具有的危险性。这些危险来自于误信"制度的普遍化",也就是说,假定具有同样标签的制度能够被跨文化比较,好像它们本质上多少会相同,因为它们看起来近似。这儿的关键词是"看起来像"。日本的大学和学院也许看起来像,比如说美国的大学和学院(他们常被拿来与日本做比较),但是它们的差异,特别是从质量的角度来看,完全是两个世界。尽管有着相同称谓的机构的差异很细小、微妙,出于准确性和进行有价值研究的目的,严肃的学术研究要求注意到这些地方。

在本章的以下各部分,我首先思考日本未来会拥有如何之差的高等教育制度体系;其次,分析"改革"的内在含义;最后,探索"质疑日本性"的价值。

日本高等教育的未来收益贫乏?

谁应该为现在的状态负责?就像我上述所言,在某种程度上,几乎所有人都有责任:国家把教育视作增强民族国家力量的手段;文部省把自己看作国家的教育管理部门,而不是以促进学术发展为理念的组织;公司把大学看作就业代理机构,把教育制度看作对未来工人的训练制度;社会为学历主义所统治;父母过度逼迫子女,追求学校里的成功。但是,却很难去责备学生,他们本应该从教育制度中获益。有一些个体肯定会感受到所有的巨大的政治-经济力量都压在他们的身上。虽然这些制度肯定对日本教育制度体系的好的侧面有所贡献,但不幸的是,它们也阻碍了教育制度的发展。有时候,日本的政治-经济精英好像没有把日本社会看成是由个体学生构成的,而是看成由可以互换的"零部件"构成的。许多学生知道,文部省企图培养优秀劳动者的尝试与"人格发展"相矛盾。相当多的学生,尽管能够挤进少量的优秀学校,内心也是充满对教育制度的不满。不过,"大学应该把学生培养成为什么样的人?对此将不会有明确的答案。除非一个合法的**公民**概念融入到整个社会中,并树立一个高高在上的道德准则,该准则超越全能日本的传统认识。所谓全能日本不过是一种经济体制,该体制把人类转变为'人力资源'而已"(Cutts,1997:76,加粗为原文强调)。

一些观察者易于误解这个体制的症候或者说结果。例如,为学生行为道歉或寻找借口。解释说学生如何"内向"。或者,当论及学生的沉默及做事勉强时,解释说他们的行为是因为日本文化中的某种神秘元素,诸如禅心、神道主义对简素的热爱。而且,大量的时间花在讨论课程设计、教学方法和教科书上,似乎对教授/学习的机制的小修小补就是最好的改革方法。焦点应该放在如何让学生抛弃视学习纯粹为期末考试的长期准备的观点上。但是,日本高等教育的更具一般性的问题,尤其是学生冷淡,属于结构性问题。换句话说,这些问题深深根植于日本的社会、政治-经济制度之中。这些制度影响了日本人的社会生活和教育的元课程。只要这些制度沿着当前的轨道继续运行,日本高等教育制度所面临的问题还将存在。困扰日本教育的问题不是教育性的问题,而是政治性的问题。这些问题不是来源于学生,而是来源于社会。在采取更为诚实的态度去讨论改革之前,不存在任何一点改进的机会。

虽然特罗分析了美国"高等教育对社会的影响"的积极侧面,但是他的论断应该被视作对日本高等教育的一个警告。因为问题缠身,日本高等教育在未来可能会失去对社会有益的部分(Trow,1986:183—86)。

1. 大量的研究结果表明,高等教育对社会态度有积极影响。通过"开阔学生的眼界,让他们理解其他文化和群体,让他们对文化差异更为包容,减少偏见和模式化的敌意——未受教育者的常见特征,促进法律和制度化行为结果"(Trow,1986:183)。在一个层面上,日本社会没有明显的种族主义和公开的对他人的侵权。但是,在另一个层面上,存在着对外部者的被动的,有时候甚至是"有礼貌的歧视"。一定程度上,存在着对在日朝鲜人和其他亚洲人的种族歧视。这些社会情绪常常被文化决定论观点合法化。文化决定论深植于日本社会之中。在其他国家统统被称为种族主义、民族中心主义、偏见或无知的东西,在日本却常常被冠以"习俗"、"传统"、"文化"、"误解"的美名。"这是日本高等教育最令人悲哀的缺点之一。如果不采取措施**驱除**这些解释,它们最终不仅将使日本精英孤立于世界,也将使他们无法真正地自我理解。"(Cutts,

1997：90，加粗为原文强调）一位观察家说日本是"一个如此强烈信仰自己的无知的社会"①（Penn，1999）。¹ 有些观察家认为，这是很多日本领袖没有直面其在太平洋战争中的犯罪行为的原因："就像溺爱的父母不会承认任性的孩子被抓到偷东西，孩子缺点有可能是遗传性的，国家－大家庭也不会承认她的有些成员罪孽深重。"（Clark，1998a）²

但是，如果学生过于害怕而不敢在班级里举手，要求教师解释说明家庭作业，那么我们就不能期待他们充分自我激励，能够冲向图书馆去学习。如果我们有一个教育制度，在这个制度里，学生要为在班级里犯了错误像道德上犯错一样去道歉，那么，制度的某些地方就存在着严重的扭曲。如果学生在点名时不情愿地回答，那么我们就无法期待他们有激情地站起来，清晰而自信地表达他们的观点。如果学生坚持假装无知，我们就不能期待他们积极地参与政治和公共事业。我们一定不能期待他们深入思考生活或宏大意识形态的意义和神秘。因为这个神秘的意识形态的存在，个体已经不复存在。如果一个国家的领导者不能做出表率，我们就难以期待学生们比葫芦画瓢。就像一位学生告诉我的那样，"当我从我们的政治家那儿听到种族主义的观点时，我是如此不耐烦和沮丧"。确实，哗众取宠的"国际主义"再多又如何呢？"对日本来说，日本之外的世界仍然是封闭着的外国领地，日本从中抽取有用的、实用的知识加以应用，但是常常拒绝，或者最多是容忍其中的人文主义价值、哲学原则，甚至学者本身。"（Cutts，1997：60）

在发展个人兴趣、解放创造潜能、培育负责的公民之外，改善日本高等教育还会有其他的利益。这些利益关乎日本的未来和世界地位。确实，如果就它现在的运营状态来说，日本高等教育值得关注，因为它在去除日本的"思想卡特尔"和"孤立心智"方面几乎无所作为。"为什么日本——在佩里（Perry）②之后140年，在日本战败后50年，已经进入21世纪——仍然如此闭关自守？"（Hall，1998：10）很多定期来访日本的非日本人观察家可能不会同意这个观点，尽管他们经常与知识分子、政治和学术精英紧密交流。³ 但是，对于那些熟悉日本内情、与不同社会经济背景的日本人交往过的人来说，日本人国家认同中的"封闭"属性与他们的经验感觉一致。不过，对于某些人（被

---

① 原文的基本意思是，不知道自己的无知或无知之丑，反而把无知之处作为自己的优点，加以宗教般的崇拜。——译者注
② 这里的佩里（Perry）是指美国海军准将马修·卡尔布莱斯·佩里（Matthew Calbraith Perry）。他于1853年、1854年连续两次率领美舰驶进东京湾，以武力迫使德川幕府签订了不平等条约。随后，西方列强纷纷逼迫日本政府签订了类似条约。自此，日本被迫结束闭关锁国时代。——译者注

以一种不合理的理由从教师岗位上解雇、置身于种族主义的轻视、被阻止进行"不舒服"的研究项目)来说,霍尔的上述质疑也显得过于刺耳了。

2. 接受过高等教育的人对时间有更为成熟的认识。"成功地制定和实施计划要求拥有成熟时间观点的人在全社会的各行各业都普遍存在,尤其是在中央、地区和地方政府的中层公务人员中间,以及在公共和私营企业中。"(Trow,1986:184)在这一点及其相关因素上,很明显,日本人不存在任何问题。在一个人口众多的国家里,这绝不是一个小成就,而我们常常把这成就的达成视作理所当然。但是,这个成功未必转化成为其他形式的知识。这些知识对社会的健康发展具有重要价值,并能够在高等教育层次以它们的最为便利的形式来体现。

3. 在高等教育阶段得到增强的另一个能力是"一个国家的公民学会如何学习的能力"(Trow,1986:184)。高等教育向成人提供在已有知识上继续成长的机会。在社会和技术变化快速的社会里,"终身学习"是必备之物。[4] 但是,如果"日本教育没有为学生打下这方面的智力之基,那么,最终造成的结果就会是,学生长于信息吸收而短于智力理解"(Rohlen,1983:267)。这样一来,我们几乎不能够期望日本大学构建高级思维和学习所需要的知识形式,而且其政治意义非常明显。

在日本,"学生首先被教育成为有耐心和坚持不懈的劳动者,一位好听众,提前掌握了诸多细节和形式正确的一个人"(Rohlen,1983:269)。但是,学生没有被训练成为一个高动机、爱提问的听者,优秀演讲者,能够把握矛盾问题和当前事件的重要性的个人。"美国学生可能不擅长数学和科学,无法在地图上确认出自己的国家。但是,他们对自国发展历史中的矛盾事件有更好的理解。"(Kerbo 和 McKinstry,1995:161)自我监控造就优秀的工人、礼貌的行人、具有较高自我控制能力的民众,但是过分的自我监控还让工人易于忍受剥削(过劳死),成为无批评的思想者,变得对政治高度冷淡。

4. 在一个国家的政治生活中,高等教育具有两个功能。首先,它发挥"既有政治秩序的激进批评者"的功能(Trow,1986:185)。日本政治最醒目的一个特征是,尽管丑闻不断,同样的政治玩家能够重新出现在政治舞台上。出于比较的目的,我们可以看看意大利。在意大利,不久前的一次全国选举恰巧在政治丑闻刚过之后。在选举中,选民"把丑闻者从选举中清除出去"。"在日本,为什么没有民众反叛"发生在如此之多的丑闻之后?(参见 Kerbo 和 McKinstry,1995:99—100)我们可以认为,扎实的高等教育训练的匮乏不足以让民众熟悉民主政治的运行。一名学生认为:"文部省使学生变成不懂政治的人。而且,学生也没有被教会如何表达对政治问题的看法。"另一名学生认为,日本学校"缺乏民主,这非常危险"。值得注意的一点是,"不管是在日本,还是在世界上其他地方,民主式的平等的测量尺度不是富裕、工业、消费或狭义的财富分散的程度,正是人权,投资于每一个人且与其不可分割——不管是被大多数,还是政治突发事件——构成了民主社会"(Cutts,1997:39)。正如卡塔林·弗伯(Katalin Ferber),一位匈牙利的经济史学家认为,"制造汽车与创建文明社会不同"。确实有人认为,过分强调制造汽车及其装饰品有害于健全的社会空间的建构。在经济学家的观念里,高等教育所承担的社会的良心和看门人的角色常常得不到理解(尽管高等教育也在一定程度上,不断地再生产精英阶层和霸权意识形态)。知识的碎片化有助于精英/大众的分化的再生产。对学校,我们应该经常问:"它们是不是仅仅在生产劳动者的社会分工? 它们是增进了机会、社会公正和经济效率,还是被用于不公平地控制得到经济、文化资本和服务的机会?"(Apple,1978:485)。就像一扇本来能映出精彩画面的彩色玻璃窗被打碎为成千上万块彩片,知识被打碎,成为不相联系的断片和无序的数据。事实漂浮在反学习的社会氛围的动荡表面上,浅薄被当成深沉。许多人都知道日本高等教育的极端性和僵硬,却埋首于记忆日本高等教育的大量数据。高等教育机构一般也容忍这种批评,"这是因为这个教育制度的优点。它的低端传授信息而不是培育智力自治,它的高端生产出一小撮能说会道、自信的决策精英"(Morris-Suzuki,1988:208—9)。

无动机、漠然、冷淡、被问及时假装无知、过分的自我控制、官方凝视的压力——理解上述现象对分析社会制度和政治态度的意义不言而喻。官方凝视的多重视线不仅在垂直方向,还在水平方向上浸透和穿越不同群体。如果学生、工人和市民因为在切身的制度环境中(班级教室、职场、近邻社区)被观察而感到紧张不安,那么,要避开、闪躲和避免官方凝视的垂直视线就更困难了。寻找官方凝视的意识形态和制度根源若非完全不可行,但至少也是一次充满困难的经历。

换一种比较客观的说法,在一个社会的政治生活中,高等教育还有第二个功能"**通过提供证据,表明社会制度奖励才能和努力,从而强化和合法化既存的社会政治秩序。高等教育逐渐削弱如下信念:高等教育仅仅是'统治阶级'确保权力和特权的代际传**

递的文化装置"(Trow, 1986: 185)。不过，堀尾认为：

> 日本年轻人被分成了两个不同的阶层。一个是极少数自负、冷酷无情的精英者，他们相信自己是因为个人能力而被选拔出来的，完成官定的专业学习。另一个是大量的懒散的年轻人，他们接受自己在学业上被歧视的命运，成为劳动大军的蓄水池(1988: 356)。

这两类学生的极端的例子是：豆芽孩学生和暴走族及落伍者学生。一个极端是豆芽孩学生，他们"除了考试用的参考资料之外，从不读任何书"。另一个极端是暴走族及落伍者学生，暴走族学生是"从班级里被赶出来、游荡在街头的年轻暴徒"(Horio, 1988: 321)。落伍者学生包括学习上有问题的学生、退学者和差生。

5. **高等教育通过教师训练和进行学术研究有助于中等教育**。高等教育还能够通过建立与中等教育的直接联系，强化中等教育的课程（而不是补偿教育）而帮助中等教育。从长远观点来看，最终提升了学生的学业表现(Trow, 1986: 185—86)。

高等教育还有很多难以测量但是能够提供给个体的机会。这些机会包括看似很小但是实际上非常重要的实践，诸如如何进行基础研究，如何利用图书馆资源，如何一致和有效地书写和表达个人的想法，如何倾听、理解和智识上消化别人的言语，如何形成令人信服的议论，如何辩论而不带任何贬低对方的色彩。有些读者可能会认为这是普通的学校活动，在哪儿都能学到，实际不是。不熟悉日本教育场景的人可能会吃惊，很多日本学生，即使那些最好大学的学生，也没有好好打磨过这些技能，使之能够被利用。

高等教育对社会的另一个潜在的贡献是基础研究和纯理论研究。从实证的角度很难评价它们。有时候，它们的成果和收益要等到几十年后，或经过更多的努力后才显现出来。虽然这类研究更多的是在研究生层次进行，但是，强大的本科教育是进行高级研究的关键支撑。[5]

"改革"：教育改善还是现状的再生产？[6]

为什么日本高等教育的标准如此之低，以至于学习成为仿真学习？很大一部分原因是政治精英们使用闪光的修辞，如"自我表达"、"创造性"、"国际化"以及其他的陈词滥调和说教对教育改革进行了包装,结果就隐藏了学校教育制度的真实目的。日本高等教育的制度性伪装揭示了维持现状的企图——把教育看作经济主义的一项事业。

"教育改革"自带积极的、进步主义者的光环。似乎很多日本观察家和日本公众对这光环感兴趣。虽然人们不管什么希望都往改革这只篮子里放,但是值得注意的是,日本教育制度体系仅仅经历过两次根本性改革,而且两次改革都是在极端危机的时刻——一次在明治时期,一次在太平洋战争结束时期。另外,还值得注意的是,1870年代和1945年后的全面改革"紧跟着更保守的复旧,中和了早前的改革变化(Beauchamp, 1994:3),说明在外国强加的政策、应急性调整和单党派①承诺的结构之下,隐藏着意识形态的子结构"。在某种意义上,"教育改革"并非新生事物。从明治维新②时代,日本精英总是为了自己的目的寻找学校教育"改革"之路,虽然也考虑(尽管仅仅是表面上)教师、家长、学生和国际近邻的关心、抱怨和批评。对于"改革"的构成,不同的社会经济群体有非常不同的观点,所以很难区分改革与现状改进(比如,表面的程序变化、轻微的方法调整、现行运营的返工)之间的差异。新闻媒体围绕改革的大肆宣传——以及频繁地使用"危机"一词——似乎消融了官方的改革公告和改革讨论发起、冗长的决策审议与决策实施的实际效果之间的差异。这样一来,教育制度体系就好像一直朝着某种积极变化的方向前行。

对报纸上出现的有关改革的话语进行仔细研究就会发现,这些文章在预告日本高等教育的未来方面,会特别乐观而近似荒唐。一篇官方报道说,在下个世纪,日本大学"将会更具灵活性,得到更为全面的检查,国际化程度更高"("未来大学似乎更具灵活性和国际化",1998)。另一篇文章叙述道,

随着出生率的下降,到2009年,所有希望到大学读书的学生都能够被大学接纳。这要求大学采取措施以保证他们进入大学后的教育质量。另外,现在公司要求学生有知识和技能,而不是有动人的学习经历("把升学考试植入课业评价之中",1998)。

---

① 战后的日本政治延续战前,为多党制。但是,实际上,从1955年起,自由民主党连续单独执政长达38年。长期的一党执政也让该党的很多社会许诺得以如实兑现。——译者注
② 英语原文为"Meiji Restoration",直译为"明治归位"或者"明治复古"。核心意思是最高权力从幕府政府那儿归还给明治天皇。本文按照习惯翻译为明治维新。——译者注

其他的乐观的评论有"娱乐园①变得严肃了"(Egami，1998)、"大爆炸冲击教育"(Miura，1999)、"卫星系统改变大学学习的面貌"(1996)、"东京大学计划在医学部②招生中采取面试方式"(1996)、"为了21世纪的教育"(Nagajima，1998)、"调查：60%的大学愿意实施提前毕业制度"(1998)、"教育改革能终结'考试地狱'"(1998)、"专家委员会质疑入学考试和学习负担"(1998)、"调查：学校尝试新型入学考试形式"(1993)和"教师支持考试-制度改革"(1998)。

其他的媒体报道则带有诊断性质。比如，一份关于大学审议会的建议的报道列出了一些不断被重复的请求：应该给予大学更多的自治权，应该采取更为严格的学业成绩评分政策，更多强调写作练习和出勤，更少强调期末考试，扩大研究生规模（"研究生教育应多样化"，1995）。另一个最常见的主题是大学的宽进严出（"大学应该严格学业标准"，1998）。还有一些带有夸张色彩的题目"高等教育的改革圣战"(1992)、"教育白皮书：大学应该多样化和具有独特性"(1996)、"'政治上的幼儿'：考试制度体系必须改变：有马"(1998)、"一劳永逸地丢掉'考试地狱'"(Hashizume，1998)、"国立大学改革来得太迟了"(Saito，1999)、"医学高等教育体系需要改革"(1999)。

虽然是大学前教育的内容，一个由日本、美国学者和专家共同组成的委员会向文部省推荐了示范学校作为21世纪的日本教育制度的模型（"学者主张设立精英学校"，1999）。另外有些人讨论了大学采取美式绩点制（GPA）的可能性，并使用"出难大学"一词，意即"大学要让学生难毕业"。

其他的媒体报道更多具有怀疑主义色彩。有篇社论名为"象牙塔里的改革之风"(1997)。该社论说"绝大部分日本人带着令人生厌的讥讽看待官方的'剧烈改革'的承诺"。另一篇文章质问："修改过的课程不还是一样吗？"(Kobayashi，1998g)还有一篇文章断言，尽管有这么多改革，但"灌输式教学仍然占用了学生的大部分时间"(1998)。有些人简简单单地就挑出了改革中存在的问题。对于一个缩短大学专业课程教育的计划，一位观察家写道，"有些批评者指出，这样的制度会引导学生去选容易获得的学分的课程，降低整个国家的大学的学术水平"（"有人提议大学三年毕业"，1998）。在一篇名为《试图改变地狱般教育制度只会让它更糟糕》的文章中，一位教育观察家质疑："文部大臣有抛弃入学考试的意图吗？在我看来，几乎没有希望朝着这个方向发展。"

---

① 很多日本人和媒体把日本大学称作"娱乐园"。——译者注
② 在日本的高考中，东京大学医学部本科是最难的考试，而"面试"方式一般被视为走过场的考试形式，多为层次较低的私立大学采用，以招揽生源。——译者注

确实,"中央教育审议会,作为文部省的咨询机构,已经呼吁'减轻入学考试的过度竞争',总之,它赞成'适度的竞争'"(Hashizume,1998)。在一篇名为《补习学校的花费在增长》的文章中,根据文部省的资料,"为了进入心仪的高中,孩子们之间激烈竞争,其激烈程度体现在补习学校的花费上"(1998)。一位大学校长是一个审议会的委员("我觉得自己是里面较少影响力的委员",他说),他写道:"更多的讨论是关于让教师改进教学行为。但是,如果学生缺少适当的学习的动机——他们的未来就被他们所在大学的名字决定了——那么,为什么教师会有更多的教学动机?"(Clark,1998b)他还解释说:

教育论争中逻辑的匮乏永远不会消失……在这些论争中,我们能够看到的是追求理想主义、喜欢表面形式的思维方式的日本特征。很多人不是思考事物的因果关系,然后从原因上着手,而是把结果和陈词滥调混为一谈,希望所有事情会突然自己步入正轨。(Clark,1998b)

如果说有群体从考试制度的严格监控、大学政策和人口学的变化中获利,它就是考试产业。考试产业从那些企图沿着考试阶梯上爬的人们那儿获利。一位来自考试产业的专家如此评论"大学入学考试改革":

大学考试改革的结果是什么?入学考试变得容易,考试科目变少了,随之而来的是,高中生不学习了。高中和高中前的学校都不再教授非必考科目。所有人都串通一气,使大学和学生的质量更糟糕。("大学快要灭亡了",1999)

我认为,"改革"一定意味着变化,但它是一种特殊类型的变化。必须把它置于日本民族国家主义和资本主义权力机构的背景之中来理解。"改革"是由国家和公司利益群体组织的、维持某种现状的尝试。这种现状与精英群体定义的日本人身份认同和民族国家权力有关。当讨论日本教育改革时,必须区分基本变化和修饰性变化。后者是周期性进行的,而前者迄今为止仅仅发生过两次。简而言之,从明治时期以来,虽然日本官僚体制已经展示出制度革新和灵活性,但是日本领导者从未偏离保卫身份认同的意识形态的道理,一直确保学校教育传授支撑日本资本主义国家发展的知识形式,而不管教育对象是战前和战中的天皇臣民还是战后的公民。这些知识形式的目的是生产劳动者必备的理性化的思维体系(特别是识字能力、计算能力和科学知识)、勤奋和灌输"成为日本人"之重要性的情感。这就是山住(Yamazumi)对它悲观的原因。山住认为"教育改革的提案暗喻不祥之意。在现代日本历史中,这样的先例太多了。国家的教育命运由直接向内阁负责的教育咨询机构决定"(1986:99)。这样的例子有1917年的临时教育会议,1937年的教育审议会,1946年的教育改革委员会。山住更为关注临时教育审议会(在1984年8月7日设立),"它的名字就好像战前的两个机构的混合体,这注定值得怀疑"(1986:99)。[7]

在战后,在经济高速增长时期,日本高等教育制度经历了快速扩张和质量标准的进一步下滑。在1960年代后半期,当学生在大学校园里造反时,这些问题中的一部分集中爆发了。在1971年6月,就大学中这些突出的问题,中央教育审议会向文部省提交了改革建议。其中有些建议没有得到支持,有些建议则得到实施,有些建议时至今日仍在反复考虑之中:

1. 高等教育多样化
2. 课程改革
3. 教学方法改进
4. 教学和科研的组织分离
5. 研究机构设立
6. 高等教育机构的规模和管理结构的合理化
7. 改进人事政策和教师待遇
8. 改变国立和公立大学的设置程序
9. 改进高等教育的政府财政拨款制度、受益者负担制度、奖学金制度
10. 高等教育协作的国家计划
11. 学生的学习环境的改善
12. 学生选拔程序的改善

面对可能的大学生规模和大学数量的增加,文部省继续寻找提升高等教育质量的方法。1987年,建立了大学审议会,作为文部省的改革咨询机构,同时负责指明大学应该采取的发展方向。该审议会发布了大量的研究报告,比如《让现存的研究生院更富灵活性》(1989),《大学教育改善》(1991),《学位制度和研究生院评估的回顾》

(1991)。在 1980 年代后半期,文部省进一步简化了大学设置许可的规则,给予大学更多的自治权,并建议大学进行"自我评价",以提升教育质量。1989 年,文部省颁布了大学设置基准和研究生院设置基准。进入 1990 年代后,变化继续发生,如"大学间学分互换变得容易了"(1997)、"研究生院允许学分互换"(1997)、"大学交流项目需要更多的支持"(1997)。从 1990 年代上半期开始,在管理结构上,大学就被给予了更多的自主权。但是,一位文部省的官员告诉我,有些大学的管理者与文部省联系,说"不知道做什么",并请文部省给予指导。这说明,大学已经变得非常依赖国家了。

一个现在被讨论的观点(实际上,到现在为止,它已经被反复讨论过好多次了)是国立大学法人化①,让国立大学置于较大的竞争环境之中("改革专家委员会考虑国际大学法人化",1997)。而且,还计划降低大学入学的最低年龄。在此之前,按照规定,大学不接收小于 18 岁的学生("大学的法定年龄也许会降低",1997)。为了让大学"变得富有活力"和"充满能量"——教师也被要求如此对待学生——导入更富竞争性和创造性的氛围,大学审议会于 1992 年建议导入"合同制雇佣制度"。这个制度现在已经实施。理论上该制度将有效地取代日本的所谓"终身教职"制度,让教授定期接受再评估。由于来自教员的抵抗,有多少大学会实施这个制度还有待于观察。一位大学校长认为,这种制度在日本是很危险的。在日本,"学者间的嫉妒和学阀主义都特别强"(Yamagawa, 1996)。从商业界的观点来看,合同雇佣制是可取的,因为它增强了"劳动流动性"和合作研究的机会,还能够让公司派遣富余人员到大学当教师,以利于公司的结构改革(Yamagawa, 1997)。

"改革"作为仿真实践

在公开出版的书籍里,有很多响亮的关于高等教育改革的议论。[8] 其中的很多书籍的话语里隐藏着一个心照不宣的共识,也就是说,大家都理解任何变化都必须得到顶层,即文部省的授权。其含义似乎表明,教育就是国家的延伸,而不是一系列根植于市民社会和大众之中的活动和制度。这个观点是一个非常有影响的价值体系的一部分,该价值体系规定个人和集团之间的关系。这个价值体系具有根本性,强化了经济民族国家主义的独裁地位。因此,当想到谁(比如,中央权力机构和公司文化)来发起

---

① 原文是"university privatization",直译为国立大学私有化。这个讨论在 2004 年成为现实,日本把所有国立大学都变成了国立大学法人。参照日本国内的习惯用法,这里把"私有化"翻译为法人化。——译者注

基础性改革时，对于日本高等教育改革的结果就很难持有乐观态度。

在日本，有很多人真心希望看到大学的改善。但是我有这样的印象，也存在另外一些人，因为迟钝或者愤世嫉俗，不知道如何着手去解决这些问题。有些人如此习惯于在"命令型教育制度体系"的意识形态-制度范式下工作，以至于他们似乎相信，只要有足够的"管理型指导"，解决方法就能够被命令出来，或者问题就能够被命令走。另外一些人则忙于所谓的"仿真改革"，以至于对非常需要的变化的讨论变成了一种奇幻的政策。讨论代替了行动。

从明治时代以来，国家与公司一起，如此成功地向大众灌输了有关公司文化和日本人身份认同的传统观念，以至于很多人很难想出替代物来。因此，基础性变化的实施变得尤其困难。有关战后日本教育改革的一个重要侧面是，不管来自日本教师工会和其他团体的投入有多大，它的内在属性都是保守的和由精英确定的。如果现实教育如此被歪曲，为什么教育改革——尽管存在激烈和持续的抱怨——如此匮乏？对此，有些日本教育的观察家写道：

- "有人怀疑，日本的较保守的领导者虽然乐于同那些哀叹日本教育制度的人一起对之摇头，但是私底下却非常满意。考试地狱把绵羊与山羊分开。那些不能承受考试地狱的心理压力的人将没有任何用途。"（Dore，1976：50）
- "我怀疑政府和保守党（在自由民主党时代）不会实施任何改革。改革会放松竞争之钳的束缚力。在竞争的束缚中，学生实现自我。"（Rohlen，1983：242）
- "批评竞争的人说保守政府实际上是竞争的暗地里的支持者——这也许有些真实在里面。"（Cummings，1979：105）
- "因此，在对教育制度体系病态的哀叹之中，人们肯定会推测，相当多的位高权重的日本人实际上——私底下——对教育的现状相当满意。"（Refsing，1992：127）
- "存在着一个悖论：每当结构问题（受到教师的攻击）的本质展现为个人参与的策略，更为强硬的控制得以实施，进一步强化了引起问题的现状的存续。"（Yoneyama，1999：92）
- "在近代日本教育史上，存在着一个发展模式。所采纳的各种变革本应该补救现状，但实际上却是让现状更糟糕。"（Yoneyama，1999：151）

而且，也许同样重要的是，国家项目强力统治了日常生活，成为大众行为激励的最大部分，以至于国家机构（和公司）几乎没有任何需要去说服人们，让他们相信他们应该主动参与到教育制度体系中，并且勤奋地追求学历文凭。因此，不是国家/公司的联结为了公民和社会而存在，而是公民和社会勤奋工作以有益于国家和资本。日本国家"显示出了对错误观点的敏感性。这个错误观点是把'商业需求'等同于'社会需求'，把'社会需求'等同于'社会必要'"（Pempel，1971：453）。虽然我们经常听到关于毕业生具有主动性、个性和创造性的词汇，但是公司精英理所当然出于非常特殊的原因期望员工具有某种个性：有助于更有效的生产、更好的劳动管理、资本积累，而**不是政治参与、个人自治和自我实现**。确实，公司精英口中所说的期望与他们的实际期望相距甚远。

看起来似乎颇具讽刺意味，正是文部省，窘迫于下辖的高等教育机构的功能不全和招致国际批评，才关心真正的高等教育改革。确实，

政府被认为保守，大学被认为进步，但是事实上，真理往往相反。因为自我强加的孤立和自私，大学寻求保护既得利益和严格地坚持传统。另一方面，因为广阔的视野和国家关心，政府能够强化大学改革（Shimbori，1981：241）。

要注意到，有关"改革"的话语被制度化，变成了它寻求改革的结构的一部分。在文部省高等教育局大学课里设有"大学改革办公室"。这里不是想诋毁真正改革的努力，而仅仅是指出，改革尝试如何为更强劲的力量所变形。

不管文部省官员的主观意识多么良好，他们的行为常常阻碍改革。这背后有两个原因。第一，他们试图改革高等教育的理由似乎是错误的。也就说，他们不是努力让教育/学习从雇佣/经济民族国家主义的结构上"脱离出来"，而是似乎在谈论学习目标和商业利益需要通过"产业-大学伙伴关系"进一步强化联结，以利于增强公司主义和国家主义的影响。要求私有企业和大学协作的呼吁一直存在（"大学-商业的联系得到了强化"，1997）。因此，限制国立大学教员受雇于企业的禁令最近被放宽了。这"是必要的，如果日本想在科学和技术上更具创造性"（"政府放宽兼职规定，以促进合作研究"，1996；"政府开始允许大学教授成为公司董事"，1999）。第二，尽管一直在谈论要给予大学更多的"自由"，这样大学就能够发展出"独特的个性"和"个性化发展"（比如，"白皮书：大学应该多样化、具有独特性"，1996），很难想象文部省官员（没有斗争）会

提供给大学制度再生的必需空间。这是因为文部省介入很细小的管理事务,许多人认为它应该离这些事情远一些。大学人员把大量的时间用于思索如何取悦中央政府,相应地就采取规则导向的实践和采纳文部省的让教育窒息的政策。不论国家如何尝试进行大学改革,日本高等教育的环境被文部省的官僚行为限制了活力,因此导致国家鼓励下的阻碍创新、阻碍激发兴趣、阻碍自发教与学的现象的产生。虽然最近的改革被认为会给予大学更多的自由,但是很多私立高校还是收到了大量的政府拨款。总之,制度化伪装的未言明的信息和暗含的价值传递给了大学管理者、教员,甚至学生。因此,有人抱怨,正是文部省本身阻碍了大学内的真正改革。

不管文部省有什么样的意图和计划,有两点必须牢记在心。第一,对于有真正意义的改革,高等教育实践第一线有着非常强烈的抵抗。这种情感体现在一份私立大学教员工会委员会的调查报告里。有29％的大学回答了问卷,其中,60％的回答者说他们接受归国学生,57％的接受成人学生,5％的为残疾学生提供特殊的入学考试机会,89％的没有改革计划("大学仍然没有为接收残疾学生做好准备",1997)。

与对有意义改革的大学抵抗相关的是入学考试本身。对于如何改革入学考试的议论太多了,但是都没有触及问题的实质。正是与考试相关的压力和无意义的活动(从很多学生的观点来看)构成了主要的问题。考试所具有的问题本质常常被指出来。由河合塾(一个主要的大学入学考试预备学校)撰写的一份报告说,200个大学的入学考试存在严重问题(著名的庆应义塾大学的考试包含的问题的数量最多):"申请者常常被要求阅读和理解过长和复杂的英文段落;正误判断题的陈述过于模糊不清,以至于不可能有正确的答案。"另一所著名的大学明治大学使用"两人对话"作为正误判断题的材料。该报告说,不清楚该对话发生在何处,对话者是谁。而且,信息的匮乏让这对话显得怪异。另一所著名大学大阪大学让考生把一段日语翻译成英语,但这段日语"开头不合情理"。另一所大学使用有关计算机未来的内容进行阅读理解考试,但是"从科目的性质上来说,这偏离了焦点。除非对计算机知识特别熟悉,否则一个人很难跟上文章的思维流动"(Kodera, 1999)。

人们说,有些大学管理者正在尝试改革入学考试,他们试图把"消去考试"(通过标准化的书面考试)变成"思想性考试"("入学办公室体系胜过入学考试",1998;另参见"三所国立大学降低对考试的依存度",1998;"大学入学考试需要分析技能",1995;"筑波大学自主进行英语考试",1993)。另外值得注意的是,使用面试和小论文作为考试形式的大学越来越多(参见Shibuya, 1998);大量的学生通过"推荐信"(由高中老师撰写)进入大学,尽管一般说来被推荐的学生还需参加正式的入学考试(这因学校而定,常常成为一种形式,这是因为他们实际上已经被录取了)。有些大学提出了有趣的考试替代方案。群马大学医学部邀请已经获得学士学位的学生(一般说来,学生们都是高中毕业后进入到六年制的医学部)到温泉胜地与学部的教授们共同生活一个晚上。这些教授将要评价入学申请者的社会技能。那些被录取者将作为三年级学生入学,然后在四年内完成标准课程("医学研究生院的入学考试'测试'学生的社会技能",1998)。一位观察家讽刺地说:"也许这些大学正在举办一场寻找天才的展览会,根据学生操纵溜溜球或者杀鱼的能力来录取(我没有编造)。也许确实如此。对于富有能力但不善言辞的日本年轻人来,让他们用行动来代替语言也许是最好的方法。"(Arai,1998a)一位大学校长也提出了一个大学改革的观点:

这个方法仅仅是临时方案——允许大学招收超过计划的学生(计划由文部省决定)进行第一学年的学习。允许更多的边际学生以较低的学费入学,但是在第一学年结束时,必须面对严格的淘汰考试。那些通过了第一学年试炼的学生才能够继续享用带回廊的俱乐部房屋、担保毕业的日本大学的学习方式。(Clark,1998b)

第二点问题更多。这是因为它涉及一些根深蒂固的问题:如果未来的学生的学习能力和学习风格不发生变化,日本高等教育的质量就无法提升。不管举行多少次审议会、讨论会和咨询会,不管有多少钱花费在设施建设、努力的教授和课程设计上,日本高等教育的教与学的质量仍将是低标准的。日本高等教育的问题更多的是在大学前教育上,而不是在大学教育本身上面。在这个意义上,这些问题深深地根植于国家和学校教育制度体系、政治结构和个人自治、教育和经济之间的关系之中。

改革之改革

因为委婉表达太多了,而且有时候明显是用于拒绝真实,所以很容易把委婉语和真正改革混淆起来。需要的是"改革之改革"和认真思考改革话语中使用的词语。虽然确认真正的改革非常困难,但是区分它的仿真版本并不难。比如,一个咨询委员会得出结论说,日本的研究缺乏"活力和灵活性",呼吁设立"有进取心的研究机构"。然而,委员会不仅没有确认问题(太多的国家和行政干涉、自治不足),反而建议设立一个

"伞状结构"的研究组织来协调研究机构的工作("委员会建议研究组织改造",1998)。国家无法拒绝设立另一管理层级的诱惑。然而,多设一级管理层次会引起更多的问题。另一个例子是,一个改革主张致力于到 2003 年把国立大学变成"独立行政法人"(尽管改革正式实施了,但是国立大学要到 2005 年才变为法人)("大学改革决定于 2003 年实施",1998)。但是,我们应该谨慎地分析这个计划——该计划为文部省不经意地所抵制("25 家国家机构被增加入改革清单中",1998)——这是因为重要问题变成了"是否国立大学真正地私有化"。国家在多大程度上决定财政拨款、人事和管理指导?("改革委员会考虑大学私有化",1997;另参见"大学被包括进独立实体计划",1998)。

另一个经常被讨论的问题是:学生没有自我表达的能力。不要忘记,正是商业世界的同一批领导者(比如,经团联),他们一方面要求更具创造性、个体性、能够自我表达的毕业生,另一方面却完全相反,雇用顶尖大学的毕业生。由于教育-考试体制的存在,这些顶尖大学生产出这个制度中最成功的产品(即不会制造麻烦的个体)。更为重要的是,正是文部省显得特别伪善。尽管建议公司在雇用时不要考虑毕业生的就读学校,可是它自己却从著名大学雇用了大量的高级官僚。文部省的 90% 的成功就职者来自东京大学、京都大学和早稻田大学等。其他的一些统计数字表明,文部省倒退了("'不问大学'的雇用计划失败了",1997)。

教育-考试制度体系的目标——来自文部省内某些团体的最近和最真心的改革——依然如故:训练有适应能力的、兼容性的、标准化的部件。整体后果就是鼓励平庸和产出"平均"学生。这些结果通过"一致"、"和谐"和"同质"的神话而合法化。"现存的大学入学考试制度把学校变成竞争和选拔机器。相信只要改革大学入学考试制度,而不改变支撑该制度的价值观就能够简单地解决困扰今日日本社会和教育的问题是件很危险的事情。"(Horio,1988:318)在一篇题为"学校被斥为'人类诈骗'"的文章中,日-美国家教育委员会的执行主任塞缪尔·谢泼德(Samuel Shepard)写道:"我不确定人们,即使中央教育审议会,更不要说文部省或一般大众了,在多大程度上准备好去接受激进的改革。"(Sieg,1996)确实,多摩大学的一位学部长,木村高(Matuura Takanori)对 1980 年代中期的教育改革争论评价道:"所有的讨论都以讨论而结束……他们不停地摆弄问题的边缘,但是却没有触及问题的根本。"(Sieg,1996)

至于入学考试这个特殊的问题,正如一篇社论所言,我们最好注意到"并非所有人都认为,减轻日本学龄儿童的压力是有必要性和符合期望的……社会仍然坚持学业成绩比个人能力有更重要的价值"。一个地方报纸做过一个调查。该调查揭示出,"近四分之三的成人回答者不满意日本的学校教育……远远谈不上实质性改变,接近70%的回答者赞成为了通过大学入学考试,在小学、初中和高中时期到补习学校接受教育"("减轻学龄儿童的负担",1998)。另外,教师反对官方主导的变化(比如,社论"教育拖了日本的后腿"(1999)),就像受到持续存在影响的教师工会的抵抗一样(日教组)("为创造性而斗争",1997)。

质疑日本人特性

真正的教育改革需要无情地审视日本特征和支撑它存在的民族主义。虽然军事民族主义已经被削弱,但是在当前日本存在各式各样的民族主义,它们控制着人民的生活,特别是经济的、种族主义的、文化主义的民族主义还存在,并且生命力旺盛。虽然对粗心的观察者来说,可能不那么直接和明显,但考试准备、不管愿意与否都必须扮演角色、担心别人怎么想汇聚而成的压力与日本人特性紧紧联系在一起。大江健三郎(Oe Kenzaburō)在讨论"个人的消逝"时击中了问题的要害:

我时常发现,在一个日本人说话者的姿势里藏着一个"日本人"。而且,这个由说话者呈现出来的日本人形象不是来自个体的个性,而似乎是说话者自愿地呈现出日本式形象,以符合外国听众的期待。该形象以孩子气为特征。("日本人的身份认同",1996)

大江健三郎还认为:"日本人有些严重的缺点。其中的两个分别是:总体上,在媒体和社会上缺乏建设性的争论;较低的智力独立性,这阻碍自我理解和对人类共性的理解。"(参见 Sasamoto,1998)

对于所有在日本谈论"国际化"(真正的或似是而非的)的人来说,我们禁不住偷偷地怀疑,有些日本精英仍然以十九世纪的眼光来看待当前的世界:国家主义、民族主义和种族主义。这是所有日本人特性的表述的本质。文部大臣的评论,诸如"从战后以来,日本教育制度体系已经连续退化了53年,它不可能一下子好转起来,就像财政上的'宇宙大爆炸'"("道村(Michimura)警告自由过多",1998),暗含了一个观点,该观点为很多人所共有,该观点认为战后的改革污染了日本人特性的本质(虽然这些改革实际上为当时的日本官员所支持)。

就像所有的被转化为"常识"的宏大信念体系一样,日本人特性是一个移植过来的意识形态。这是因为它被国家主义、民族主义、种族主义和文化主义的范畴——这是"意识形态的东西",能够把所有东西放进去,也能够放到任何东西上面,没有一个概念体系能够概括它的内涵——所支撑和定义。也像其他宏大信念体系一样,它形成了一个阐释环。也就说,它拥有两个侧面:手段和目的。日本人特性既是手段(为了考试灌输教育、勤奋、努力工作),也是目的(和谐、等级、严格把世界分成日本人和非日本人两类)。按照一位长期在日本居住的非日本人的观点来说,日本人特性是一个"负担":"日本学生非常友好,容易相处,但是他们总是为'成为日本的事物'而跌跤。"

那么,日本人特性应该被质疑。但是,如果这样做,就似乎犯下了最严重的种族中心主义原罪。那些质疑日本人特性的人冒着被指责的风险。一些自封的日本辩护者就会指责质疑者犯下了文化钝感和大国沙文主义的原罪。更可怕的是,这是一个身份认同政治学被贴上种族中心论标签的时代。但是,"日本精神"正是"需要被公开放在桌面上的东西,因为很多民族独特性的观点都被附加在它上面。主张民族独特性就把日本与更一般的人性规则区分开来,并需要把世界的其他部分拒于东京湾之外"(Hall,1998:156—57)。日本人特性的意识形态——不管是称之为国家主义、民族主义、种族主义,还是文化主义——从范围而言,会成为极权主义;从语调而言,会成为宗教主义;当事情处于不确定状态时,会习惯性地被动员起来。作为一位多次教授日本文化的教师,我亲身见证了日本人身份认同中的顽固性。学生们会在考试中重申我花了一整年时间去破解的日本神话。

质疑日本人特性不意味着抛弃它的优点——相对经济平等主义、政治经济组织的天才、丰富的历史和文化遗产,而是意味着要包容多样性,破除神话,清除日本人定义中的污秽,拒绝本质主义和日本人定义永恒不变的信仰。那么,质疑日本人特性意味着诚实地道出真相,打破保护本质主义身份认同的神话藩篱。

一件小事说明真实性的威力。我在一所著名大学教书的时候,发现一名学生的学期论文几乎有一半是抄袭他人的(在我明确地警告学生不能盗窃他人成果并解释剽窃含义的几个星期**之后**)。当我问她为什么抄袭时,她起初不承认。在我出示她曾抄过几页的书籍之后,她开始嘟囔说"参考了"。她假装不知道窃取别人观点和引用的区别,尽管我已经全部解释过。我告诉她,如果她用自己的语言重新写论文,我将不再追究这件事。她走开了,仍然嘟囔着自己的清白。但是,虽然她走开了,却突然停下来,转回头面向我,说出了"对不起",向我承认了她的不诚实。更重要的是,从她的脸色看，她自己内心也已经觉得自己不诚实。我很少听到学生诚心地说"对不起"，这是其中之一。诚实克服了一切障碍。在国家、公司、地方教育体系、其他相关机构和支付学费的那些人（家长和监护人）变得诚心思考高等教育目的之前，日本的大学质量不会改善。

注释

1 引用自一位长期观察日本媒体的学者的文章。他抱怨NHK（日本的公共广播公司）的一份报告。这份报告描述了3 000位年轻人如何同意参加一个金融骗局，并在骗局中充当"牺牲者"的故事。"看到NHK的人坐在那儿，任由年轻人不负责任地做无头脑的事情和违反法律，令人觉得很奇怪。"(Penn, 1999)
2 一个以1 359名个体为对象的调查发现，"20岁至25岁的91%、19岁以下的89%，不知道12月8日是什么日子"（"12月8日的含义远离年轻人，调查表明"，1993）①
3 参见霍尔："日本的智力保护主义长期被忽视，其原因是多方面的：美国长期优势地位带来的对此的漠不关心；苹果、汽车和半导体等市场产品的成功容易让人激动且其经济影响容易量化；反对日本设置市场壁垒的美国专家很少看到，在本领域之外的领域里，日本市场同样存在明显的准入限制"（Hall, 1998：9）。
4 在日本，正式的成人高等教育还是一个新概念，还没有被广泛接受。
5 永井发现，从战后至1962年，日本有1 269 820名大学毕业生，但是其中没有人获得过诺贝尔奖。"从世界范围看，这是一个极端现象。"（Nagai, 1978：57）
6 本节的部分内容来自麦克维（McVeigh, 2000b）。
7 参见北村（Kitamura）对1980年代前期的改革运动的综述。
8 参见天城编（Amagi, 1979, 1995）、麻生（Asono, 1994）、天野编（Amano, 1980）、《大学改革最前沿》（1995）、金子编（Kaneko, 1995）、橘田（Kida, 1991）、北村（Kitamura, 1986）、中村（Nakamura, 1992）、杉山和山岸编（Sugiyama和Yamagishi, 1996）、馆编（Tachi, 1995）、2010大学改革调查协会（1996）。对于政府的观点，参见细井（Hosoi, 1994）、高等教育研究会（1991、1995a、1995b、1997）。

---

① 1941年12月8日，美国对日本宣战。这一天对日本的历史和发展来说，具有决定性的意义。——译者注

附录A 日本教育统计

表A1 日本职业分布：1995

农业、林业	5.30%
渔业	0.10%
冶金业	0.40%
建筑业	10.30%
制造业	22.50%
批发、零售、金融、保险、房地产	26.50%
服务业	24.30%
公共服务	3.40%
交通、通信、电力、汽油、热力、水资源供应	6.90%

来源：Japan Almanac(1997:97)

表A2 不同专业学生的百分比：1996

专业领域	本科生	专科生	硕士生	博士生
人文科学	16.3	25.8	8.9	10.6
社会科学	40.1	13.3	12.3	8.7
自然科学	3.6	—	10.3	11.4
博雅学科		3.3	—	
工程学	19.6	4.6	43.4	21.0
农学	3.1	0.8	6.0	7.1
保健学	—	6.7	3.9	
临床医学和牙医学	2.8	—	—	31.4
其他	2.5	—	—	2.4

续表

专业领域	本科生	专科生	硕士生	博士生
家政学	1.7	23.5	0.7	0.3
教师教育	6.2	15.6	8.6	2.2
艺术学	2.6	4.8	2.0	0.4
商船学	0.0	—	0.1	—
其他	1.6	1.7	3.7	4.3

来源：MTY(1997：80—83)

表 A3　按工作性质分类的新就业毕业生百分比：1996

	毕业生所学的专业/技术						
	工程	教师教育	医学/保健	其他	事务	销售	其他
本科生(337,820)	20.1	4.3	2.9	3.2	38.7	22.8	8.0
硕士生(31,829)	65.7	9.1	2.2	7.6	9.0	0.9	5.4
博士生(5,634)	14.8	35.4	29.9	16.0	1.4	0.0	2.6
专科生(155,476)	3.1	5.8	7.8	10.6	50.7	12.6	9.3

来源：MTY(1997：101)

表 A4　按毕业学校性质分类的新就业毕业生

	初中	高中	专科学校/技术学校	本科	合计
1960	684(49.7%)	573(41.7%)	18(1.3%)	100(14.5%)	1,374
1980	67(6.1%)	600(55.1%)	136(12.5%)	285(26.1%)	1,088
1995	25(2.6%)	408(43.7%)	169(18.1%)	331(35.4%)	933

来源：Japan Almanac(1997：97)
单位：以千为单位
括号内为应届毕业生占全年总人数的百分比

表 A5　日本高等教育概况：1996

学校类型	学校数量	学生数量	学生总数百分比
高等专门学校	62	56 396 *	1.2
短期大学	598	473,279	10.5
短期大学函授课程	10(10)♯	41,733	0.92
大学 &	576	2,596,667	57.7
大学函授课程	16(15)♯	21,843	4.8
专门学校	3,512	799,551	17.7 $
高中课程	805	87,895	1.9
高等专修学校	2,956	659,057	14.6
普通课程学生	—	52,599	1.1
其他	2,714	306,544″	6.8
合计	7,463	4,492,606	100.00

* 包括一年级到五年级的学生(年龄为 15—20 岁)
♯ 括号内的数字表示与其他课程联合开办函授课程的学校数目
& 包括研究生课程和学生
$ 不包括双学位学生——同时上大学和专业培训学校的学生
″ 包括初中和高中毕业生
来源：MTY(1997,修正)

表 A6　高等专门学校的数量

	合计	国立	公立	私立
工程学	57	49	5	3
商船	5	5	—	—

来源：MTY(1997,修正)

表 A7　高等专门学校的学生数

合计	国立	公立	私立	女性学生比例（%）
56,234	48,927	4,517	2,790	17.7

来源：MTY（1997，修正）

表 A8　高等专修学校数量

	合计	国立	公立	私立	私立学校百分比
高中课程	803	16	24	763	95.0
专门课程	2,902	140	208	2,554	88.0

来源：MTY（1997，修正）

表 A9　高等专修学校的学生数

	合计	国立	公立	私立	女生百分比（%）
高中课程	92,197	688	2,393	89,116	58.9
专门课程	664,562	17,600	32,992	613,970	52.6
一般课程	56,588	—	86	56,502	29.2

来源：MTY（1997，修正）

表 A10　其他学校的数量

合计	国立	公立	私立	私立百分比
2,821	3	59	2,759	97.8

来源：MTY（1997，修正）

表 A11 其他学校的学生数

	合计	国立	公立	私立	女生百分比
入学条件					
完成高中阶段的学习	101,547	16	1,934	99,597	30.7
其他	219,558	40	2,125	217,393	58.6
学习年限					
少于一年	115,581	—	343	115,238	50.1
一年及以上	205,524	56	3,716	201,752	49.6

来源：MTY(1997，修正)

表 A12 四年制大学的类型：1996

	合计	按上课时间分类		按性别划分的学校类型			按授予学位类别划分的学校类型		
		只白天	白天晚上都上	男校	女校	男女同校	合计	硕士学位	博士学位
合计	576	476	94	—	96	475	405	114	291
国立	98	65	30	—	25	93	98	232	75
公立	53	47	5	—		48	32	12	20
私立	425	364	59	—	89	334	275	79	196

来源：GKC(1997：4)

表 A13 四年制大学的学生数：1996

	合计	<100	101—200	201—400	401—600	601—1 000	>1 001
合计	576	3	30	96	297	88	62
国立	88	—	1	12	37	28	20
公立	53	1	5	19	24	4	—
私立	425	2	24	65	236	56	42

来源：GKC(1997：5)

表 A14　两年制短期大学的类型：1996

	合计	按上课时间划分的学校类型			按性别划分的学校类型		
		白天上课	晚上上课	白天晚上都上课	男校	女校	男女同校
合计	598	527	22	44	3	319	271
国立	33	24	9	—	2	1	31
公立	63	55	2	6	—	17	46
私立	502	448	11	38	1	302	194

来源：GKC(1997：200)

表 A15　两年制短期大学的学生数：1996

	合计	<100	101—200	201—400	401—600	601—1 000	>1 001
合计	589	18	29	119	129	146	157
国立大学	33	5	2	9	14	3	—
公立大学	63	3	6	27	18	9	—
私立大学	502	10	21	83	97	134	157

来源：GKC(1997：201)

表 A16　四年制和两年制大学中日本人教师和非日本人教师的数量：1996

	日本人	非日本人	非日本人比例
全职	139,608(20,294)	4,152(702)	2.97(3.49)
兼职	117,818(38,299)	6,861(2,008)	5.82(5.24)

来源：GKC(1997：188,260)

表 A17　四年制和两年制大学中的非日本人教师的类型：1996

	合计		国立		公立		私立	
校长	4	(3)	—		—		4	(3)
副校长	—		—		—		—	
教授	828	(113)	70	(—)	41	(3)	717	(110)
副教授	979	(179)	273	(2)	66	(8)	640	(169)
助理教授	1,541	(391)	583	(2)	104	(10)	854	(379)
助理	800	(16)	512	(—)	42	(1)	246	(15)
全职	4,152	(702)	1,438	(4)	253	(22)	2,461	(676)
兼职	6,861	(2,008)	1,155	(20)	305	(76)	5,401	(1,912)

来源：GKC(1997：188，260)

表 A18　女大学生比例：1996

四年制大学		两年制大学	
人类学	67.2	人类学	97.0
社会科学	22.6	社会科学	77.3
自然科学	24.4	通识课程	97.9
工程学	8.4	技术研究	25.4
农学	37.4	农学	46.3
保健学		保健学	90.9
医学和牙医学	29.8	家政学	99.0
其他	70.0	教师教育	98.6
商学	6.7	艺术学	89.6
家政学	96.7	其他	99.1
教师教育	58.1		
艺术学	67.2		
其他	41.1		

来源：GKC(1997)

表 A19　女性教师比例：1996

四年制大学		两年制大学	
校长	5.3	校长	11.0
副校长	2.4	副校长	9.9
教授	6.3	教授	28.3
副教授	10.5	副教授	40.8
助理教授	14.8	助理教授	48.4
助理	17.1	助理	80.2

来源：GKC(1997)

附录B 日本其他类型的高中后教育机构

在两年制短期大学、两年制大学和研究生院之外,日本还有几种高等教育机构。根据修订后的《学校教育法》,高等专门学校建立于1961年6月17日,从1962年开始招生。这类学校有5年的课程专门用来进行"产业教育"(比如工程和商船学习)。与大学不同,它们的入学条件是初中毕业,毕业之后获得副学士文凭,但是毕业生可以申请到大学去进行下一阶段的学习。

另有两类高中后教育机构,被认为是"职业教育机构"。对此,需要另外专文详细分析。专修学校是根据1976年《学校教育法》修订版建立起来的高等教育机构。通识教育之外,它们还提供广泛的专门职业、职业和技术课程。它们的课程需要一年时间(每年800学时)。绝大部分专修学校是私立的,大致分为三类:

1. "高等专修学校"招收初中毕业生,完成了某一专修课程学习的毕业生可以申请到大学读书。

2. "专门学校"招收高中毕业生,或完成了高等专修学校的课程学习的学生。学校设立开始于1995年4月。专门学校授予毕业生"技术副学士学位"。

3. "普通课程"。

其他学校招收条件多种多样,依据学校而变化。课程持续一年或长一些(680学时),虽然有些课程只有三个月,却教授广泛的知识科目,包括缝纫、计算机、汽车驾驶、打字、计算机输入、烹饪、记账等。大多数学校的招生要求是初中毕业。

附录 C 制度运营模式和仿真

从我自己的研究目的出发,我把"表征"定义为一个组织或机构声称的自己的任务、目标、理念陈述、政策、计划、目的、许诺和理想的修辞/话语。我使用"真实"意味着实际的程序、实践、制度或组织的行为。如果该制度是商店,那么它们在门后面做的才是它们的"真实",它们的表征是标记、广告、海报等放在店前的东西。如果有人说人们不会去锁匠店买花,或者去美容室买蔬菜,这些话没有什么深远的价值,但是,对于一个普通的顾客来说,这些话很好地阐释了理解阅读标记(表征)和日常行事(真实)之间关系的重要性。

这里,我应该提醒大家,我使用"实践"表达以下两点:(1)人们或制度公开宣称作为其的信念的东西(修辞);(2)他们做什么,如何行为(真实),他们达成或没有达成的事情(结果)。修辞和真实/结果都会产生影响。因此,在修辞和真实的二分中,没有哪一个是比另一个更真实的"真实",也没有哪一个会比另一个更有特权。社会政治存在的两个侧面对实用的社会分析都非常必要。

存在着四种"制度模式":(1)制度统一;(2)制度颠覆;(3)制度变形;(4)制度倒置。制度模式向我们提供了制度的**理念类型**。理念类型通过比较制度的期待的、声称

表 C1 制度运营模式和表征/真实的关系

制度质量	制度运作模式	表征与真实的关系
真实话语	1. 制度统一	● 表征与真实的一致性的共识
	2. 制度颠覆	● 关于表征与真实的不一致的共识
仿真话语	3. 制度变形	● 表征掩饰了一个基本的真实 ● 表征掩饰基本真实的缺位 ● 反表征
	4. 制度倒置	● 表征与真实之间没有联系

的角色与制度实际上正在做的事情,来评价和概括制度特征。这些模式可能具有"确实性"(制度真实)或"仿真"(制度伪装)。以下我对此模式进行解释。表 C1 试图给我使用的术语体系编一个顺序。

真实话语与仿真

前两个制度模式是"真实"的,因为或多或少都存在着对什么构成制度运转良好或失败的一致性。这样的制度真实产生的表征反映了(或者没有反映)一个基本的真实。一般说来,让一个制度完全实现它的理念陈述的最好保障是让其他的类似制度评判它的表现。这个类似制度具有最理想的第三方视点。依靠"内部"调查或者让一个制度评价自己,无异于让狐狸去看守鸡笼。

1. **制度统一**。尽管从来没有过制度目标和制度活动的完美一致,但是一般说来,足够多的个人(制度之内和制度之外)会同意,在相当的程度上,它运转良好并且实现了陈述的官方目标。虽然有些制度比另外的制度做得更好,而且总是存在抱怨、批评和发现更好方法的人,但是有效的制度通常承担了分配给它们的角色——在某些方面,它们宣称的目的、工程或项目与它们的运行、实践和效果相一致。所以,它们多多少少产生了可接受的结果。

2. **制度颠覆**。与公开宣称的制度目标的偏离如此之大,制度破坏如此深刻,制度完成任务的水平如此之差,于是出现了目标缺位、制度运行不良,或不仅仅是运行不良,而是功能瘫痪的时刻。但是需要重点强调的是,大家一致认为制度颠覆是制度目标没有充分实现,要么是因为外部攻击、内部瓦解,要么是因为逐渐衰退。在这个意义上,对什么是制度统一和制度不统一存在着一致性认识;对制度的真实性的前提条件存在着基本的共同认识。[1]

仿真话语与制度

另外两个制度模式是"仿真的",因为制度的运行和事物不仅仅与它宣称的目的相偏离,而且它宣称的目的与它实际在做的事情以及结果没有任何关系,同时制度仍然还在发挥功能。这样的制度产生的表征不仅不反映任何真实,而且掩盖、歪曲和败坏真实。这样的制度不是功能瘫痪(它们也会如此),而是会从根本上转型,变成仿真、相似或真实的模仿像。"真实和虚伪"的二分坍塌了。当表征掩盖基本真实的时候,制度变形与倒置发生了。表征掩盖了基本真实的匮乏,或者说,表征与真实之间毫无联系。为了让这样的制度存在,制度成员之间的勾结和协作非常必要。与制度有关的所有人都必须协作、默许和共谋去维持这个超真实。

3. 制度变形。有时候,因为一系列原因,一个制度变成了另一种类型的制度,发挥了另一种类型的制度的功能。必须强调的是,我这里不仅讨论制度进化或变异为一种新型制度,或者确实变化了,但是同时也获得了一种适合它的新目标和新真实的新表征的情况。我讨论的关键是表征和真实之间的不一致,制度所主张的和制度所做的之间的不一致。一个制度如果发展并因此获得了新任务(或丧失了任务),未必假装去做一些它正在做的事情之外的事情。但是,一个变形的制度错误表征它自己,歪曲了表征和真实之间的关系,就像一个肉店在店门外悬挂了宣传银行利率的标记,或者花店做二手车的广告。

有时候,一个制度要面对的最重要的问题未必是它的效率,而是必须认识它的灵活性和多功能性的程度。外部大环境是否允许(实际上也许是鼓励)它改变功能?多大程度上允许它自我变形?谎言在多大程度上被包容?在制度倒置现象中,一个组织完成的目标与它最初被许可设立(参见下一节)时的目标是相反的,这个社会的其他制度允许"制度倒置"吗?这些问题也许与制度的可生存性密切相关。

4. 制度倒置。制度变形也许非常激进,以至于制度的角色反转,部分与设计好的或原有的目标背道而驰。如果变形的制度已经变成了不是它所声称的事物,那么倒置的制度的特征就不仅是错误表征,还是反表征。倒置的制度以其效果与它们声称的行为相反的方式在运行。应该强调的一点是,这样的制度不仅仅是有一些坏苹果,而是整个制度结构已经完全颠倒了(比如,学校为了学习惩罚学生,警察局鼓励警察变成罪犯,教会要求牧师成为罪人,地方国民卫队抢劫自己发誓去保护的人们)。

日本高等教育远远不是制度颠覆类型,因为它还在发挥功能(或者功能障碍),但是大量的高校可能属于制度变形或者制度倒置类型。许多日本大学存活下来了,因为它们学会了如何平衡制度变形和制度倒置。它们也许没有发挥作为学习场域的功能,但是却很好地发挥了雇佣代办处、教授的雇主,至少对某些人来说营利企业的功能。因为一所大学变得反教育,所以它就生产出"反知识"。就像我在本书中分析的一样,学术标准不是过低,而是停止存在了。作为仿真的标记,评价和学位不再与任何教育活动相联系。分数不仅仅是膨胀,实际上与学业表现没有任何关系(也许根据上课出勤情况给学分这一点除外)。学生不仅是不学习,而且假装不知道他们正在学习什么东西。承认学科知识的存在表示教育已经发生。教授不教学,但是假装在教学。授课虽然进行了,但是学生不做笔记。家庭作业被布置了,但是从未收上来过。考试安排了,但是从未被当真。根据学生课堂出勤情况来评判学业成绩。在这个倒置和里外翻转的语义世界里,"不教之教"确有意义。在理解学习的仿真性外,仿真教育还涉及其他的变形:大学(整个高等教育制度的大部分)变成了一种制度,该制度掩饰教育没有发生的事实。

在这里,有三点提醒需要注意。第一,请记住制度模式是理念类型。理论上,所有制度都内在地具有不稳定性,会展示四种类型的某些特征,尽管某一种占据主导地位。第二,没有任何一种制度会在理想状态下运行。也就是说,在任何地方也没有目的和结果之间的完全一致性。第三,也许常常很难分清制度偏离目标和制度仿真它们主张的目标之间的差异。但是,我相信在某些情况下,它们应该被区分开来。这是因为功能瘫痪的结果未必等同于仿真,特别是不相容的后果。仿真不是真实(一致性)对不真实(偏离)——既非真也非不真。这一点非常重要。这是因为就日本高等教育的情况来看,成百上千的大学已经变得功能不全。它们的运营完全与它们的大学章程相反,但是它们仍然在发挥作用。

注释

[1] 制度变形有很多原因。比如,制度被其他制度渗透。它制度要求该制度为它制度的目的服务(国家、公司、偏袒者、有组织的犯罪利益团体等)。毕竟,任何制度总是为了多种原因,不同程度地与它所依存的制度互相联系。然而,这些它制度有可能互相笼络、腐蚀该制度、使该制度堕落。当它制度改变或者说颠覆了该制度的所谓的"核心身份认同"时,制度变形就发生了。核心身份认同是制度最初的理念(或者是一套理念体系),该制度让它的活动、努力和能量都服务于这些理念。

参考文献

"A cure for 'gakureki disease.'" 1997. DY October 30, p. 20.
"A few rotten eggs need not spoil the classroom." 1998. DY November 24, p. 16.
Abe, Hitoshi, Muneyuki Shindō, and Sadafumi Kawato 1994. *The Government and Politics of Japan*. Tokyo: University of Tokyo Press.
"Absent students hit record high." 1998. DY August 7, p. 2.
"Academic levels declining at universities." 1999. DY May 7, p. 1.
"Admissions office system smarter than entrance exams." 1998. DY September 21, p. 18.
Aita, Kaoruko. 1999. "Frightening errors, endemic opacity: Doctors far from malpractice accountability." JT March 23, p. 2.
Aldwinckle, David C. 1998a. "Worthington, Korst, and Gallagher Press Conference at FCCJ, Tokyo." *Journal of Professional Issues* (PALE; Professionalism, Administrator, and Leadership in Education) 4(2) (August): 4–7.
———. 1998b. "Advice to Educators in Japanese Higher Education." *Journal of Professional Issues* (PALE) 4(2): 7–13.
Amagi Isao, ed. 1979. *Ugokihajimeta daigaku kaikaku* (University reforms are beginning to move). Tokyo: Saimaru Publishers.
———, ed. 1995. *Daigaku no henkaku—uchi to soto* (University reforms—inside and outside). Tokyo: Tamagawa University Press.
Amano Ikuo. 1979. "Continuity and Change in the Structure of Japanese Higher Education." In *Changes in the Japanese University: A Comparative Perspective*, ed. William K. Cummings, Ikuo Amano, and Kazuyuki Kitamura. New York: Praeger, pp. 10–39.
———. ed. 1980. *Henkakuki no daigaku-zō* (The image of the university in a period of reform). Tokyo: Nippon Recruit Center.
———. 1990. *Education and Examination in Modern Japan* (trans. William K. Cummings and Fumiko Cummings). Tokyo: University of Tokyo Press.
Amanuma Kaoru. 1987. *"Gambari" no kōzō: nihonjin no kōdō genri* (The structure of "persistence": A principle of Japanese behavior). Tokyo: Yoshiawa Kōbunkan.
"An unhappy school experience." 1994. JT June 8, p. 16.
Anderson, Benedict. 1983. *Imagined Communities: Reflections on the Origin and Spread of Nationalism*. London: Verso.
Apple, Michael. 1978. "The New Sociology of Education: Analyzing Cultural and Economic Reproduction." *Harvard Educational Review*, 48(4): 495–503.
———. 1979. *Ideology and Curriculum*. London: Routledge and Kegan Paul.

―――. ed. 1982a. *Cultural and Economic Reproduction in Education: Essays on Class, Ideology and the State.* London: Routledge and Kegan Paul.

―――. 1982b. *Education and Power.* London: Routledge and Kegan Paul.

―――. 1987. "The New Sociology of Education: Analyzing Cultural and Economic Reproduction." *Harvard Educational Review* 12: 495–503.

Arai, Megumi. 1996. "A cheat by any other name." AEN June 3, p. 7.

―――. 1998a. "Why are interviews just a puppet show?" AEN September 12, p. 3.

―――. 1998b. "Cheating as preparation for real world." AEN December 27, p. 9.

―――. 1999. "Teaching spring soon turns to winter." AEN April 25, p. 9.

Arndt, H.W. 1987. *Economic Development: The History of an Idea.* Chicago: University of Chicago Press.

Asano Makoto. 1994. *Daigaku no jugyō o kaeru 16 shō* (Sixteen chapters on changing the university classroom). Tokyo: Ohtsuki.

"Associate prof. skateboards to promote cultural exchange." 1998. DY October 24, p. 3.

Awaihara Minoru. 1970. "Ekonomikku nashonarizumu to chūshō kigyō seisaku" (Economic nationalism and small and medium company policies) *Shakaikagaku tōkyū, Nihon shihon shugi to nashonarizumu* (special issue), 43(15): 301–48.

Azuma, Toshio. 1985. "Japan vs. West, common sense vs. logic." *Japan Times Sunday,* July 21.

Azumi Koya. 1970. *Higher Education and Business Recruitments in Japan.* New York: Teachers College Press.

"Banks move up recruiting period." 1998. DY May 14, p. 18.

Baudrillard, Jean. 1983. *Simulations.* New York: Semiotext(e).

―――. 1988. *Selected Writings,* ed. Mark Poster. Stanford, CA: Stanford University Press.

―――. 1993. "The Evil Demon of Images and the Precession of Simulacra." In *Postmodernism: A Reader*, ed. Thomas Docherty. New York: Columbia University Press, pp. 194–99.

Beauchamp, Edward R. 1987. "*Shiken Jigoku:* The Problem of Entrance Examinations in Japan." *Asia Profile* 6 (December): 543–60.

―――. 1991. "The Development of Japanese Educational Policy 1945–1985." In *Windows on Japanese Education,* ed. Edward Beauchamp. New York: Garland.

―――. 1994. "Introduction: Japanese Education Since 1945." In *Japanese Education Since 1945: A Documentary Study,* ed. Edward R. Beauchamp and M. Vardaman, Jr. Armonk, NY: M.E. Sharpe, pp. 3–33.

Beauchamp, Edward R., and James M. Vardaman Jr., eds. 1994. "Japan: The Education System Under Military Government (PWC-287–a)." [November 6, 1944]. In *Japanese Education Since 1945: A Documentary Study.* Armonk, NY: M.E. Sharpe, pp. 38–45.

Becker, Carl B. 1990. "Higher Education in Japan: Facts and Implications." *International Journal of Intercultural Relations* 14: 425–47.

Befu, Harumi. 1983. "Internationalization of Japan and Nihon Bunkaron." In *The Challenge of Japan's Internationalization: Organization and Culture,* ed. Mannari Hiroshi and Harumi Befu. Tokyo: Kwansei Gakuin University and Kodanshal International, pp. 232–66.

Ben-Ari, Eyal. 1994a. "Caretaking with a Pen? Documentation, Classification and 'Normal' Development in a Japanese Day Care Center." *International Review of Modern Sociology* 24(2): 31–48.

---. 1994b. "Forms of Quality? Documentation and Discipline in a Japanese Preschool." *Education and Society* 12(2): 3–20.
---. 1997. *Body Projects in Japanese Childcare: Culture, Organization and Emotions in a Preschool.* Richmond, Surrey: Curzon Press.
Benson, Malcom J. 1998. "Learning correct English no threat to identity." DY November 16, p. 18.
Berger, P. 1990. "Sociological Perspectives—Society as Drama." In *Life as Theater: A Dramaturgical Source Book*, ed. D. Brissett and C. Edgley. 2d ed. New York: Aldine de Gruyter, pp. 51–62.
Billig, Michael. 1995. *Banal Nationalism.* London: Sage.
Boocock, Sarane Spence. 1989. "Controlled Diversity: An Overview of the Japanese Preschool System." *The Journal of Japanese Studies* 15(1): 41–57.
---. 1991. "The Japanese Preschool System." In *Windows on Japanese Education*, ed. Edward R. Beauchamp. Westport, CT: Greenwood Press, pp. 97–125.
Bourdieu, P., and Jean-Claude Passeron. 1990. *Reproduction in Education, Society and Culture.* London: Sage.
"Boy, harassed for English skill, sues." 1992. JT December 23, p. 2.
Bracey, Gerald. 1997. *Setting the Record Straight: Responses to Misconceptions About Public Education in the United States.* Alexandra, VA: Association for Supervision and Curriculum Development.
Bronfenbrenner, Martin. 1985. "Economic Education at the University Level." *Journal of Economic Education* 16: 269–72.
Brown, Delmer M. 1955. *Nationalism in Japan. An Introductory Historical Analysis.* Berkeley: University of California Press.
Brown, J.D. 1998. "Japanese University Entrance Examinations: An Interview with Dr. J.D. Brown (by Todd Jay Leonard)." *The Language Teacher* 22(3)(March): 25–27.
Burnell, Jerrold B. 1974. "Public Funds for Private Education in Japan." *Intellect* (April): 436–39.
Busch, Michael. 1996. "Universities booming despite weak economy." DY December 9, p. 14.
---. 1997. "Union helping make part-time teachers happy." DY August 18, p. 19.
Castells, Manuel. 1992. "Four Asians Tigers with a Dragon Head: A Comparative Analysis of the State, Economy, and Society in the Asian Pacific Rim." In *States and Development in the Asian Pacific Rim*, ed. Richard P. Appelbaum and Jeffery Henderson. Newbury Park, CA: Sage Publications, pp. 33–70.
Chomsky, Noam, ed. 1997. *The Cold War and the University: Toward an Intellectual History of the Postwar Years.* New York: The New Press.
Clark, Burton R. 1979. "The Japanese System of Higher Education Comparative Perspective." In *Changes in the Japanese University: A Comparative Perspective*, ed. William K. Cummings, Ikuo Amano, and Kazuyuki Kitamura. New York: Praeger, pp. 217–40.
---. 1995. *Places of Inquiry: Research and Advanced Education in Modern Universities.* Berkeley: University of California Press.
Clark, Gregory. 1998a. "War guilt and its complexities." JT August 8, p. 19.
---. 1998b. "University reforms fail the test." JT November 30, p. 21.
"'Class collapse' problem probed by eighteen prefectures" 1999. DY June 7, p. 1.
"Classroom snoozers" 1999. DY December 31, p. 6.

"Coed's speech challenges advantages of returnees" 1991. DY November 14, p. 14.
Coleman, Joseph. 1999. "An experiment in education." JT April 2, p. 3.
Coles, Robert. 1986. *The Political Life of Children*. Boston: Atlantic Monthly Press.
"College exams look for analytical skills." 1995. DY February 27, p. 2.
"College exchange programs need much more support." 1997. DY April 28, p. 15.
"College libraries turning over new leaf." 1995. DY October 5, p. 10.
"College zoo." 1997. JT June 8, p. 18.
"Colleges adapting courses to match students' needs." 1997. DY October 6, p. 3.
"Colleges still not catering for disabled." 1997. DY September 11, p. 2.
Collins, R. 1971. "Functional and Conflict Theories of Educational Stratification." *American Sociological Review* 36: 1002–19.
Comber, L., and J. Keeves. 1973. *Science Achievement in Nineteen Countries*. New York: Wiley and Sons.
Conduit, Anne, and Andy. 1996. *Educating Andy*. New York: Kodansha.
Considine, Daniel P. 1998. "Stony ground for seeds of individualism." JT March 7, p. 19.
"Corporate leaders lament: Japan needs English classes." 1997. *Asian Wall Street Journal* February 20, p. 7.
Corrigan, Philip, and Derek Sayer. 1985. *The Great Arch: English State Formation as Cultural Revolution*. Oxford: Basil Blackwell.
Cortazzi, Hugh. 1998. "Japan's conspiracy of silence." JT June 13, p. 18.
Coulmas, Florian. 1993. "Where to with Japan's universities?" JT August 23, p. 10.
"Cramming, study still rule kids' time." 1998. JT January 1, p. 1.
"Crumbling classes." 1999. JT February 7, p. 7.
"Crusade for high education." 1992. DY August 7, p. 6.
Cummings, William K, Edward R. Beauchamp, Shogo Ichikawa, Victor N. Kobayashi, and Morikazu Ushiogi, ed. 1986. *Educational Policies in Crisis: Japanese and American Perspectives*. New York: Praeger.
Cummings, William K. 1979. "Expansion, Examination Fever, and Equality." In *Changes in the Japanese University: A Comparative Perspective*, ed. William K. Cummings, Ikuo Amano, and Kazuyuki Kitamura. New York: Praeger, pp. 83–106.
———. 1990 [1971]. *The Changing Academic Marketplace and University Reform in Japan*. New York: Garland Publishing.
———. 1982. "The Egalitarian Transformation of Postwar Japanese Education." *Comparative Education Review* 26 (February):16–35.
Cummings, William K., and Ikuo Amano. 1979. "The Changing Role of the Japanese Professor." In *Changes in the Japanese University: A Comparative Perspective*, ed. William K. Cummings, Ikuo Amano, and Kazuyuki Kitamura. New York: Praeger, pp. 127–48.
Cummings, William K., Ikuo Amano, and Kazuyuki Kitamura, ed. 1979. *Changes in the Japanese University: A Comparative Perspective*. New York: Praeger.
Cutts, Robert L. 1997. *An Empire of Schools: Japan's Universities and the Molding of a National Power Elite*. Armonk, NY: M.E. Sharpe.
Daigaku kaikaku: saizensen (University reform: The front line). 1995. Fujihara Shoten, Tokyo: Fujihara Shoten.
"Daigaku wa zetsu-metsu sunzen da" (Just before universities become extinct) 1999. *Shūkan asahi* 104(24) (June 4): 150–53.
Deiters, Robert M. 1992. "University Education in Japan: A Personal View." In *Work-

ing in Japan: An Insider's Guide for Engineers, ed. Hiroshi Honda. New York: Asme Press, pp. 45–52.
Desmond, E. 1996. "The Failed Miracle." *Time* (April 22): 60–66.
"Developing debate dexterity." 1998. DY November 16, p. 18.
"Disgraceful condition." 1992. DY December 9, p. 8.
Dore, Ronald. 1976. *The Diploma Disease: Education, Qualification and Development*. Berkeley: University of California Press.
"Downside of year-round recruiting." 1998. JT June 14, p. 20.
Drifte, Reinhard. 1986. *Arms Production in Japan: The Military Applications of Civilian Technology*. Boulder, CO: Westview Press.
Duke, Benjamin C. 1986. *The Japanese School: Lessons for Industrial America*. New York: Praeger.
"Easing the schoolchild's burden." 1998. JT June 28, p. 18.
"Education holding Japan back." 1999. DY January 6, p. 7.
"Education of the heart." 1998. DY May 11, p. 14.
"Education reforms may end 'exam hell.'" 1998. JT April 7, p. 2.
"Education—to reform or not to reform?" 1995. DY August 23, p. 3.
Egami, Yurika. 1998. "'Amusement parks' turning serious." AEN December 27, p. 9.
Ehara, Taskekazu. 1998. "Faculty Perceptions of University Governance in Japan and the United States." *Comparative Education Review* 42(1) (February): 61–72.
Elgin, Catherine Z. 1984. "Representation, Comprehension and Competence." *Social Research* 51(4): 905–26.
"Encouraging young dreamers." 1998. DY October 1, p. 18.
"End to hensachi welcomed." 1993. DY January 11, p. 6.
"English classes to be introduced at primary level." 1995. DY August 18, p. 2.
"English phobia hinders learning." 1988. DY December 29, p. 12
"Ethnic schools request equal entry-test rights." 1998. JT June 2, p. 2.
"Exams put to the test." 1998. JT November 14, p. 18.
"Exams, workloads questioned by panel." 1998. JT July 30, p. 2.
"Failing marks for Japan's scholarships." 1998. JT April 12, p. 20.
"Fear of standing out must change, professor tells Longman seminar." 1997. DY May 26, p. 14.
"Few universities address sexual harassment." 1998. DY November 24, p. 3.
"Fewer exchange students prompt government to review program." 1996. DY December 29, p. 1.
Fiordo, Richard. 1990. "From Sincerity to Mendacity in Personal Rhetoric: A Discrete Look at Continuous Feelings." *Semiotica* 80(1/2): 89–107.
"Five take exams despite rules." 1998. AEN June 6, p. 2.
"Fixing education not hopeless." 1998. DY April 4, p. 6.
"Foreign campuses need upgrading, Arima says." 1999. JT February 19, p. 2.
"Foreign school graduates may sit 'daiken' test soon." 1999. DY June 6, p. 1.
"Foreign schools get 2nd-class treatment." 1996. DY May 6, p. 14.
"Foreign teachers announce strike." 1998. JT June 20, p. 3.
Foucault, Michel. 1979. *Discipline and Punish: The Birth of the Prison*. New York: Vintage Books.
"Freshmen worry about ability to grasp lectures." 1999. DY February 2, p. 2.
Frost, Peter. 1981. "Examination Hell: Entrance Examinations in Japan's Modernizing Process." *Berkshire Review* 16:113–21.
Fukukawa, Shinji. 1999. "Education system still far too rigid." DY May 7, p. 6.

Fukushima, Kazunaga. 1996. "Part-time lecturers unionize." AEN April 8, p. 7.
Fuller, Bruce, Susan D. Holloway, Hiroshi Azuma, Robert D. Hess, and Keiko Kashiwagi. 1986. "Contrasting Achievement Rules: Socialization of Japanese at Home and in School." *Research in Sociology of Education* 6:165–201.
Furusawa, Y. 1997. "Year-round job recruitment depleting college campuses." DY June 9, p. 14.
Furusawa, Y., and Ikuko Mitsuda 1999. "Teachers seek to rebuild 'collapsed' classes." DY February 1, p. 7.
"Future universities seen as more flexible, global." 1998. JT July 1, p. 2.
Gakkō kihon chōsa hōkokusho—kōtō kyōiku kikan (Report on basic survey of schools—higher education institutions). 1997. Ministry of Education. Tokyo: Ministry of Finance.
Gallagher, Gwendolyn. 1998. "Asahikawa University's Gwen Gallagher Stays the Course in Court." *Journal of Professional Issues* (PALE) 4(2) (August): 1–3.
Gatton, William. 1998. "Renewing ELT in Japan: The Crack in the Rice Bowl." *The Language Teacher* 22(8): 29–30.
Gellner, Ernest 1983. *Nations and Nationalism*. Oxford: Basil Blackwell.
George, P. 1995. *The Japanese Secondary School: A Closer Look*. Reston, VA: National Association of Secondary School Principals.
Gerbert, Elaine. 1993. "Lesson from the *Kokugo* (National Language) Readers." *Comparative Education Review* 37(2): 150–80.
"Gifted students hit the fast track . . . but early-entrance debate continues." 1998. DY January 26, p. 18.
Goffman, Erving. 1959. *The Presentation of Self in Everyday Life*. New York: Anchor Books.
——— 1990. "Role Distance," In *Life as Theater: A Dramaturgical Source Book*, ed. D. Brissett and C. Edgley, 2d ed. New York: Aldine de Gruyter, pp. 101–12.
Goodman, Roger. 1993. *Japan's 'International Youth': The Emergence of a New Class of Schoolchildren*. Oxford: Clarendon Press.
Gorsuch, G.J. 1998. "Yakudoku EFL Instruction in Two Japanese High School Classrooms: An Exploratory Study." *JALT Journal* 20(1): 6–32.
Goto, Kenichi. 1998. "Allow scholarship students to go where they want." AEN June 10, p. 8.
"Govt report slams university education system." 1998. DY July 1, p. 2.
"Govt set to allow professors into corporate boardrooms." 1999. DY January 25, p. 3.
"Govt to create ratings body to evaluate university quality." 1998. DY June 4, p. 2.
"Govt to double number of scholarships from FY99." 1998. DY August 23, p. 1.
"Govt to relax moonlighting rules to boost joint research." 1996. DY December 13, p. 2.
Goya, S. 1993. "The Secret of Japanese Education." *Phi Delta Kappan* 75(2) (October): 126–29.
"Grad schools to let credits be transferred." 1997. JT April 16, p. 3.
"Graduate schools urged to become more diverse." 1995. DY March 13, p. 2.
Hadley, G., and Yoshioka Hadley. 1996. "The Culture of Learning and the Good Teacher in Japan: An Analysis of Students Views." *The Language Teacher* 20(9): 53–55.
Haiducek, Nicholas J. 1992. *Japanese Education: Made in the USA*. New York: Praeger.
Haley, John. 1991. *Authority Without Power: Law and the Japanese Paradox*. New York: Oxford University Press.

Hall, Ivan P. 1975. "Organizational Paralysis: The Case of Todai." In *Organization and Decision-Making in Postwar Japan*, ed. Ezra Vogel. Berkeley: University of California, pp. 304–30.
———. 1995. "Case of academic apartheid at Japanese national universities." AEN May 8, p. 7.
———. 1997. "Protesting Against Discrimination vs. Protesting Against Protest." *On Cue* 5(1) (May): 1–3.
———. 1998. *Cartels of the Mind: Japan's Intellectual Closed Shop*. New York: W.W. Norton.
Hani Gorō. 1979. *Kyōiku no Ronri—Monbushō haishi-ron* (The logic of education—The argument for abolishing the Monbushō). Tokyo: Daiyamondo Sha.
Hani, Yoko. 1993. "Test evaluations ban upsets teachers." JT February 9, p. 3.
Hardacre, Helen. 1989. *Shinto and the State (1868–1989)*. Princeton, NJ: Princeton University Press.
Hartley, Stewart. 1997. "Life After Japan: An Expat Speaks Out." *On CUE* 5(2) (October): 5–8.
Hashizume, Daisaburo. 1998. "Get rid of 'entrance exam hell' once and for all." AEN September 15, p. 7.
Hattori Eitarō, ed. 1961. *Kagakusha no seikatsu to iken* (Opinions and life of scientists). Tokyo: Nihon Gakujutsu Shinkōkai.
Havens, Thomas R.H. 1974. *Farm and Nation in Modern Japan: Agrarian Nationalism, 1870–1940*. Princeton, NJ: Princeton University Press.
Hay, Cameron. 1996. "Foreign teachers say they face bias." JT May 3, p. 3.
Hendry, Joy. 1986. *Becoming Japanese: The World of the Pre-School Child*. Honolulu: University of Hawaii Press.
"High-flying participants can become stars" 1999. JT July 20, p. 6.
"Hirogaru daigaku no 'jiko tenken'" (Universities that are doing "self-evaluation" are increasing). 1992. *Asahi Shimbun*, August 24, p. 18.
"Hirosue Ryōko Waseda futōkō no naze da" (Why is Hirosue Ryōko not attending Waseda?) 1999. *Shūkan asahi* 104(24) (June 4): 150–53.
Hoffman, Michael. 1997. "Schools starve teenagers hungry for knowledge." AEN May 8, p. 9.
Holden, Bill. 1997. "Curbing the Excesses of Private University Administrators—Implications for Job Security." *Journal of Professional Issues* (JALT) 3(2) (September): 3–6.
Holden, T.J.M. 1994. "Surveillance—Japan Sustaining Principle" (Oriental society and culture). *Journal of Popular Culture* 28(1): 193–208.
"Home economics appeals to girls amid lack of jobs." 1997. DY February 18, p. 3.
Horio Teruhisa. 1988. *Educational Thought and Ideology in Modern Japan: State Authority and Intellectual Freedom*, ed. and trans. Steven Platzer. Tokyo: University of Tokyo Press.
Hosaka T. 1989. *Sempai ga kowai! Chūgakkō ni hirogaru shin mibun seido* (I'm afraid of my seniors! The new status system is spreading in middle schools). Tokyo: Riyon-sha.
Hosoi Katsuhiko. 1994. *Setchi kijun kaitō to daigaku kaikaku* (Establishment criteria revisions and university reforms). Tokyo: Tsumugi Publishers.
Huber, Thomas M. 1994. *Strategic Economy in Japan*. Boulder, CO: Westview Press.
Ichikawa, Shogo. 1979. "Finance of Higher Education." In *Changes in the Japanese*

University: A Comparative Perspective, ed. William K. Cummings, Ikuo Amano, and Kazuyuki Kitamura. New York: Praeger, pp. 40–63.

———. 1986. "American Perceptions of Japanese Education." In *Educational Policies in Crisis: Japanese and American Perspectives*, ed. William K. Cummings, Edward R. Beauchamp, et al, New York: Praeger, pp. 243–61.

———. 1991. "Financing Japanese Education." In *Windows on Japanese Education*, ed. Edward R. Beauchamp. Westport, CT: Greenwood Press, pp. 77–95.

Ienaga Saburō. 1962. *Daigaku no jiyū no rekishi* (History of university freedom). Tokyo: Hanawa Shobō.

Ikawa, Yojiro. 1997. "'Village mentality' makes winning Noble Prize even harder for Japanese." DY October 22, p. 6.

Ishida, Hiroshi. 1993. *Social Mobility in Contemporary Japan: Educational Credentials, Class and the Labour Market in a Cross-National Perspective*. London: Macmillan.

Ito, Ryutaro. 1999. "Behind the breakdown: Teachers, students in war zone." AEN June 6, p. 9.

"Japan and science's new diaspora." 1993. JT March 18, p. 18.

"Japan and the 'blackboard.'" 1999. JT January 18, p. 20.

"Japan in danger of falling behind on human rights." 1998. AEN September 6, p. 3.

"Japan kids averse to school, poll finds." 1996. JT October 26, p. 2.

"Japan ranks 13th in U.S. science knowledge survey." 1998. DY July 6, p. 15.

"Japan tops TOEFL entrants; ranks only 149th in scores." 1993. February 17, p. 3.

"Japan's education is topsy-turvy." 1993. DY August 25, p. 16.

"Japan's universities need a big bang." 1998. JT July 8, p. 20.

Jaynes, Julian. 1976. *The Origin of Consciousness in the Breakdown of the Bicameral Mind*, Boston: Hughton Mifflin.

Jeffs, Angela. 1998. "That Tsuda spirit: YWCA head does old school proud." JT October 11, p. 12.

"Job-hunting pressures." 1998. JT June 16, p. 18.

Johnson, Chalmers. 1982. *MITI and the Japanese Miracle*. Stanford: Stanford University Press.

Johnson, Harry G. 1967. *Economic Nationalism in Old and New States*. Chicago: University of Chicago Press.

Johnston, Eric. 1998. "Foreign teachers push for equitable pensions." JT August 29, p. 3.

"Jottings." 1998. DY, April 8, p. 3.

Journal of Professional Issues. 1999. (PALE) 5(1) (April).

JPRI (Japan Policy Research Institute) Staff 1996. "Foreign Teachers in Japanese Universities: An Update." Japan Policy Research Institute, Working Paper No. 24 (September).

Kahl, Daniel. 1997. "Eggheads stay home." JT June 17, p. 18.

Kajita, Eiichi. 1996. "A thing or two that professors need to learn." DY March 13, p. 7.

Kaneko Motohisa, ed. 1995. *Kinmirai no daigaku-zō* (The image of the university in the near future). Tokyo: Tamagawa University Press.

Katsukata, Shinichi. 1997. "College exchange programs need much more support." DY April 28, p. 15.

Katsuta, Kichitaro. 1995. "Universities rotting within." JT March 14, p. 16.

Kayashima, Atsushi. 1993. *American Democracy on Trial in Japan*. Tokyo: Ōtori Shobo.

Kempner, Ken, and Misao Makino. 1993. "Cultural Influences on the Construction of Knowledge in Japanese Higher Education." *Comparative Education* 29(2): 185–99.
Kerbo, Harold, and John A. McKinstry. 1995. *Who Rules Japan? The Inner Circles of Economic and Political Power.* Westport, CT: Praeger.
Kida Hiroshi. 1991. *Daigaku e no kitai* (Hopes for the university). Tokyo: Simul.
"Kids in Japan lack rights, panel says." 1998. JT June 8, p. 2.
Kiguchi, Yumiko. 1999. "Paying Lip-Service to Internationalisation." *News & Ideas.* David's English House (Place of publication unknown), pp. 9–11.
Kinmonth, Earl H. 1986. "Engineering Education and Its Rewards in the United States and Japan." *Comparative Education Review* 30: 396–416.
Kitamura Kazuyuki. 1986. "The Decline and Reform of Education in Japan: A Comparative Perspective." In *Educational Policies in Crisis*, ed. William W. Cummings et al. New York: Praeger.
Kobayashi, Ginko. 1998a. "Universities slowly opening up to foreign-school grads." DY October 5, p. 18.
———. 1998b. "Undisciplined to distraction." DY April 6, p. 14.
———. 1998c. "Fear has no place in Lee's classroom." DY February 16, p. 16.
———. 1998d. "Working together to create a better learning environment." DY November 30, p. 14.
———. 1998e. "Maintaining identity in English classroom." DY October 26, p. 14.
———. 1998f. "Separating language from culture." DY November 2, p. 14.
———. 1998g. "Revised curriculum just more of the same?" DY July 20, p. 18.
Kodera, Atsushi. 1999. "Confusing questions plague college entrance examinations." DY January 11, p. 7.
Korst, Timothy J. 1998. "University of the Ryukyus' Timothy J. Korst loses his case." *Journal of Professional Issues* (PALE) 4(2) (August): 1–2.
Kōtō kyōiku kenkyūkai (Higher education research group). 1991. *Daigaku no tayō na hatten o mezashite II* (Aiming for the diverse development of universities II). Tokyo: Gyōsei.
Kōtō kyōiku kenkyūkai III (Higher education research group) 1995a. *Daigaku kaikaku no shinten* (The development of university reform III) Tokyo: Gyōsei.
———. 1995b. *Daigaku no tayō na hatten o mezashite IV* (Aiming for the diverse development of universities IV). Tokyo: Gyōsei.
———. 1997. *Daigaku no tayō na hatten o mezashite V* (Aiming for the diverse development of universities V). Tokyo: Gyōsei.
Kusaoi, Akiko. 1993. "Moonlighting Students." *Look Japan* (April), p. 47.
"Kyoto U. grad school accepts Korean" 1998. DY September 5, p. 3.
Laurasian Institution. 1992. *American Higher Education in Japan 1992: A Guidebook for Students, Parents and Teachers.* Tokyo: Seikyokudo.
Law, Graham. 1995. "Ideologies of English Language Education in Japan." *JALT* (Japan Association for Language Teaching) *Journal*, 17(2): 213–24.
"Lazy days." 1998. AEN October 30, p. 8.
Lebra, Takie Sugiyama. 1984. *Japanese Women.* Honolulu: University of Hawaii Press.
Leigh, Bruce. "Expressing repression in high school." 1992. JT May 9, p. 11.
LeTendre, Gerald. 1994. "Guiding Them On: Teaching, Hierarchy, and Social Organization in Japanese Middle Schools." *Journal of Japanese Studies* 20(1): 37–59.
Leveille, Johanne. 1999. "Will Our Students Be Ready for the Future?" *The Language Teacher* 23(3) (March): 33.

Levi-Faur, David. 1997. "Friedrich List and the Political Economy of the Nation-State." *Review of International Political Economy* 4(1) (spring): 154–78.

Lewis, C.C. 1984. "Cooperation and Control in Japanese Nursery Schools." *Comparative Education Review* 28(1): 69–84.

———. 1989. "From Indulgence to Internalization: Social Control in the Early School Years." *The Journal of Japanese Studies* 15(1): 139–57.

———. 1995. *Educating Hearts and Minds.* Cambridge: Cambridge University Press.

Lock, Margaret 1987. "Plea for Acceptance: School Refusal Syndrome in Japan." *Social Science and Medicine* (fall).

———. 1988. "A Nation at Risk: Interpretations of School Refusal in Japan." In *Biomedicine Examined,* ed. Margaret Lock and Deborah Gordon. Dordrecht: Kluwer Academic Publishers, pp. 391–414.

Luykx, Aurolyn. 1999. *The Citizen Factory: Schooling and Cultural Production in Bolivia.* (Power, Social Identity, and Education Series). Albany, NY: SUNY Press.

"Machimura warns of too much freedom." 1998. JT April 29, p. 2.

McVeigh, Brian J. 1995. "The Feminization of Body, Behavior, and Belief: Learning to Be an "Office Lady" at a Japanese Women's College." *The American Asian Review* 13(2): 29–67.

———. 1996. "Cultivating 'Femininity' and 'Internationalism': Rituals and Routine at a Japanese Women's Junior College." *Ethos* 24(2): 314–49.

———. 1997a. *Life in a Japanese Women's College: Learning to Be Ladylike.* London: Routledge.

———. 1997b. "States of Gendered Subjectivity: How the Japanese State Produces Femininity." In *Jiendā to "daisan sekia no joseitachi"* (Gender and "third world women"), ed. Uchiyamada Yasushi. Kokusai Kaihatsu kōtō kyōiku kikō, Kokusai kaihatsu kenkyū sentā, pp. 53–75.

———. 1997c. "Between State and Society: Juridical Persons Under Japan's Ministry of Education." *Sōgō seisaku kenkyū* (Journal of policy and culture, Faculty of policy studies, Chūō University) 2: 141–59.

———. 1997d. "Wearing Ideology: How Uniforms Discipline Bodies and Minds in Japan." *Fashion Theory: The Journal of Dress, Body & Culture* 1(2): 1–26.

———. 1998a. *The Nature of the Japanese State: Rationality and Rituality.* London: Routledge.

———. 1998b. "Linking State and Self: How the Japanese State Bureaucratizes Subjectivity Through 'Moral Education.'" *Anthropological Quarterly* 71(3): 125–37.

———. 2000a. *Wearing Ideology: State, Schooling, and Self-Presentation in Japan.* Oxford: Berg Publishers.

———. 2000b. "Education Reform in Japan: Fixing Education or Fostering Economic Nation-Statism?" In *Globalization and Social Change in Contemporary Japan,* ed. J.S. Eades, Tom Gill, and Harumi Befu. Melbourne: Trans Pacific Press, pp. 76–92.

———. (n.d.a). *Japan's Ministry of Education: Strategic Schooling and the Construction of Japanese Nationalism* (book manuscript).

———. (n.d.b). "Why Lying Makes Us Social" (unpublished manuscript).

Maeda, Toshi. 1999. "Amerasian school in Okinawa fights to be recognized by state." JT March 7, p. 3.

"Making college count." 1997. JT November 5, p. 18.

Marshall, Byron. 1992. *Academic Freedom and the Japanese Imperial University, 1868–1939.* Berkeley: University of California Press.

———. 1994. *Learning to Be Modern: Japanese Political Discourse on Education*, Boulder, CO: Westview Press.
Maruna, Oliver D. 1998. "Let's Give the Endless Critique of Japan a Rest." *Hiragana Times* no. 146: 35–39.
Matsui Machiko. 1997. *Tandai wa doko e iku—jiendā to kyōiku* (Where are junior colleges going—gender and education). Tokyo: Keisō Shobō.
Matsumura Akira. 1988. *Daijirin*. Tokyo: Sanseidō.
Matsuzawa, Midori. 1998. "Canadian finds it pays to act out in classroom." DY November 23, p. 14.
May, William. 1992. "Show takes aim at English: 'Miscommunication skills' keeps viewers laughing." JT December 29, p. 3.
"Meaning of Dec. 8 eludes most youth, survey says." 1993. DY December 9, p. 3.
"Med school 'exam' tests applicants for people skills." 1998. JT July 7, p. 3.
"Med school professor admits drug firm bribes." 1998. JT December 8, p. 2.
"Med school student 'unqualified': Admissions official allegedly bought." 1997. JT January 8, p. 2.
"Medical college system requires reforms." 1999. DY July 9, p. 1, 3.
"Medical schools to slash enrollment." 1998. JT August 20, p. 2.
"Meeting of the minds." 1992. DY August 6, p. 6.
"Meiji University to probe finances of rugby team: Massive amount of expenses reportedly unaccounted for." 1997. DY February 15, p. 2.
Miller, Roy A. 1982. *Japan's Modern Myth: The Language and Beyond*, New York: Weatherhill.
"Ministry admits projection for foreign students too high." 1999. DY February 22, p. 2.
"Ministry asked to work with cram schools: report." 1999. JT June 10, p. 3.
"Ministry sets up panel to tackle students' concerns." 1997. DY April 7, p. 14.
Miura, Mitsuo. 1999. "Big bang hits education." DY January 13, p. 7.
Miyai, Yumiko. 1997. "Tottori University puts local community first." DY January 23, p. 16.
Miyoshi, Masao. 1993. "The Invention of English Literature in Japan." In *Japan in the World*, ed. Masao Miyoshi and H.D. Harootunian. Durham, NC: Duke University Press, pp. 271–87.
Monbu tōkei yōran (Statistical abstract of education, science, sports and culture) 1996. Ministry of Education. Tokyo: Ministry of Finance.
Monbushō. 1991. *Shin daigaku setchi kijun* (Guidelines of establishing new universities). Tokyo: Monbushō.
Monbushō kankei hōjin meikan (Register of juridical persons associated with the ministry of education). 1994. Kanchō Tsūshinsha. Tokyo: Kanchō Tsūshinsha.
Monbushō meikan (Ministry of education directory). 1998. Jihyōsha. Tokyo: Jihyōsha.
Moriguchi, Kenzo. 1995. "Contracts elude senior foreign teachers." JT April 14, p. 3.
Morris-Suzuki, Tessa. 1988. *Beyond Computopia*. London: Kegan Paul International.
Mosk, Carl, and Yoshi-fumi Nakata. 1992. "Education and Occupation: An Enquiry into the Relationship Between College Specialization and the Labour Market in Postwar Japan." *Pacific Affairs* 65(1) (spring): 50–67.
Mulvey, Bern. 1999. "A Myth of Influence: Japanese University Entrance Exams and Their Effect on Junior and Senior High School Pedagogy." *JALT Journal* 21(1): 125–42.
Murakami, Yasusuke. 1987. "The Japanese Model of Political Economy." In *The Po-*

litical Economy of Japan. Volume 1. *The Domestic Transformation,* ed. Kozo Yamamura and Yasukichi Yasuba. Stanford, CA: Stanford University Press, pp. 33–90.

Nagai Michio. 1971. *Higher Education in Japan: Its Take-off and Crash* (trans. Jerry Dusenbury). Tokyo: University of Tokyo Press.

Nagano T. 1992. "'Kokutei kyōshi' ka o neratte iru no ka" (Are they aiming to make 'state teachers'?) In *Monbushō no kenkyū: kyōiku no jiyū to kenri o kangaeru* (Research on the education ministry: Thinking about the freedom of and right of education), ed. Sakamoto H., and Yamamoto H. Tokyo: Sanichi Shobō, pp. 195–218.

"Nagoya University raided in bribery probe." 1998. JT August 30, p. 2.

Naito, Yuko. 1994. "Colleges prepare for hard times." JT March 10, p. 13.

Nakajima, Mineo. 1998. "Education for the 21st century." JT October 20, p. 18.

Nakamura, Akemi. 1998. "Transplant colleges' footing tenuous." JT August 16, p. 3.

Nakamura Chūichi. 1997. *Abunai daigaku 1998* (Universities that are in danger 1998). Tokyo: Sangokan.

Nakamura Hideichirō. 1992. *Waga daigaku kaikaku e no chōsen* (The challenge of reforming our universities). Tokyo: Tōkai Keizai Shin Kyō.

Nakanishi, Shigeru. 1998. "Chiba University puts reform on the fast-track system." July 27, p. 14.

Nakasone Yasuhiro. 1997. "Reexamine fundamental education law." DY April 21, p. 11.

Nakata, Yoshi-fumi, and Carl Mosk. 1987. "The Demand for College Education in Postwar Japan." *The Journal of Human Resources* 20(3): 377–404.

Nasu, Shoichi. 1998. "Fundamentals with a dose of fun." DY February 9, p. 17.

"Nation receives top marks on child education in U.N. report." 1993. JT September 23, p. 2.

"National universities criticized: Schools urged to admit Koreans." 1998. JT February 21, p. 2.

"National university access to be eased." 1999. JT July 9, p. 1, 3.

Negishi, Mayumi. 1999. "Rote memorization hit: Draft stresses practical language classes." JT March 19, p. 3.

Nisbet, Robert. 1980. *History of the Idea of Progress.* New York: Basic Books.

Nishihara, Takayuki. 1997. "More Japanese studying at U.S. graduate schools." 1997. DY June 12, p. 11.

Nishikawa, Jun. 1997. "Why foreign students bypass Japan's universities." AEN April 15, p. 12.

Nishimura Hidetoshi. 1987. "Universities—Under Pressure to Change." *Japan Quarterly* 34(2): 179–84.

"No humor in humiliation." 1998. DY October 21, p. 20.

"No opinion, no discussion." 1999. JT, January 17, p. 18.

Nozaki, K.N. 1992. *The Japanese Student and the Foreign Teacher: A Handbook for Teaching English at Japanese Colleges and Universities.* Oxford: Oxford University Press.

Oda, Minehiko. 1998. "Crimes spell end of innocence for Japanese middle schools." DY February 11, p. 7.

Ogawa, Yujiro. 1994. "Japan's students lag U.S., Europe pupils in computer skills." DY January 28, p. 3.

Oikawa, Tomohiro. 1999. "Soul-searching over the intellectual decline of Japanese universities." AEN July 12–13, p. 13.

Okano, Kaori. 1993. *School to Work Transition in Japan.* Clevedon, Somerset: Multilingual Matters Ltd.

Önis, Ziya. 1991. "The Logic of the Developmental State." *Comparative Politics* 24(1): 109–26.

"Open recruiting changes job search." 1998. JT July 10, p. 3.

Ota, Hiroyuki. 1999. "Schooling and teaching that does not add up." AEN May 23, p. 9.

Otake, Tomoko, and Mayumi Negishi. 1998. "Japan's human rights record ripped" U.N. Committee to Hear NGO Accounts." JT October 28, p. 3.

"Outside expertise boon to society." 1998. DY November 5, p. 18.

"Panel advises restructuring of research organizations." 1998. DY April 4, p. 18.

"Panel proposes body to monitor colleges." 1998. DY October 27, p. 1.

"Panel welcomes role of cram schools." 1999. DY June 10, p. 3.

Passin, Herbert. 1965. *Society and Education in Japan.* New York: Teachers College, Columbia University Press.

Peak, L. 1989. "Learning to Become Part of the Group: The Japanese Child's Transition to Preschool Life." *The Journal of Japanese Studies* 15(1): 93–123.

———. 1991. *Learning to Go to School in Japan: The Transition from Home to Preschool Life.* Berkeley: University of California Press.

Pempel, T.J. 1971. "Evaluating Japan's Mass Higher Education." *Japan Quarterly* 18: 449–54.

———. 1973. "The Politics of Enrollment Expansion in Japanese Universities." *The Journal of Asian Studies* 32(1): 67–86.

———. 1978. *Patterns of Japanese Policymaking: Experiences from Higher Education,* Boulder, CO: Westview Press.

Penn, Wm. 1999. "Take no cues from NHK reporting." DY January 28, p. 14(A).

Pennington, A.J. 1986. *Inside Out: English Education and Japanese Culture.* Tokyo: Sanyusha.

"Police: Leftist group tapped phone in Waseda U. dispute." 1998. DY May 20, p. 2.

"'Political kindergartner': Exam system must change: Arima." 1998. JT August 5, p. 3.

"Poll reveals unruly behavior at primary schools in Tokyo." 1999. DY July 16, p. 2.

"Pressure to be 'normal' warps children's lives." 1997. AEN May 18, p. 3.

"Primary teachers get low marks in student survey." 1996. DY October 26, p. 3.

"Private exams banned." 1993. DY February 24, p. 2.

"Private universities learn to change with the times." 1994. JT April 1, p. 11.

"Professor alleges smear campaign." 1998. AEN September 3, p. 4.

"Profit-hungry English industry." 1997. DY January 14, p. 6.

"Public universities scolded for exam errors." 1996. DY March 17, p. 2.

"Reconsider purpose of study." 1998. DY December 12, p. 6.

"Record truants cite dislike of school." 1998. JT August 7, p. 2.

"Reform panel to consider university privatization." 1997. JT January 16, p. 2.

Refsing, Kirsten 1992. "Japanese Educational Expansion, Quality or Equality." In *Ideology and Practice in Modern Japan,* ed. Roger Goodman and Kirsten Refsing. New York: Routledge, pp. 116–29.

Reid, J.M., ed. 1995. *Learning Styles in the ESL/EFL Classroom.* New York: Heinle & Heinle.

"Relax rules for admission to universities." 1999. DY July 14, p. 6.

"Release of info by college sought." 1999. DY January 1, p. 2.

"Report outlines methods for schools to deal with rising violence, delinquency." 1998. JT March 25, p. 3.

"Returnee blues." 1997. DY August 12, p. 11.

Reviews of National Policies for Education: Japan (OECD). 1970. In *Japanese Education Since 1945: A Documentary Study*, ed. Edward R. Beauchamp and James M. Vardaman, Jr. Armonk, NY: M.E. Sharpe, pp. 197–211.

Rohlen, Thomas P. 1977. "Is Japanese Education Becoming Less Egalitarian? Notes of High School Stratification and Reform." *Journal of Japanese Studies* 3 (winter): 37–77.

———. 1983. *Japan's High Schools*. Berkeley: University of California Press.

Rosenau, Pauline Marie. 1992. *Post-Modernism and the Social Sciences: Insights, Inroads, and Intrusions*. Princeton, NJ: Princeton University Press.

"Row erupts over Kawasaki college rejecting two Koreans." 1996. DY May 6, p. 14.

Rubinger, Richard. 1986. "Education: From One Room to One System." In *Japan in Transition: From Tokugawa to Meiji*, ed. Marius B. Jansen and Gilbert Rozman. Princeton, NJ: Princeton University Press, pp. 195–230.

Ryan, Michael. 1988. "Postmodern Politics." *Theory, Culture, and Society* 5(2–3): 559–76.

Ryan, Stephen A. 1998. "Student Evaluation of Teachers." *The Language Teacher* 22(9): 9–11, 43.

Ryan, Stephen, and Veronica Makarova. 1998. "The Language Teacher as Seen by Japanese Female and Male University Students." *The Language Teacher* 22(6): 9–12.

Saito, Akira. 1993. "Prime minister's English lesson." DY April 21, p. 8.

Saito, Sayuri. 1999. "Reform of nation's universities long overdue." DY July 6, p. 7.

Samuels, Richard. 1994. *"Rich Nation, Strong Army": National Security and the Technological Transformation of Japan*, Ithaca, NY: Cornell University Press.

Sasamoto, Hiromi. 1995. "Concern over fairness mutes listening test." DY January 1, p. 9.

———. 1998. "Oe uses cult as mirror of Japanese society." DY November 13, p. 3.

"Satellite system to change face of higher learning." 1996. DY November 4, p. 13.

Sato, Ayako. 1996. "Japanese exam system discourages verbal clarity." JT January 19, p. 16.

Sato Ikuya. 1991. *Kamikaze Biker: Parody and Anomy in Affluent Japan*. Chicago: University of Chicago Press.

Sato, Michiaki. 1997. "Graduates go back to school to find a job." DY April 6, p. 9.

Sato, Ryuzo. 1998. "Japanese society needs more freedom." DY March 3, p. 8.

Schilling, Mark. 1998. "Two scripts, two tongues, two worlds . . . " JT July 21, p. 12.

Schneider, Alison. 1998. "Insubordination and Intimidation Signal the End of Decorum in Many Classrooms." *The Chronicle of Higher Education* 44(29) (March 27): A12–14.

"Scholars propose elite school." 1999. DY January 9, p. 2.

"School discipline breakdown: Talks target classroom chaos." 1999. JT January 1, p. 2.

Schoolland, Ken. 1990. *Shoguns's Ghost: The Dark Side of Japanese Education*. New York: Bergin and Garvey.

"School's fake reports net ¥150 million in subsidies." 1996. AEN September 16, p. 9.

Schoppa, Leonard J. 1991a. *Education Reform in Japan: A Case of Immobilist Politics*. London: Routledge.

———. 1991b. "Zoku Power and LDP Power: A Case Study of the Zoku Rule in Education Policy." *Journal of Japanese Studies* 17: 79–116.
"74 percent dissatisfied with education in schools." 1998. DY April 4, p. 2.
Shibuya, Tomoko. 1998. "Schools try to lessen stress of exams." JT August 29, p. 3.
Shields, James J. Jr., ed. 1993. *Japanese Schooling: Patterns of Socialization, Equality and Political Control.* University Park: Pennsylvania State University Press.
Shimada H. 1995. "Kyōshi kara mita 'shigo' mondai" (The problem of 'whispering' as seen by instructors). In *Kyanpasu wa kawaru* (Campuses in transition), ed. Kariya Takehiko. Tokyo: Tamagawa University Press, pp. 59–71.
Shimahara, Nobuo K. 1978. "Socialization for College Entrance Examinations in Japan." *Comparative Education* 14 (October): 253–66.
Shimbori, Michiya. 1979. "The Productivity of the Japanese Scholar." In *Changes in the Japanese University: A Comparative Perspective*, William K. Cummings, Ikuo Amano, and Kazuyuki Kitamura, ed. New York: Praeger, pp. 149–65.
———. 1981. "Two Features of Japan's Higher Education: Formal and Informal." *Japan Quarterly* 28: 234–44.
Shimizu, K. 1995. "Japanese College Student Attitudes Towards English Teachers: A Survey." *The Language Teacher* 19(10): 5–8.
Shindo Muneyuki. 1992. *Gyōsei shidō* (Administrative guidance). Tokyo: Iwanami Shoten.
Shingikai sōran (An overview of advisory councils) 1994. Sōmuchō (Management and coordination agency), ed. Tokyo: Ministry of Finance.
Shiono Hiroshi. 1984. "Administrative Guidance." In *Public Administration in Japan*, ed. Tsuji Kiyoaki. Tokyo: University of Tokyo Press, pp. 203–15.
"Shizuoka pads college panel subsidy." 1998. JT July 19, p. 2.
Shweder, Richard A. 1990. "Cultural Psychology: What Is It?" In *Cultural Psychology: Essays on Comparative Human Development*, ed. James W. Stigler, Richard A. Shweder, and Gilbert Herdt. Cambridge: Cambridge University Press, pp. 1–43.
Sieg, Linda. 1996. "Schools get blamed for 'human cogs.'" JT September 6, p. 3.
Singleton, John. 1967. *Nichu: A Japanese School*, New York: Holt, Rinehart and Winston.
———. 1993. "*Gambaru:* A Japanese Cultural Theory of Learning." In *Japanese Schooling,*" ed. James J. Shields, Jr. University Park: Pennsylvania State University Press, pp. 8–15.
Smethurst, Richard J. 1974. *A Social Basis of Prewar Japanese Militarism: The Army and the Rural Community*. Berkeley: University of California Press.
"Spending on cram schools on the rise." 1998. AEN January 19, p. 4.
Stanlaw, James. 1992. " 'For Beautiful Human Life': The Use of English in Japan." In *Re-Made in Japan*, ed. Joseph J. Tobin. New Haven, CT: Yale University Press, pp. 58–76.
Steven, Rob. 1983. *Classes in Contemporary Japan*, Cambridge: Cambridge University Press.
Stevenson, H., J. Stigler, S. Lee, and G. Lucker. 1985. "Cognitive Performance and Academic Achievement of Japanese, Chinese, and American Children." *Child Development* 56(3): 7–34.
"Strict grading, fall admissions urged for nation's universities." 1998. JT October 27, p. 2.
"Struggles for creativity" 1997. DY July 10, p. 3.

"Students, ALTs air views on communication gaps." 1998. DY August 3, p. 14.
Students begin searching for jobs earlier this year." 1998. DY July 28, p. 3.
"Students sacrificing classes for jobs." 1998. JT July 24, p. 3.
"Students urged to forgo 'juku.'" 1993. JT January 14, p. 2.
"Study: Rote learning hurts students' reasoning skills." 1997. DY October 1, p. 3.
Sugimoto, Yoshio. 1997. *An Introduction to Japanese Society.* Cambridge: Cambridge University Press.
Sugiyama T., and Yamagishi Katsuei, eds. 1996. *Mirai o mezasu daigaku kaikaku* (University reforms that aim for the future). Tokyo: Taka Shobō.
"Supervisors cut law exams short." 1998. JT February 16, p. 2.
"Survey: 57 percent unhappy with universities." 1999. DY February 7, p. 2.
"Survey reveals angst over school, teachers." 1999. DY February 18, p. 2.
"Survey: Schools to try new exams." 1993. DY May 13, p. 2.
"Survey: 60 percent of universities open to early graduation idea." 1998. DY October 27, p. 3.
"Suspicion shrouds student's entry to medical school." 1997. DY January 8, p. 2.
Suzuki, Kazue. 1998. "Damning report on school English." AEN September 20, p. 9.
Suzuki, Miwa. 1999. "Children spend New Year's holiday locked up in 'examination war.'" DY January 11, p. 7.
Tachi Akira, ed. 1995. *Tenkan suru daigaku seisaku* (University policies in transition). Tokyo: Tamagawa University Press.
Taira, Koji. 1993. "Dialectics of Economic Growth, National Power, and Distributive Struggles." In *Postwar Japan as History*, ed. Andrew Gordon. Berkeley: University of California Press, pp. 167–86.
Takagi, Kikuro. 1993. "Entrance exams blocking path to progress." DY April 5, p. 9.
"Taking higher education higher." 1994. JT March 10, p. 15.
Tamanoi, Mariko Asano. 1998. *Under the Shadow of Nationalism: Politics and Poetics of Rural Japanese Women.* Honolulu: University of Hawaii Press.
"Teachers back exam-system reform." 1998. JT May 31, p. 2.
"Teaching English a scam." 1997. DY January 10, p. 6.
"Teaching manners should start at home." 1998. DY April 8, p. 6.
"Tenured hypocrisy." 1996. *Nature* 383 (October 24): 651.
Terashima, Shin-Ichi. 1999. "In life, as in language, old ways die hard." JT February 6, p. 19.
"The elusive 100,000 target." 1997. DY April 7, p. 14.
"The gate to universities should be opened further." 1999. AEN July 10–11, p. 8.
"The Japanese Identity." 1996. AEN June 22, p. 5.
"The New Tide in Academic Tenure: Courts, Monbusho Policies, Nationalism and Racism" (PALE N-SIG Roundtable). 1997. *Journal of Professional Issues* (JALT) 3(2): (September) 1–3.
"The ties that bind." 1998. DY February 12, p. 9.
"Three state colleges to reduce focus on entrance exam." 1998. DY September 8, p. 1.
"Three-year college graduation proposed." 1998. JT June 20, p. 3.
"Tokyo U. plans to introduce interviews for medical school." 1996. DY November 26, p. 2.
"Tokyo University medical faculty appoints outsider." 1995. DY March 1, p. 2.
Tomoda, Yasumasa, and Takekazu Ehara 1979. "The Organization and Administration of Individual Universities." In *Changes in the Japanese University: A Comparative Perspective*, ed. William K. Cummings, Ikuo Amano, and Kazuyuki Kitamura. New York: Praeger, pp. 185–201.

"Top grad schools defy policy: Foreign universities in Japan not recognized by ministry." 1998. JT June 11, p. 2.
"Tougher university standards proposed." 1998. AEN October 27, p. 1.
Trow, Martin. 1986. "The State of Higher Education in the United States." In *Educational Crisis in Japan*, ed. W.W. Cummings et al. New York: Praeger, pp. 171–94.
"Truancy problem rising at universities." 1998. AEN September 14, p. 8.
"Trying to muffle the chatter in class." 1998. AEN December 15, p. 8.
"Tsukuba sets own English exam." 1993. DY February 18, p. 9.
Tsuratani, Taketsugu. 1985. "Underdevelopment of Social Science in Japan: Causes, Consequences and Remedies." *Social Science Quarterly* 66 (December): 805–19.
Turner, V. 1969. *The Ritual Process*. Chicago: Aldine Publishing.
"Twenty-five state bodies added to reform list." 1998. JT October 26, p. 2.
2010 daigaku kaikaku kenkyūkai (2010 University Reform Research Association) 1996. *Daigaku kaikaku 2010 nen e no senryaku* (Strategies for university reform—year 2010). Tokyo: PHP Research Association.
"Two students found guilty in exam scam." 1998. JT February 24, p. 2.
"Universities cause laziness." 1998. DY December 18, p. 11.
"Universities face decline in student abilities." 1999. DY June 2, p. 6.
"Universities give up pact on hiring." 1997. JT January 9, p. 2.
"Universities included in independent entity plan." 1998. DY October 8, p. 1.
"Universities lag in battling harassment." 1998. DY October 22, p. 2.
"'University-blind' hiring plan unsuccessful." 1997. DY August 5, p. 2.
"University–business ties set to be strengthened." 1997. AEN November 11, p. 4.
"University eligibility age could drop." 1997. JT January 22, p. 3.
"University head quits over scandal." 1997. DY March 19, p. 2.
"University professors must change." 1998. JT July 15, p. 16.
"University reforms to be set by 2003." 1998. DY December 18, p. 2.
"University starts patrols after series of night attacks." 1998. JT May 17, p. 2.
"University students failing in basic mathematics." 1998. DY November 2, p. 2.
"University transfers to become easier." 1996. DY November 18, p. 2.
"U.S. college in Kobe to stay, operator says." 1997. JT February 9, p. 2.
"U.S. schools' survival game in Japan." 1996. DY September 16, p. 14.
Ushiogi, Morikazu. 1986. "Transition from School to Work: The Japanese Case." In *Educational Policies in Crisis*, ed. William K. Cummings, Edward R. Beauchamp, Shogo Ichikawa, Victor N. Kobayashi, and Morikazu Ushiogi. New York: Praeger, pp. 197–209.
van Wolferen, Karel. 1989. *The Enigma of Japanese Power*. London: Macmillan.
Vlastos, Stephen. 1998. "Agrarianism Without Tradition: The Radical Critique of Prewar Japanese Modernity." In *Mirror of Modernity: Invented Traditions of Modern Japan*, ed. Stephen Vlastos. Berkeley: University of California Press, pp. 79–94.
Wada, Minoru. 1995. "Stigma surrounds teachers of English." AEN May 15, p. 7.
Wataguchi Y. 1996. "'Sensei no seifuku' sōdō kara mieru gakkō no ima" (Looking at schools now from the perspective of 'teacher uniforms' disturbance). *Shinbun kenkyū* (Newspaper research) 541 (August): 24–26.
Watanabe Yoshiharu. 1960. *Daigaku no tankyū* (Investigating universities). Tokyo: Sanichi Shobō.
"Web site offers college exam odds." 1997. JT January 17, p. 2.
West, William. 1991. "When lessons go beyond teaching." DY June 6, p. 7.
"Where are the foreign students." 1998. JT November 29, p. 18.

White, Merry. 1992. *The Japanese Overseas: Can They Go Home Again?* Princeton, NJ: Princeton University Press.

———. 1994. *The Material Child: Coming of Age in Japan and America.* Berkeley: University of California Press.

"White paper: Universities should be diverse, unique." 1996. DY February 17, p. 2.

"Winds of change in the halls of ivy." 1997. JT February 2, p. 18.

"Worst of two systems." 1993. DY March 4, p. 8.

Worthington, Cynthia. 1999. "Combating Discrimination at a Japanese University." Japan Policy Research Institute, *Working Paper* No. 58 (June).

Yakushiji Taizō. 1989. *Seijika, kanryō* (Politicians and bureaucrats). Tokyo: Tōyō Keizai Shihō-sha.

Yamagawa, Hiroshi. 1996. "Curing the lazy professor." December 10, p. 3.

———. 1997. "Limited tenure draws flak from teachers." JT March 11, p. 3.

Yamaoka, Fumio. 1997. JT "Confusion reigns for job seekers as recruitment traditions fade." July 22, p. 3.

Yamazumi Masami. 1986. "Educational democracy versus state control." In *Democracy in Contemporary Japan*, ed. Gavan McCormack and Yoshio Sugimoto. Marrickville, NSW: Hale & Iremonger, pp. 90–113.

Yayama Tarō. 1993. *Kanryō bōkoku-ron* (Theory of a bureaucratically ruined country). Tokyo: Shinchō-sha.

Yomiuri shimbun chōsabu (Yomiuri Newspaper Investigation Bureau). 1963. *Shiritsu daigaku* (Private universities). Tokyo: Nihon Hyōron Shinsa.

Yoneyama, Shiro. 1998. "More foreign students making peace, grassroots exchanges." JT August 16, p. 2.

Yoneyama, Shoko. 1999. *The Japanese High School: Silence and Resistance.* London: Routledge.

Yoshida, Kensaku. 1996a. "Language testing in Japan: A cultural problem?" DY January 15, p. 15.

———. 1996b. "Testing the bounds of culture." DY February 12, p. 9.

———. 1997. "Language gap." AEN March 28, p. 5.

Yoshino, Kosaku. 1992. *Cultural Nationalism in Contemporary Japan: A Sociological Inquiry.* London: Routledge.

Zelinsky, Wilbur. 1988. *Nation into State: The Shifting Symbolic Foundations of American Nationalism.* Chapel Hill: University of North Carolina Press.

Zenkoku daigaku juken nenkan (National university examination yearbook). 1997. Tokyo: Interactive.

Zenkoku kakushu dantai meikan jō-chū-gekan (National directory of organizations 1, 2, 3). 1993. Tokyo: Shiba.

索 引

Academic apartheid,173

学术隔离

Academic cliques,139

学术派别

Academic credentialism,22,71-72,96,106,125

文凭主义

Academic societies,139-140

学历社会

Administration of universities,136-138

大学管理者

Administrative guidance,51,58,69,251

管理指导

 See also Guidance

 另参见指导

Advisory councils,52

审议会

Amano,Ikuo,35,44,53,54,64,65,66,67,81,122,135,139,140,147

天野郁夫

Anti-intellectualism among students,224

学生中的反智主义

Anti-knowledge,274

反知识

 See also Knowledge

 另参见知识

Apathy,96,98-99,102-104,105

冷淡

    students and，39，104

    学生和

    See also Demotivation

    另参见低动机

Apologizing as simulated act，191

作为仿真行为的道歉

Assignments

作业

    simulated nature of，210

    ……的仿真性质

    students' views of，207 – 210

    学生对……的观点

Baudrillard, Jean，36，37，43，150，152，272

让·鲍德里亚

Beauchamp, Edward R.，10，43，121，246

爱德华·R.比彻姆

Befu, Harumi，148，154

别府晴美

Ben-Ari, Eyal，122

埃亚勤·本·阿里

Billig, Michael，47，48，150

迈克尔·毕力格

Bribes，91

贿赂

    See also Scandals

    另参见丑行

Bullying，99，120，186，220

校园霸凌

Capitalism，12，16，38，46，49，65，66，72，78，82，87，248，252

资本主义

    social status and, 61-62

    社会地位和

    See also Zaikai

    财经界

Chartering (of universities), 68

设置许可（大学的）

Cheating, 206-207

作弊

Cheerfulness, 94, 109, 115, 170, 199, 225, 228, 229, 234

高兴

Chuo University, 18

中央大学

Civil society, 11, 136

市民社会

Class attendance, 73, 98, 133, 189, 225, 226, 232

班级出勤

    meaning of, 130-132

    ……的意义

    resistance and, 187-196

    抵抗和

    ritual of, 130

    ……的仪式

    students' views of, 188

    学生对……的观点

    as type of discipline, 196

    作为某种规训

    why important to students, 193-196

    为什么对学生重要

Class refusal (jugyō kyohi), 97, 188

拒绝上课

Classroom collapse (gakkyūhōkai), 97, 188

班级崩坏

Colleges

学院

　　See Universities

　　参见大学

Colleges of technology, 269 – 270

技术学院

Confidential school reports (*naishinsho*), 119, 181

秘密学业报告

Course evaluations, 140 – 141, 147, 165

课程评价

Cram schools (juku), 25, 85, 89, 92, 112, 247, 248

补习学校(塾)

Cramming, 75, 168, 191, 202, 206, 247, 258

灌输教育

Cultural-relativist apologetics, 28

文化相对主义的道歉

Cummings, William K. , 14, 35, 43, 44, 54, 64, 135, 139, 140, 252

威廉·K·卡明斯

Degree obsession, 88

学历耽迷

　　See also Degree-ocracy, Diplomaism

　　另参见学历主义,文凭主义

Degree-ocracy, 88, 240

学历主义

　　See also Degree obsession, Diplomaism

　　另参见学历耽迷,文凭主义

Degrees simutation of, 129

……的学历仿真

Demotivation, 104, 105, 196, 238

低动机

See also Apathy

另参见冷淡

Diplomaism, 88

文凭主义

    See also Degree obsession, Degree ocracy

    另参见学历耽迷,学历主义

Disciplinary life cycle (of Japanese students), 40,42,75,86,118-120

规训生活循环(日本学生的)

Dore, Ronald, 67,71,76,87,106,116,117,122,251

罗纳德·多尔

Double-schoolers, 73

双校生

Dumbing down, 124,125

倾销

Economic national statism, 45,78,79,82,93,105,248,251

经济民族国家主义

    See also Nationalism

    另参见民族主义

Economic progressivism, 82

经济进步主义

Economism, 25,51,238,243,245

经济主义

    definition of, 35

    ……的定义

Educatio-examination industry, 248

教育-考试产业

Educatio-examination system, 38,63,77,88,92,93,102,119,206,218

教育-考试制度体系

    definition of, 35

    ……的定义

    degree-ocracy and, 88

学历主义和

See also Entrance examinations,

另参见大学入学考试

Examinations

考试

Egalitarianism, 109, 110

平均主义

Elite-Mass distinction, 63 – 64, 244

精英-大众区分

Employment

雇佣

 recruitment and, 72 – 73

 招聘和

English, 7, 14, 20, 23, 41, 90, 100, 107, 148, 149, 150, 160, 163, 176, 198, 215, 236

英语

 corporate culture and, 153, 166

 公司文化和

 examinations and, 41, 254

 考试和

 extracurricular courses in, 161

 ……中的课外学习

 fantasized, 41, 152 – 171

 奇妙化

 internationalization and, 169

 国际化和

 as inverted image of Japanese language, 154

 作为反转的日语的镜像

 Japan-appropriated, 41

 日式英语

 Japanese national identity and, 155

 日本人民族身份认同

 language schools and, 92

语言学校和

 purposes of，153－154

 ……的目的

 simulated learning of，152，154，157－158，166，169

 ……的仿真学习

 state and，153，166

 国家和

 students' attitudes toward，159，166－167

 学生对……的态度

 students' fear of，165

 学生对……的恐惧

 three types of（genuine，Japan-appropriated，fantasy），152－171，175

 三种类型（真实、日本-相称的、奇妙的）

Entrance examinations，88，89，95，122，181，183－184，237，247，248，254，255

入学考试

 disciplining period and，90

 规训时期和

 English and，157，160

 英语和

 types of，91－92

 ……的类型

 washback effect and，93，157

 回冲效应和

 See also Educatio-examination system，Examinations

 另参见教育-考试制度体系，考试

Ethnic schools，49，50

少数民族学校

Exam English，153－154

考试英语

Exam hell，75，116，202，247

考试地狱

Examination industry，89

考试产业

Examinations, 35, 39, 41, 46, 86, 88, 90, 93, 100, 102, 111, 112, 115, 116, 117, 118, 119, 127, 128, 146,
  159, 183, 191, 193, 194 - 195, 202, 203, 206, 207, 209, 213, 217, 218, 238, 240, 246, 247, 255, 257

考试

  English and, 154, 168

  英语和

  types of, 133

  ……的类型

  See also Educatio-examination system, Entrance examinations

  另参见教育——考试制度体系，入学考试

Faculty

学部教员

  students' views of, 228 - 231

  学生对……的观点

Foreign instructors, 164 - 166, 171 - 175, 176

外国人教师

  special treatment of, 177

  对……特别对待

  students' views of. 167 - 169, 175 - 177

  学生对……的观点

Foreign students, 7, 40, 90, 141 - 143

外国留学生

  prejudice against, 142

Foreign universities (in Japan), 50, 148, 177 - 178

外国大学（在日本）

  mismanagement of, 178

  ……的错误管理

Faculty meetings, 144 - 145

教授会议

Foreigners

外国人

fear of, 165

对……的恐惧

fantasy of, 167

对……的幻想

Gaze, 38, 61, 75, 77, 78, 90, 93, 94, 97, 118, 120, 180, 181, 197, 219, 244

凝视

    disciplinary life cycle and, 118

    规训生活循环和

    social atomization and, 120

    社会原子化和

    See also Seken

    另参见世间

Gellner, Ernest, 46, 47, 66, 75, 80, 81, 82, 83, 86, 95

欧内斯特·盖尔纳

Goffman, Erving, 121

欧文·戈夫曼

Grades

分数

    changing of, 133

    ……的改变

    simulation of, 129

    ……的仿真

Groupism/Group life (shudan seikatsu), 220, 234, 235

集体主义/集体生活

Guestism, 28

客人主义

    See also Foreign instructors, Racism/Racialism

    另参见外国人教师，种族主义

Guidance (shido), 38, 57, 77, 79–80, 84, 89, 90, 93, 95, 97, 118, 119, 145, 172, 181, 219, 230

指导

    definition of, 78

……的定义

social atomization and, 120

社会原子化和

See also Administrative guidance

另参见管理指导

Hall, Ivan P., 4,17,18,28,47,49,50,132,135,142,143,147,150,171,172,173,174,175,185,212,214,236,242,258,259

伊万·P·霍尔

Hierarchy

等级关系

 group life and, 220

 集体生活和

 students' views of, 220-224

 学生对……的观点

 teacher-student relations, 113,219-224

 师-生关系

 See also Junior-Senior relations

 另参见后辈-先辈关系

Higher education

高等教育

 attempted definition of, 238

 对……的尝试性定义

 financing of, 57-58,60,61

 财政

 history of, 65-74

 ……的历史

 purposes of, 241-245

 ……的目的

Horio, Teruhisa, 10,24,84,87,92,95,100,101,102,106,117,202,244,245

堀尾辉久

Ideological Control Bureau, 53

思想管理局

Individuality, 8,9

个性

 lack of, 102,110

 ……的匮乏

Institutional atomization, 127,133-139

制度原子化

Institutional conversion, 92,132-133,137,271-275

制度变形

 See also Simulation

 另参见仿真

Institutional integrity, 271-275

制度统合

 See also Simulation

 另参见仿真

Institutional inversion, 92,137,271-275

制度倒置

 See also Simulation

 另参见仿真

Institutional mendacity, 239,271-275

制度的普遍化

 See also Simulation

 另参见仿真

Institutional modes, 36,271-275

制度模式

 See also Simulation

 另参见仿真

Institutional propaganda, 210-213

制度宣传

Institutional simulation, 15,123,133,144,271-275

制度仿真

   See also Simulation

   另参见仿真

Institutional subversion, 271－275

制度颠覆

   See also Simulation

   另参见仿真

Institutional universals, 239

制度普遍性

Institutional veracity, 271－275

制度真实

Institutions

制度

   converted, 92, 132－133, 137, 271－275

   变形

   inverted, 92, 137, 271－275

   倒置

   See also Institutional inversion, Institutional conversion, Institutional simulation, Simulation

   另参见制度倒置，制度变形，制度仿真，仿真

International Christian University, 20

国际基督教大学

Internationalism/Internationalization, 41, 148, 167, 168, 169, 175, 217, 218, 242, 246, 258

国际化

   cultural homogeneity and, 49

   文化同质性和

   nationalism and, 147

   民族主义和

   simulated nature of, 48－49, 150, 245

   ……的仿真性质

Interrogator-Interogatee dynamic, 84－86, 93, 94, 106

盘问者-被盘问者互动

Invisible institutions, 36

不可见的制度

 nationalism and，50

  民族主义和

Ishida，Hiroshi，233

 石田浩

Japan

日本

 myths about，108

  ……的神话

  See also Japanese culture

  另参见日本文化

Japanese culture

日本文化

 as pseudo-explanation，28，213，240，241，258

  作为虚假解释

  See also Japan

  另参见日本

Japanese education

日本教育

 criticisms of，17，24

  ……的批评

Japanese identity，83，148，220，239，242，248，249，257 – 259

日本人身份认同

 as nationalized identity，80

  民族化身份

 as stealth ideology，74

  鬼鬼祟祟的意识形态

 See also Nationalism

  另参见民族主义

Japanese language，14，23，154，181

日语

as national language (*kokugo*), 85 – 86

作为国语

nonlogical nature of, 114

……的非逻辑本性

uniqueness and, 41, 114, 220

独特性和

JET (Japan Exchange and Teaching), 115, 151, 178

日本交流和教学

Johnson, Chalmers, 46, 47

查莫斯·约翰逊

Junior-Senior (kohai-sempai) relations, 42, 77, 215, 216, 219 – 224

后辈-先辈关系

   See also Hierarchy

   另参见等级关系

Karoslzi (death from overwork), 243

过劳死

Keio University, 5, 6, 21

庆应义塾大学

Kinmonth, Earl, 24, 43

厄尔·金蒙斯

Knowledge

知识

   shattering of, 87, 96, 243 – 244

   ……的碎片化

   See also Anti-knowledge

   另参见反知识

Kokutai (national body/polity), 54

国体

Korean residents, 17, 49, 172, 241

在日朝鲜人

Kyoto University, 31, 142, 256

京都大学

Learning style．39，96，99－102，115

学习风格

Lebra，Takie Sugiyama，93

杉山泷卫·勒布拉

Liberal Democratic Party，52，251

自由民主党

Libraries，136

图书馆

Meca-curriculum，39，100，103－104，105，238，240

元课程

 definition of，35

  ……的定义

Ministry of Education，7，16，96，243，247

教育部

 See also Monbusho

  另参见文部省

Miscellaneous schools

其他学校

 types of，269－270

  ……的类型

Monbusho (Monbukagakusho)，16，28，49，50，51，52，54，55，58，61，68，69，79，89，90，91，92，95，97，109，110，111，122，138，140，161，162，172，178，240，249，251，252，253，256

文部省

 supervised organizations of，57，59－60

  ……的被监管的组织

 See also Ministry of Education

  另参见教育部

Moral education，77，79，118，215

道德教育

Morris-Suzuki, Tessa 63, 244

特莎·莫里斯·铃木

Nagai, Michio, 3, 8, 43, 260

永井道雄

Naitei (informal promise of employment), 192

内定

Nakasone Yasuhiro, 45, 74

中曾根康弘

Nationalism, 46, 47, 48, 74, 77, 83, 87, 116, 149, J74, 258

民族主义

  cultural, 47

  文化的

  economic, 47

  经济的

  educational. 47, 51

  教育的

  gendered, 47

  性别的

  internationalism and, 147

  国际化和

  linguistic, 47

  语言学的

  racial, 47, 174

  种族的

  reactive, 45

  反应性的

  religious, 47

  宗教的

  technonationalism, 47

  技术民族主义

  See also Economic national statism

另参见经济民族国家主义

Occidentalism, 41, 148, 150

西方主义

Orientalism, 29, 213

东方主义

 See also Self-orientalism

 自我-东方主义

Ornamentation (law of), 144

装饰(的法则)

 See also Ritual compensation (law of)

 仪式补偿(的法则)

Paper education, 129

纸面教育

Paperwork

纸面工作

 rituals of, 129

 ……的仪式

Part-time lecturers, 135 – 136

兼职讲师

Pempel. T. J., 4, 37, 43, 58, 65, 68, 69, 76, 252

T·J·彭佩尔

Plagiarism, 124, 259

剽窃

Potemkin factor, 3, 15, 26, 36

波特金因子

 See also Simulation

 另参见仿真

Preparatory schools (yobiko), 85, 92

补习学校

Profiteering (in higher education), 61 – 62

不当获利(在高等教育里)

Racism/Racialism, 29, 49, 74, 83, 142, 170 - 171, 174, 175, 176, 177, 241, 258

种族主义

 discrimination, 183

 歧视

 discriminatory employment policies, 172 - 173

 歧视性雇佣政策

Recruitment (for university positions), 135

招聘(为大学职位)

Reform of reform, 255 - 257

改革之改革

 See also Reforms

 另参见改革

Reforms, 9, 43, 46, 50, 64, 138, 140, 141, 237, 239, 240, 245 - 259

改革

 as fundamental change, 248

 作为基本变化

 as modification, 248

 作为修补

 See also Reform of reform

 另参见改革之改革

Remedial education, 7

补偿教育

Representation, 15, 36, 37, 144, 271 - 275

表征

 See also Rhetoric, Simulation

 另参见修辞,仿真

Research standards, 139

研究标准

Resistance, 42, 185 - 202

反抗

 absence as, 187 - 196

缺席作为

    as being unresponsive, 196-197

    作为无反应性

    bodily, 186

    身体的

    definition of, 185-186

    ……的定义

    rudeness as, 198-202

    粗鲁作为

    silence as, 97, 98

    沉默作为

Reticence (of students), 108

沉默(学生的)

Returnees (*kikokushijo*), 155, 212

归国者

Rhetoric, 15, 145, 212, 237, 271-275

修辞

    disconnect between reality and, 146

    与现实之间的脱联结

    simulated schooling and, 237

    仿真教育和

    See also Representation, Simulation

    另参见表征,仿真

Ritual compensation (law of), 123, 144-146, 205-207, 238

仪式补偿(的法则)

    faculty meetings and, 144-145

    教授会议和

    See also Ornamentation (law of)

    另参见装饰(的法则)

Ritualistic performance schooling and, 85

仪式化学校教育和

Rohlen, Thomas P., 82, 90, 91, 104, 106, 119, 120, 122, 180, 243, 251

托马斯·P·罗伦

Rudeness，235

粗鲁

    as resistance，198－202

    作为反抗

Scandals，92，138

丑闻

    political，243

    政治的

    See also Bribes

    另参见贿赂

School Education Law，49－50

学校教育法

Schooling

学校教育

    as counter-disciplining period，40，42，180－185，213

    作为反规训时期

    as disciplining period，40，42，75，86，118

    作为规训时期

    employment and，10

    雇佣和

    examination-centered，96，104，116

    考试中心的

    exam-obsessed nature of，217

    过度依赖考试的本质

    functions of，11－12，37

    ……的功能

    goals of，46

    ……的目标

    managementism and，119

    管理主义和

as re-disciplining period, 40, 42, 215, 232 – 235

 作为反规训时期

 ritualistic performance of, 85

 ……的仪式化表现

 simulated nature of, 40, 72, 73, 180, 202 – 207, 213, 215

 ……的仿真属性

Schoppa, Leonard J., 46, 52, 75, 134

伦纳德·J·舒科帕

Seken (others), 38, 94, 103, 197, 219, 233, 236

世间（他者）

 definition of, 93

 ……的定义

 students' descriptions of, 103 – 104

 学生对……的描述

 See also Gaze

 另参见凝视

Self-censorship, 3

言行自检

 See also Students, self-monitoring by

 另参见学生，通过……自我监测

Self-evaluation, 250

自我评估

 universities and, 140 – 141

 大学和

Self-orientalism, 141, 148, 150

自我-东方主义

 See also Orientalism

 另参见东方主义

Sentimentalization

情绪化

 teacher-student relations and, 85 – 86

 教师-学生关系和

Sexual harassment, 138

性骚扰

Shyness, 3,99,107,108,114,116,169,213,219,221,226

内向

 as pseudo-explanation, 240

 作为虚假解释

Silence

沉默

 students and, 96

 学生和

Simulation, 123,188,200,215,245,271-275

仿真

 attendance as, 130-132,188

 课堂出勤作为

 degrees and, 129

 学位和

 discourse of, 271-275

 ……的话语

 of English learning, 152,157-158,166

 英语学习的

 grades and, 129

 分数和

 of ignorance (in class), 197-198,225,226,241

 无视（在课堂上）

 institutions and, 15,36,37,239

 制度和

 internationalization and, 48-49,143,150

 国际化和

 learning and, 202-205

 学习和

 "paper education" and, 129

 "纸面教育"和

reform as, 237, 245-259

改革作为

of schooling, 40, 72, 73, 231

学校教育的

social life and, 15

社会生活和

See also Potemkin factor

另参见波特金因子

Specialist schools, 53, 54

专门学校

 types of, 269-270

 ……的类型

Standard deviation score (*hensachi*), 33, 89, 94

标准分数

Standardization, 9, 41

标准化

Standing out (*medatsu*), 99, 186, 199, 224

突出

State, 4, 16, 22, 40, 41, 48, 51, 53, 54, 55, 57, 58, 64, 67, 68, 74, 75, 78, 79, 83, 84, 87, 91, 94, 116, 118, 119, 141, 153, 166, 172, 235, 240, 242, 250, 251, 252, 253, 255, 256

国家

 capitalist developmental, 45, 248

 资本主义发展的

 definition of, 36

 ……的定义

 guiding higher education, 53-54

 指导高等教育

 knowledge and, 82

 知识和

 shattering of knowledge and, 87, 243-244

 知识的碎片化和

 universities over-dependent on, 250

大学过分依赖

See also Statefulness

另参见国家性

State parastructures, 55

国家超级结构

Statefulness, 36, 61

国家性

See also State

另参见国家

Statist interference, 20

国家介入

Student clubs, 201, 216, 220, 222, 223, 225, 227, 232, 235

学生俱乐部

Students, 181, 185

学生

 "activation" of, 125 – 129, 175

 ……的激活

 adulthood and, 228, 231

 成人属性和

 anti-intellectualism among, 224

 中间的反智主义

 apathy and, 96, 98 – 99, 102 – 104, 105, 243, 244

 冷淡和

 assignments and, 207 – 210

 作业和

 atomization among, 235

 中间的原子化

 bodily training of, 119

 ……的身体上的训练

 cognitive style of, 106 – 111, 117

 ……的认知风格

 descriptions of, 12 – 13, 233 – 235

……的描述

fear of English, 165

英语恐惧

feigning ignorance and, 197-198,225,226,244

假装无知和

foreign instructors and, 164-166

外国人教师和

"good and bad", 224-227

"好与坏"

institutional propaganda and, 210-213

制度宣传和

passive resistance by, 42,180

被动通过……反抗

passivity of, 104,106,107,182,201,230,232

……的被动性

resistance by, 185-202

通过……反抗

self-censorship by, 103

通过……自我检查

self-expression of, 103,212,245

……的自我表达

self-monitoring by, 23,103,104,105,168,243,244

通过……自我检测

sleeping in class, 189,198,225

在课堂上睡觉

views of faculty, 228-231

对教员的看法

views of hierarchy, 220-224

对等级制的看法

views of truancy, 188

对逃学的看法

views on improving universities, 231-232

对大学改进的看法

views toward foreign instructors, 167 - 169, 175 - 177

对外国教师的看法

Subjectivity, 78, 95, 102, 118, 223

主观性

 as modular, 83

 作为模式

Supplementary lessons, 7

补课

Talking-back, 113

回嘴

Tardiness, 131, 189, 199

拖延

Tenure, 135, 250

终身教职

 meaning of, 174

 ……的意义

Tokyo University, 5, 6, 19, 31, 49, 64, 81, 142, 147, 171, 175, 246, 256

东京大学

Truancy, 131

逃学

 See also Class attendance

 另参见课堂出勤

Universities

大学

 administration of, 136 - 138

 ……的管理

 as employment agencies, 132, 274

 作为雇佣代理处

 as institutional tokens, 4

作为制度象征

negative descriptions of, 4 – 12

……的消极描述

purpose of, 215 – 219

……的目的

types of, 29 – 35

……的类型

Vandalism, 236

故意破坏他人财产行为

Violence (in schools), 14

暴力(在学校里)

Vocational schools, 74, 189, 218, 269 – 270

职业学校

Waseda University, 21, 89, 188, 256

早稻田大学

Yoneyama, Shoko, 84, 97, 98, 100, 102, 107, 113, 121, 122, 233, 252

米山昌子

Yoshino, Kosaku, 47, 49

吉野耕作

Zaikai (financial circles), 52, 78

财经界

See also Capitalism

另参见资本主义

图书在版编目(CIP)数据

日本高等教育的奇迹与反思/(美)布雷恩·J. 麦克维著;徐国兴译. —上海:华东师范大学出版社,2020
 ISBN 978-7-5760-0572-1

Ⅰ.①日… Ⅱ.①布…②徐… Ⅲ.①高等教育-教育研究-日本 Ⅳ.①G649.313

中国版本图书馆 CIP 数据核字(2020)第 105525 号

本书的翻译工作得到国家自然科学基金面上项目"过程视阈下的优质高等教育机会城乡差异及矫正措施的实政和政策研究"(71774056)的资助。

日本高等教育的奇迹与反思

著　　者	[美]布雷恩·J. 麦克维
译　　者	徐国兴
责任编辑	孙　娟
责任校对	朱雪婷　时东明
装帧设计	高　山　张　页
出版发行	华东师范大学出版社
社　　址	上海市中山北路 3663 号　邮编 200062
网　　址	www.ecnupress.com.cn
电　　话	021-60821666　行政传真 021-62572105
客服电话	021-62865537　门市(邮购)电话 021-62869887
地　　址	上海市中山北路 3663 号华东师范大学校内先锋路口
网　　店	http://hdsdcbs.tmall.com
印 刷 者	上海锦佳印刷有限公司
开　　本	787×1092　16 开
印　　张	19
字　　数	328 千字
版　　次	2020 年 9 月第 1 版
印　　次	2020 年 9 月第 1 次
书　　号	ISBN 978-7-5760-0572-1
定　　价	59.00 元
出版人	王　焰

(如发现本版图书有印订质量问题,请寄回本社客服中心调换或电话 021-62865537 联系)